Funktionale Programmierung und Metaprogrammierung

Patrick M. Krusenotto

Funktionale Programmierung und Metaprogrammierung

Interaktiv in Common Lisp

 Springer Vieweg

Patrick M. Krusenotto
Rheinbach
Deutschland

ISBN 978-3-658-13743-4 ISBN 978-3-658-13744-1 (eBook)
DOI 10.1007/978-3-658-13744-1

Die Deutsche Nationalbibliothek verzeichnet diese Publikation in der Deutschen Nationalbibliografie; detaillierte
bibliografische Daten sind im Internet über http://dnb.d-nb.de abrufbar.

Springer Vieweg
© Springer Fachmedien Wiesbaden 2016

Gedruckt auf säurefreiem und chlorfrei gebleichtem Papier

Springer Vieweg ist Teil von Springer Nature
Die eingetragene Gesellschaft ist Springer Fachmedien Wiesbaden GmbH
Die Anschrift der Gesellschaft ist: Abraham-Lincoln-Strasse 46, 65189 Wiesbaden, Germany

Für Alexander, Ansgar und Doro

Vorwort

Ein Draufgänger von 21 Jahren und Schüler des Mathematikers John McCarthy schuf Ende der 50er Jahre an einem der ersten Computer mit Kernspeicher, einer IBM 704, das erste LISP-System. Dieser Mann gehört zu der Sorte Programmierer, die der unglaublichen Faszination erliegen, die programmierbare Computer auf kreative Menschen ausüben können.

LISP ist eigentlich ein Zufallsprodukt, denn Steve Russell, von dem hier die Rede ist, hatte eine Arbeitsgrundlage gewählt, die niemandem vor ihm in den Sinn gekommen war, auch nicht dem großen John McCarthy. Als Russell die Tragfähigkeit seiner Idee klar wurde, machte er sich prompt an die Arbeit.

Später sollte Steve Russell noch *Continuations* erfinden und 1962 das erste grafische Computerspiel der Welt, *Spacewar!*, entwickeln.

Seit jenem Frühjahr 1959, ein Jahr nach dem Start von Sputnik I, haben der Mauerbau, die Kubakrise, die Spiegelaffäre, die chinesische Kulturrevolution, die 68er Studentenrevolte, Mondlandung, Woodstock, der Watergate-Skandal, die Ölkrise, der Vietnamkrieg, Baader/Meinhof, Perestroika, Mauerfall und Wiedervereinigung, Golfkrieg, der Völkermord in Ruanda, der Durchbruch des Internets, der 11. September, der Tsunami im Indischen Ozean und die Flüchtlingskrise stattgefunden.

In diesem Buch werde ich versuchen, die einzigartige Idee hinter LISP zu vermitteln, die dazu geführt hat, dass diese Computersprache zu Zeiten des Poetry-Slams genauso nötig ist, wie zu Zeiten von Sputnik I.

Zurück zu dem, was Steve Russell vor allen Anderen erkannt hatte. Vorausgegangen war dieser unerwarteten Umsetzung eine längere Forschungsarbeit seitens John McCarthys, die zum Ziel hatte, eine Programmiersprache für die Arbeit mit symbolischen Ausdrücken zu entwickeln. Was derzeit an Programmiersprachen zur Verfügung stand, war zwar gut geeignet, um mit Zahlen und Matrizen umzugehen, die Unterstützung für symbolische Mathematik war aber nahezu gleich Null. Der Wunsch, hierfür ein Werkzeug zu haben, ergab sich ganz praktisch daraus, dass zwei Jahre früher am Dartmouth College in Hanover die koordinierte Forschung auf dem Gebiet „Künstliche Intelligenz" begonnen hatte.

McCarthy und sein Team brauchten dazu eine neue Programmiersprache, die es gestattete, nicht nur mit Zahlen, sondern auch mit Regeln zu rechnen. Regeln verknüpfen,

Regeln mit Regeln bearbeiten, den Computer Mathematik betreiben zu lassen, anstatt bloß mit ihm zu rechnen, das war es, was McCarthy wollte.

Steve Russells Entdeckung war nun die, dass die sogenannte *universale Funktion* verwendet werden kann, um einen LISP-Interpreter zu programmieren. In LISP selbst heisst sie „eval" und sie berechnet einen symbolischen Ausdruck unter Gültigkeit einer beliebigen, vorgegebenen Variablenbelegung. Aufgestellt worden war diese Funktion, deren Wesen darin besteht, die Sprache LISP zu verstehen, als LISP-Programm von John McCarthy. Das tat er aber nur aus dem Grund, die Vollständigkeit seiner neu entwickelten Sprache nachzuweisen, die zu dieser Zeit noch ein reiner Papiertiger war.

Für die Umsetzung plante McCarthy statt dessen die Entwicklung eines LISP-Compilers, was bis heute – und 1959 zumal – ein größeres Unterfangen ist. *Was er selbst aber nicht gesehen hatte, war, dass man nur die „universale Funktion" in die Maschinensprache der IBM 704 übersetzen musste, um einen arbeitsfähigen LISP-Interpreter zu erhalten.* Dazu bedurfte es eines Praktikers wie Russell. Das erste LISP-System war geboren.

Vielleicht ist das auch der Grund, warum LISP heute so vollkommen unprätentiös daher kommt. Konventionellen Programmiersprachen ist oft eine bemerkenswerte Umständlichkeit zu eigen, die den eigentlichen Inhalt eines Computerprogramms zur Unkenntlichkeit vernebeln kann. Diese Umständlichkeit folgt dann einem aufwändigen Regelwerk, von dem man argwöhnen kann, dass es nur geschaffen wurde, um dem Programmierer das Leben schwer zu machen.

Ein haarsträubendes Beispiel dieser absurden Fehlentwicklung, das ich anführen möchte, ist eine Java-Klasse namens `AbstractSingletonProxyFactoryBean` aus einem wichtigen Java-Framework. Macht man sich einmal klar, dass Computerprogramme eigentlich dazu da sind, etwas Nützliches zu tun, und hier ein Stück Software entstanden ist, das – sage und schreibe – fünf *reine Verwaltungskonzepte* in einen operativen Zusammenhang stellt, dann ist es, wie ich finde, an der Zeit, besorgt Fragen zu stellen. Dabei gilt die Kritik noch nicht einmal dem Autor dieser Java-Klasse, die für diesen mit Sicherheit Sinn macht, sondern einer Software-Welt, die solche Konstruktionen überhaupt erst erforderlich werden lässt.

Dem gegenüber ist LISP für manchen Programmierer geradezu schockierend direkt. Aus rein ökonomischen Gründen einerseits und Gründen der Beherrschbarkeit und damit der Sicherheit unserer Softwaresysteme andererseits brauchen wir diese Direktheit heute mehr denn je wieder zurück in der Softwareentwicklung. Denn Aufgabenstellungen sind bemerkenswerterweise niemals indirekt und darum sollten wir wieder lernen, sie mit direkten Lösungen zu beantworten. So, wie Steve Russell es 1959 tat.

Von diesem Ansinnen handelt dieses Buch, mit dem ich Sie dazu bringen will, Ihren PC anzuwerfen und sich mit LISP, genauer mit COMMON LISP zu befassen, denn LISP ist wahrscheinlich die mächtigste Computersprache aller Zeiten.

Mit COMMON LISP werden Sie nach relativ kurzer Zeit Dinge tun, über die Andere noch nicht einmal nachdenken. Und Sie werden das in einer Weise tun, die sich andere

Leute eventuell sogar verbieten würden, ohne dass sie genau sagen können, warum eigentlich.

LISP ist die Avantgarde der Computerprogrammierung. Während konventionelle Programmiersprachen überall heilige Kühe aufstellen, um uns zu sagen was man alles nicht tun soll, tritt LISP an uns zu zeigen, dass ein Computer dafür da ist, ihn zu benutzen und nicht, um Regeln über seine Benutzung auswendig zu lernen. Die meisten Programmierer, die sich auf dieses Abenteuer eingelassen haben, bestätigen, dass es ihnen mehr gebracht hat als das Studium jeder anderen Programmiersprache.

Im Kern ist LISP zwar eine simple Computersprache (vielleicht die simpelste überhaupt), aber die Möglichkeiten, die daraus erwachsen, sind nicht immer leicht zu überschauen. Das ist etwa so wie beim Fußball: Selbst wenn man die Physik eines Fußballs auf vielleicht zehn DIN-A4-Seiten beschreiben und aus diesen auch wieder verstehen kann, werden Sie durch deren Lektüre allein ein vernünftiges Dribbling nie erlernen. Das trifft für LISP mehr zu, als für konventionelle Programmiersprachen. Ein LISP-Interpreter umfasst (in LISP geschrieben) nicht mehr als eine Seite Code. Die Dynamik, die daraus entspringt, wirklich zu nutzen, ist allerdings eine Sache längerer Übung.

Sie werden beim Studium dieser Sprache viele Aha-Effekte haben. Sie werden auch viel Neues kennenlernen, denn darüber hinaus ist der Sprachumfang von COMMON LISP nicht der Kleinste. Die Eltern von COMMON LISP gaben dieser Sprache viele praktisch relevante Eigenschaften mit, um COMMON LISP zu dem werden zu lassen, was die Qualifizierung *Industrie-Standard* von einer Computersprache verlangen darf.

Danksagung

Mehrere Personen haben zur Enstehung dieses Buches direkt beigetragen. Teils durch konkrete Hilfestellung, teils durch Korrekturen, Kritik und Vorschläge. Danke an Alexandra Dold für ihre Verbesserungen an meiner Darstellung. Danke an Doro Hüber für sprachliche und Leon Hüber für inhaltliche Korrekturen. Alexander Krusenotto und Edmund Weitz danke ich für hilfreiche Kritik sowie Manfred Winkler für die Unterstützung bei nicht-fachlichen Einzelheiten. Doro und meinen Freunden danke ich für das motivierende Interesse, dass sie diesem Projekt während seiner Entstehung immer wieder entgegengebracht haben.

Schließlich bedanke ich mich bei dem Team, das Emacs *org-mode* und *org-babel* geschrieben hat und pflegt. Diese Software ist ideal dazu geeignet, ein Buch wie dieses zu schreiben.

Rheinbach, Juni 2016   Patrick M. Krusenotto

Inhaltsverzeichnis

Abbildungsverzeichnis

Tabellenverzeichnis

Ziel dieses Buches ist es, zu zeigen, wie die wandelbare Sprache COMMON LISP *verwendet werden kann, bekannte Probleme der Anwendungsprogrammierung neu zu denken und Methoden zu vermitteln, Anwendungsprogramme auf das zu verdichten, was sie sein sollten: Keine Berge von Code, sondern wenige gedankliche Konzepte, die auf Abstraktionen basieren und aus denen die Absicht des Entwicklers klar hervortritt. Dadurch geraten auch ganz andere Fragestellungen in Reichweite, die Sie in konventionellen Programmiersprachen unter Massen von Quelltext vergraben und dadurch vielleicht nie in den Griff bekommen würden.*

Es ist nicht Ziel dieses Buches, eine vollständige Darstellung von COMMON LISP *in deutscher Sprache vorzulegen. Dazu ist* COMMON LISP *viel zu umfangreich, denn es kennt allein ungefähr 750 Funktionen und Makros. Die autoritative Referenz dazu ist* COMMON LISP Hyperspec, *das die Sprache vollständig beschreibt.*

Einleitung

1

Zusammenfassung

Von dem deutsch-amerikanischen Psychiologen Kurt Lewin †1947 stammt der Ausspruch „[...] there is nothing so practical as a good theory". Er stellt damit Theorie und Praxis in das meiner Meinung nach einzig sinnvolle Verhältnis, das sie zueinander einnehmen können. Diese Anordnung der Begriffe dürfte sowohl Praktiker als auch Theoretiker zufriedenstellen. In diesem Buch versuche ich, sowohl rein praktisches als auch rein theoretisches Wissen zu vermitteln, wobei Theorie und Praxis immer direkt aufeinander bezogen sein sollen. Denn während die intensive praktische Betätigung die Idee zu einer Theorie liefern kann, liefert die Theorie die Grundlage einer praktischen, das heißt arbeitsfähigen Realisierung. Der auf diesem gedanklichen Pfad erfolgende, andauernde Wechsel zwischen Theorie und Praxis wird sich durch das ganze Buch hindurch ziehen.

Hinter diesem Ansatz steht meine persönliche Erfahrung, dass *Programmieren* und vor allem *besseres Programmieren* nur durch Versuchen, Abwandeln, Prüfen und dann wieder ganz von der Maschine zurücktreten, Reflektieren und erneutes Ansetzen erlernt werden kann.

Als Programmierer kommt Ihnen bei dieser Art des Vorgehens COMMON LISP allerdings besonders entgegen, da im Gegensatz zu anderen Programmiersprachen Ihr wichtigstes Werkzeug nicht ein taubstummer Text-Editor sondern der sehr gesprächige *Listener* ist. Er heißt auch Read-Eval-Print-Loop (REPL) und über diesen arbeiten Sie mit Lisp interaktiv. In dem dabei entstehenden Dialog mit Lisp probieren Sie Ideen aus, wandeln diese ab und fügen sie zu Größerem zusammen. Falls Sie eine Teillösung für gut befinden, integrieren Sie es in schon bestehende, größere Strukturen.

© Springer Fachmedien Wiesbaden 2016
P.M. Krusenotto, *Funktionale Programmierung und Metaprogrammierung*,
DOI 10.1007/978-3-658-13744-1_1

Auf diese Art und Weise arbeiten Sie sich bis zum fertigen Programm von unten nach oben und sehen immer sofort, ob eine Umsetzung funktioniert oder nicht. Aufwendige Debugging-Sitzungen sind daher für die LISP-Programmierung eher untypisch.

Die funktionale Programmierung unterstützt dieses Vorgehen in besonderer Weise, da bei funktionaler Programmierung einzelne Programmteile leichter für sich betrachtet werden können. Diese sind nämlich deutlich weniger auf einen bestimmten Ausführungskontext angewiesen, als etwa Methodenaufrufe in der objektorientierten Programmierung.

1.1 Typographie

- *Eingaben und Ausgaben*
  werden in `nicht-Proportionalschrift` geschrieben. Ausgaben von Lisp sind – soweit sie Symbole beinhalten – immer GROSS geschrieben und Eingaben und Quelltextabschnitte immer `klein`. COMMON LISP unterscheidet bei Symbolen nicht zwischen Klein- und Großschrift. Bezüge auf Lisp-Symbole stehen im Fließtext immer `klein`.
- *Funktionsaufrufe*
  notiere ich in zwei Schreibweisen: Einmal in genuiner Lisp-Darstellung wie bei `(car (cdr l))`, wenn sie sich auf konkreten Lisp-Code beziehen und in mathematischen Zusammenhängen in der sogenannten *M-Notation*, bei der der Funktionsname vor der Klammer steht: $car(cdr(l))$. Das geschieht dann, wenn der erläuterte strukturelle Zusammenhang in einem allgemeineren Kontext steht.
- *Neue Begriffe*
  werden bei erstmaligem Auftauchen *kursiv* dargestellt.
- Steht bei einem *Terminal-Mitschnitt* das Prompt `CL-USER>` am Anfang der Zeile, so kennzeichnet das eine Eingabe in den Lisp-Listener. Die dazugehörige Ausgabe finden Sie gegebenenfalls darunter. *Um den größtmöglichen Nutzen aus diesem Buch zu ziehen, sollten Sie die Beispiele sämtlich an Ihrem Lisp-System nachvollziehen.*
- Beginnend mit Teil 2 : *Funktionale Programmierung I* wird `CL-USER>` wegen der komplexer werdenden Beispiele nicht mehr verwendet. *Ab dann fordert Sie ein kleiner Blitz (⚡) dazu auf, in die Tasten zu greifen.*

1.2 *LISP, Lisp* und COMMON LISP

COMMON LISP, genauer *ANSI* COMMON LISP ist eine durch ANSI[1] standardisierte Computersprache[2] und Industiestandard zur Entwicklung von LISP-Anwendungen. Um genau

---

[1] American National Standards Institute.
[2] Dokument *ANSI INCITS 226-1994 (R2004)*.

diese Sprache geht es in diesem Buch. Der Kürze halber verwende ich aber auch einfach
Lisp und meine damit das konkrete COMMON-LISP-System, anhand dessen Sie dieses
Buch durcharbeiten.

Das in Versalien geschriebene LISP hingegen bezeichnet die Sprachfamilie LISP, zu der
die heute relevanten Dialekte COMMON LISP, *Scheme*, *Clojure* und *Emacs Lisp* genauso
gehören wie die historischen Dialekte *Lisp 1.5*, *Maclisp*, *Interlisp*, *Zetalisp* und etliche
Andere.[3]

1.3   Satz

Dieses Buch habe ich mit GNU Emacs unter *org-mode*, *org-babel* und *SLIME* auf einem
Laptop unter Linux geschrieben.

Dieser Softwarestack ermöglicht das sogenannte *literate programming*. Dabei werden
die Interaktionsbeispiele dem Lisp-System vorgelegt und dessen Output in das LaTeX-File
eingesetzt. Dieses wird wiederum wegen geringfügiger Schwächen im Satz noch mit zwei
eigens hierfür entstandenen Perl-Skripten angepasst.

1.4   Übersicht über dieses Buch

Dieses Buch besteht aus fünf Teilen. Es ist keine klassische Lisp-Einführung, da es derartige Werke bereits in Fülle gibt.

- Teil 1: COMMON LISP ist eine Einführung in das elementare LISP im Dialekt
  COMMON LISP, soweit es für das Verständnis des Folgenden erforderlich ist: *Symbole*,
  Zahlen, *Listen*, *Ausdrücke*, *Strings*, *Funktionen* und *Funktionale*. Ein Beispiel zum
  Rechnen in der klassischen Mechanik bildet den Abschluss.
- Teil 2: **Funktionale Programmierung** führt genauer in die Programmierung mit Funk-
  tionalen, also Funktionen höherer Ordnung, ein. Nach der Lektüre dieses Kapitels wer-
  den Sie in der Lage sein, zu begründen, warum eine gute Programmiersprache Funktionen als „First Class Citizens"[4] behandeln muss. Es enthält als Beispiele eine

---

[3]Die Frage, warum LISP so viele Dialekte unter sich vereint, beantworte ich so, dass LISP
eigentlich eher ein universelles Prinzip ist, als eine Sprache. Ich würde sogar soweit gehen, dass jede
Sprache, die auf S-Expressions beruht und den λ-Kalkül abbildet, LISP ist. Dabei ist egal, ob die
Hierarchie der Daten und Programmteile über runde Klammern, eckige Klammern, über Wortpaare
wie *begin ... end* oder über Einrückungen abgebildet werden.

[4]Der Begriff wurde von *Christopher Strachey* Mitte der 1960er Jahre geprägt. Gemeint ist damit,
dass Funktionen genauso wie andere Datenobjekte in Variablen gespeichert, als Parameter übergeben
und als Funktionsergebnis zurückgegeben werden können. Dieser Gedanke bildet den Kern dieses
Buchteils.

Schlagwortdatenbank und die Implementierung einer KI^5 für das 2-Personen-Spiel *Vier Gewinnt*.

- Teil 3: **Algebraische Methodik** untersucht Muster der funktionalen Programmierung und stellt die algebraische Behandlung von Funktionen vor. Es führt in die Kategorientheorie ein und stellt aus dieser resultierende Möglichkeiten vor, Berechnungen mit abstrakten Datentypen zu systematisieren.
- Teil 4: **Metaprogrammierung** befasst sich mit dem metazirkulären Interpreter, den wichtigen Lisp-Makros und skizziert das Metaobjekt-Protokoll, mit dem COMMON LISP eine Lisp-gemäße, sich-selbst-beschreibende Interpretation der objektorientierten Programmierung zur Seite gestellt wurde.

---

[5] Abk. für *Künstliche Intelligenz*: Software, die intelligentes menschliches Verhalten simuliert.

Die Arbeitsumgebung

2

Zusammenfassung

Arbeitsfähige Lisp-Programme entstehen nicht auf dem Papier. Vielmehr werden sie vom Programmierer im Dialog mit dem Lisp-System entwickelt. Das macht eine Umgebung erforderlich, die solch ein Vorgehen unterstützt. Hier werden verschiedene Möglichkeiten für Linux und Windows vorgestellt, zu einer Entwicklungsumgebung zu kommen. Allen gemein ist, dass vier gewissermaßen handverlesene Komponenten zum Einsatz kommen, die sich in dieser Zusammenstellung auch für sehr große Software-Projekte eignen. Wer kunterbunte Werkzeugkisten wie Eclipse schätzt, wird aber leider enttäuscht werden. Es ist Emacs-typisches Understatement, dass das Feld beherrscht. Wie bunt diese Werkzeugkiste tatsächlich ist, erschließt sich erst nach und nach.

Aufgrund der vielen frei verfügbaren COMMON LISP Compiler verzichten die meisten Autoren auf die Bezugnahme auf eine konkrete Implementierung. Dadurch bleibt die Darstellung zwar für jede Entwicklungsumgebung gültig, führt aber auf der anderen Seite dazu, dass der Leser, der COMMON LISP erlernen möchte, den technischen Einstieg alleine ergoogeln und besorgen muss.

Um das zu vermeiden, gebe ich die Umgebung mit der ich mit Ihnen durch das Material marschieren werde, vor. Es handelt sich um diese Komponenten:

- *Steel Bank Common Lisp (SBCL)*[1]
- *GNU Emacs*[2]

---

[1] http://www.sbcl.org/

[2] http://www.gnu.org/software/emacs/

© Springer Fachmedien Wiesbaden 2016
P.M. Krusenotto, *Funktionale Programmierung und Metaprogrammierung*,
DOI 10.1007/978-3-658-13744-1_2

- *Superior Lisp Interaction Mode for Emacs (SLIME)*[3]
- *Quicklisp*[4]

Auch wenn diese Zusammenstellung wie ein Sammelsurium aussieht, so ist dies doch eine sehr effektive und schlanke Umgebung, die nicht nur unter den COMMON-LISP-Entwicklungsumgebungen ihres gleichen sucht.

Der *SBCL*-Compiler erzeugt außerordentlich guten, nativen Code, der trotz des hohen Abstraktionsgrades von Lisp an die Qualität von *C*-Objektcode heranreicht. Er ist als Fork des CMU-CL-Compilers entstanden.

Emacs ist der obligatorische Editor für LISP, denn er ist selbst in Lisp geschrieben. Zwar ist das nicht in COMMON LISP sondern in Emacs Lisp geschehen, dennoch profitiert gerade der angehende Lisp-Entwickler von dieser Kombination. Wer nämlich Lisp gelernt hat, kann das Letzte aus diesem Editor herauszuholen.

Die Entwicklungsumgebung *SLIME* ist zum Beispiel in Emacs Lisp geschrieben. Sie bietet eine enorm effektive Arbeitsumgebung, die die interaktive Entwicklung ausgezeichnet unterstützt.

Quicklisp schließlich verwaltet Projekte und installiert erforderliche Pakete direkt aus dem Internet nach.

Diese Kombination von Komponenten wird von einer Mehrzahl der Lisp-Entwickler verwendet und sie funktioniert unter Linux wie Windows™ gleichermaßen klaglos.[5]

2.1 Installation unter Microsoft Windows

Für Microsoft Windows™ habe ich ein fertiges Paket namens *LispStick*[6] zum Download ins Internet gestellt, das die genannten Komponenten korrekt zueinander konfiguriert enthält. Es handelt sich um ein ZIP-File, dass Sie in einem Ordner ihrer Wahl auspacken können. Dort entsteht dann ein Unter-Ordner namens *lispstick*, in dem sich unter anderem ein Batch-File *run.bat* befindet. Starten Sie dieses durch einen Mausklick. Es öffnet sich dann ein Fenster mit der Entwicklungsumgebung (Abb. 2.1).

2.1.1 Deinstallation

Zum Entfernen der Installation können Sie den Ordner einfach wieder löschen.

---

[3] http://common-lisp.net/project/slime/
[4] http://www.quicklisp.org/
[5] Bei der Multi-Threaded-Programmierung gibt es unter Windows™ Einschränkungen.
[6] https://sourceforge.net/projects/lispstick/

2.2   Installation unter Debian, Ubuntu und Linux Mint

Diese Installations-Methode empfiehlt sich, wenn sie Lisp zunächst einmal nur kennen lernen möchten.

Ich verwende zur Installation das Programm `aptitude`. Die Installation läuft aber auch mit `apt-get` einwandfrei.

```
sudo aptitude install sbcl cl-quicklisp emacs slime
```

oder auch

```
sudo apt-get install sbcl cl-quicklisp emacs slime
```

Öffnen Sie nun die Datei `.emacs` in Ihren Homeverzeichnis (oder legen diese an, falls sie nicht existiert) und fügen Sie an deren Ende Folgendes hinzu[7]:

```
(define-key global-map (kbd "<f12>") 'slime-selector)
```

Danach wird Emacs gestartet durch Eingabe von

```
emacs
```

Nach dessen Start drücken Sie ⌜Alt⌟ x, tippen unten im Minibuffer `slime` ein und schließen die Eingabe mit der Returntaste ab.

2.2.1   Deinstallation

Die Deinstallation erfolgt mit

```
sudo aptitude purge sbcl quicklisp emacs slime
```

2.3   Linux-Installation aktueller Release-Stände

Diese Installations-Methode empfiehlt sich, wenn sie jederzeit über einen aktuellen Stand verfügen wollen.

Leider sind die Softwarekomponenten der Linux-Distributionen meistens nicht auf aktuellem Stand, so dass es sich anbietet, die jeweils letzten Releases selbst zu einem Entwicklungssystem zusammenzusetzen.[8] Wie dies erfolgen kann, beschreibe ich in diesem Abschnitt. Die Installation erfolgt dann in die Verzeichnisse unter `/usr/local`, was ich ausdrücklich empfehlen kann.

---

[7]Bei Windows mit LispStick ist das nicht nötig, da diese Definition dort schon vorbereitet ist.

[8]Von SBCL erscheint zum Beispiel jeden Monat ein neues Release. Keine mir bekannte Linux-Distribution macht auch nur den Versuch, da mitzuhalten.

2.3.1 Emacs

Zum Kompilieren von Emacs sind auf einem nackten Linux-System einige Abhängigkeiten aufzulösen. Dies geschieht am einfachsten mit

```
apt-get build-dep emacs23
```

Diese Maßnahme ist sowohl für Emacs 23.x als auch für Emacs 24.x geeignet. Danach kann mit

```
wget http://ftp.gnu.org/gnu/emacs/emacs-24.5.tar.gz
tar xf emacs-24.5.tar.gz
```

Emacs heruntergeladen und ausgepackt werden. Dies sehen Sie hier exemplarisch für die Version 24.5. Verwenden Sie aber immer die aktuellste verfügbare Version.[9]

Mit

```
cd emacs-24.5
./configure
make
sudo make install
```

erfolgt dann die Installation nach /usr/local.

2.3.2 SBCL

Die Installation erfolgt ebenfalls nach /usr/local. Auch hier zeige ich dies exemplarisch für eine bestimmte Version (1.2.7) mit der Wortbreite 32 Bit, die am Kürzels x86 erkennbar ist. Wenn Ihr Rechner mit 64 Bit Wortbreite arbeiten kann, dann sollten Sie die Version mit der Kennung amd64 verwenden.[10]

```
wget http://prdownloads.sourceforge.net/sbcl/\
          sbcl-1.2.7-x86-linux-binary.tar.bz2
bunzip2 sbcl-1.2.7-x86-linux-binary.tar.bz2
tar xf sbcl-1.2.7-x86-linux-binary.tar
cd sbcl-1.2.7-x86
sudo install.sh
```

SLIME versucht, *SBCL* durch den Aufruf von lisp zu erreichen. Um das möglich zu machen, legen wir dafür einen symbolischen Link an:

```
sudo ln -s /usr/local/bin/sbcl /usr/local/bin/lisp
```

Stellen Sie sicher, dass /usr/local/bin in Ihrem Suchpfad enthalten ist.

---

[9]Sie finden die aktuell verfügbaren Versionen unter http://ftp.gnu.org/gnu/emacs/

[10]Sie finden eine Übersicht über die verfügbaren Versionen unter http://www.sbcl.org

2.3.3   quicklisp

Quicklisp wird über SBCL installiert

```
wget https://beta.quicklisp.org/quicklisp.lisp

sbcl --load quicklisp.lisp
```

Sie befinden sich nach dieser Anweisung im COMMON-LISP-Listener. Dort ist nun
folgender Befehl auszuführen:

```
(quicklisp-quickstart:install)
```

Hierdurch wird in Ihrem Homeverzeichnis ein Verzeichnis namens quicklisp angelegt,
das heruntergeladene Lisp-Pakete aufnimmt.

```
(ql:add-to-init-file)
(quit)
```

add-to-ini-file legt eine Datei namens ~/.sbclrc mit Anweisungen an, die
Quicklisp bei jedem Start von *SBCL* aktivieren.

2.3.4   SLIME

Die Installation von SLIME erfolgt über *MELPA*.[11] Um auf *MELPA* zugreifen zu können,
tragen Sie in die Datei ~/.emacs folgende Zeilen ein (falls ~/.emacs nicht existiert,
legen Sie diese Datei einfach neu an):.

```
;; MELPA --------------------------------
(require 'package)
(add-to-list
 'package-archives
 '("melpa-stable"
   . "http://stable.melpa.org/packages/") t)
(package-initialize)

;; SLIME --------------------------------
(setq slime-contribs '(slime-fancy))
(define-key global-map (kbd "<f12>")
  'slime-selector)
```

Emacs liest die Datei ~/.emacs beim Start ein. Das Einlesen kann aber auch
innerhalb von Emacs ohne Neustart durch [Alt] x load-file [⏎] ~/.emacs [⏎]
erfolgen. Ab jetzt steht das Paket-System zur Verfügung.

---

[11]Milkypostman's Emacs Lisp Package Archive. http://melpa.org

Die eigentliche Installation von *SLIME* erfolgt dann aus dem Internet wie folgt:

⎡Alt⎤ x package-list-packages ⎡←⎤
⎡Alt⎤ x package-install ⎡←⎤ slime ⎡←⎤
⎡Alt⎤ x slime ⎡←⎤

Slime sollte jetzt laufen und sie sollten den Listener mit Prompt CL-USER> zu sehen bekommen.

2.3.5 ASDF Konfigurieren

Quicklisp setzt auf der *Advanced System Definition Facility* (ASDF) auf. Dieser muss noch mitgeteilt werden, wo lokale Projekte in ihrem Homeverzeichnis zu finden sind. Dafür bietet sich das Verzeichnis

~/quicklisp/local-projects

an. Sie können aber auch jedes andere Verzeichnis konfigurieren, das Ihnen sinnvoll erscheint.

Erstellen Sie dazu die Datei

~/.config/common-lisp/source-registry.conf.d/projects.conf

und tragen sie folgende Zeile ein:

(:tree (:home "~/quicklisp/local-projects/"))

Damit ist die Installation abgeschlossen. Starten Sie nun *emacs* neu und geben Sie ⎡Alt⎤ x slime ⎡←⎤ ein.

2.4   Los geht es

Sie sehen nun das Emacs-Fenster mit dem COMMON-LISP-Prompt (Abb. 2.1) auf Ihrem Monitor und können mit dem Common-Lisp-Dialog beginnen.

Stellen Sie fest, dass alles funktioniert, indem Sie

(* 11 3)

eingeben. Lisp sollte nach Druck auf die Return-Taste mit der Zahl 33 antworten.

2.5   Handhabung von *SLIME*

Nach dem Start von Slime innerhalb Emacs (bei Lispstick! geschieht das automatisch direkt nach dem Start der Datei *run.bat*) ist das Emacs-Fenster in eine obere und eine untere Hälfte („Window") unterteilt, zwischen denen Sie mit ⎡Strg⎤ x ⎡Strg⎤ o wechseln

Abb. 2.1 Emacs-Fenster mit Common-Lisp-Prompt

können (das „o" steht für „other window"). Die obere Hälfte enthält den sogenannten *Scratch-Buffer* für Notizen und Zwischenergebnisse. Im unteren Buffer, wo CL-USER> steht, läuft der Listener, über die man mit Lisp interagieren kann.

2.5.1 Arbeiten mit dem Lisp-Listener

1. Gibt man dort irgendetwas Sinnloses ein, wie beispielsweise xyz ein, das Lisp nicht versteht, und drückt ⏎ , so öffnet sich im oberen Fenster der *Debugger* und gleichzeitig macht Emacs dieses zum aktiven Fenster. Der Debugger kann mit der Taste q beendet werden und der Cursor befindet sich anschließend wieder unten im Listener.
2. Gibt man einen unvollständigen Ausdruck wie ((blah ein, erscheint in der untersten Zeile die Meldung [input not complete] und man kann weitere Zeilen eingeben. Die Auswertung erfolgt erst dann, wenn alle Klammern geschlossen wurden, die auch geöffnet wurden. Macht man diese nun zu, so startet in diesem Fall wieder der Debugger, da auch ((blah)) durch COMMON LISP nicht interpretierbar ist. Drücken Sie also wieder q.
3. Um eine zurückliegende Eingabe zur erneuten Bearbeitung zurückzuholen, drückt man Alt p („previous"). Man kann dann sofort innerhalb dieser mit den Cursor-Tasten

manövrieren. Weiter zurück liegenden Eingaben erreichen Sie durch wiederholtes `Alt`
p. In die Gegenrichtung kommen Sie mit `Alt` n („next"). Setzen Sie jetzt vor die erste
geöffnete Klammer von `((blah` ein Apostroph (`'`) sodass dort `'((blah` steht und
drücken Sie nochmals die Entertaste. Lisp antwortet dann mit `'((BLAH))`.

4. Hilfe zu dem Lisp-Symbol unter dem Cursor erhalten Sie mit `Strg` c `Strg` d h}. In
   Ihrem Browser wird dann der autoritative Eintrag aus (Pitman 1996) angezeigt.

5. Wenn Sie die Umgebung beenden möchten, so geben Sie `Strg` x `Strg` c ein. Es erscheint unten im Emacs-Fenster eine Sicherheitsabfrage, die Sie durch Eingabe von
   `yes` beantworten. Emacs beendet sich dann.

2.6   Erstes Editieren mit Emacs

Fürs Erste reicht es aus, wenn Sie mit dem Listener zurecht kommen. Trotzdem hier einige
elementare Erläuterungen zu Emacs, die Sie aber fürs Erste überspringen können, bis Sie
in Kapitel 5 angekommen sind.

1. Wechseln Sie gegebenenfalls mit `Strg` x `Strg` o in den Scratch-Buffer. Dort
   kann man wie bei anderen Editoren normal schreiben und mit den Cursor-Tasten
   manövrieren. Mit `Strg` a bzw. `Strg` e kommt man mit dem Cursor an den Anfang
   bzw. das Ende einer Zeile.

2. Copy/Paste: Gehen Sie nun an den Anfang einer Textzeile und drücken dort `Strg` k
   (für „Kill"). Die Zeile verschwindet. Drücken Sie nun ein weiteres Mal `Strg` k und
   die entstandene Leerzeile ist ebenfalls weg. Manövrieren Sie nun mit den Cursortasten
   ein paar Zeilen nach unten und drücken Sie `Strg` y („Yank"). Der gelöschte Text wird
   dort eingefügt. Das funktioniert auch mit ganzen Textblöcken, indem Sie beim Löschen
   solange `Strg` k drücken, bis der gesamte zu verschiebende Text gelöscht wurde.

3. Speichern/Öffnen: Um eine Datei zu öffnen, drücken Sie `Strg` x `Strg` f. Es erscheint
   unten im „Minibuffer" `find file:` und der Pfad zu ihrem aktuellen Verzeichnis.
   Geben Sie dort einen Namen wie `test.lisp` ein und drücken Sie `↵` . Die Datei
   wird dann geöffnet. Machen Sie nun ein paar Eingaben und speichern die Datei mit
   `Strg` x `Strg` s.

4. Um einen Buffer zu schließen, drücken Sie `Strg` x `Strg` k.

Emacs stellt vielleicht die größte Hürde dar, die Sie nehmen müssen, um in die Lisp-
Welt vorzustoßen. Dieser Editor ist aber praktisch alternativlos, da etwas mit SLIME
vergleichbares für andere Plattform nicht verfügbar ist. Wenn die Anfangsschwierigkeiten
in der Benutzung von Emacs überwunden sind, steigt Ihre Arbeitsgeschwindigkeit aber
gewaltig an.

SLIME für Ungeduldige

Die beiden wichtigsten Kommandos für die Entwicklung in COMMON LISP mit SLIME sind neben den üblichen Emacs-Kommandos zum Editieren die Kommandos [Strg] c [Strg] c und [Strg] c [Strg] k:

- Wenn Sie mit einem Lisp-Quelltext arbeiten, verschicken Sie mit [Strg] c [Strg] c denjenigen Ausdruck oder diejenige Definition, in der der Cursor steht, an den Listener zur Auswertung. Das ermöglicht es Ihnen, in einem Buffer etwas auszuarbeiten und unmittelbar zu testen.
- [Strg] c [Strg] k kompiliert den gesamten Quelltext (neu), den Sie gerade bearbeiten.

2.7 Emacs-Tutorial

Um das Editieren mit Emacs zu lernen, starten Sie am Einfachsten das Emacs-Tutorial mit [Strg] h t. Damit können die wichtigsten Editieranweisungen erlernt werden. Wenn Emacs für Sie neu ist, dann ist dieses Tutorial der richtige Weg für einen effektiven Einstieg. *Wenn Sie mit Emacs noch nicht gearbeitet haben, arbeiten Sie es am besten genau jetzt vollständig durch. Es dauert nur 10 Minuten.*

Literatur

Pitman, K. (1996). Common lisp hyperspec. http://www.lispworks.com/documentation/HyperSpec/Front/index.htm. Zugriff: 6.Mai 2016.

Zusammenfassung

Das elementare Lisp ist näherungsweise die Untermenge der Sprache, die hinreichend ist, um einen LISP-Interpreter in Lisp zu schreiben. Symbole, Listen *und die Primitiva* ATOM, CAR, CDR, COND, CONS, EQ *und* QUOTE *reichen dazu schon aus. Sie bilden daher zusammen mit einigen anderen Eigenschaften den Gegenstand dieses Kapitels. Damit ist auch gleichzeitig der Beweis erbracht, dass Lisp eine sehr reelle Chance hat, als simpelste aller Computersprachen zu gelten. Der Vollständigkeit halber formal durchführen werden wir das aber erst in Abschn. 17.2. Hier geht es zuerst um das Ineinandergreifen der sprachlichen Grundkonzepte und das interaktive Arbeiten mit der Entwicklungsumgebung.*

3.1 Symbole

Mephistopheles:

> Im Ganzen: Haltet Euch an Worte!
> Dann geht Ihr durch die sichere Pforte
> Zum Tempel der Gewissheit ein!

Schüler:

> Doch ein Begriff muss bei dem Worte sein!

Mephistopheles:

> Schon gut!
> Nur muss man sich nicht allzu ängstlich quälen,
> Denn eben wo Begriffe fehlen,
> Da stellt ein Wort zur rechten Zeit sich ein.

© Springer Fachmedien Wiesbaden 2016
P.M. Krusenotto, *Funktionale Programmierung und Metaprogrammierung*,
DOI 10.1007/978-3-658-13744-1_3

Mit Worten lässt sich trefflich streiten,
Mit Worten ein System bereiten,
An Worte läßt sich trefflich glauben,
Von einem Wort läßt sich kein Jota rauben!

— Johann Wolfgang von Goethe (Faust I)

Die Entwicklung der Computerprogrammierung und damit der Computersprachen hat verschiedene Stufen durchlaufen. Jede dieser Stufen hat die Softwareentwicklung ein bisschen näher an das Problem heran und gleichzeitig von der Maschine weg getragen. Hätten Sie Ende der 70er-Jahre nach der wichtigsten Eigenschaft einer modernen Computersprache gefragt, hätten Sie „Strukturiertheit" als Antwort erhalten.

Später, in den 80er-Jahren hatte keine Sprache eine Chance, ernst genommen zu werden, die nicht objektorientiert war. Objektorientiertes Pascal und C++ sind in dieser Zeit entstanden. Objektorientierung war das Ei des Kolumbus. Heute wird die funktionale Programmierung wieder entdeckt und eine Ende dessen, was an Paradigmen noch folgen wird, ist nicht abzusehen, wenn es überhaupt ein solches Ende gibt.

Der erste und wichtigste Schritt weg von der Maschine war aber die Einführung der *symbolischen Programmierung* mit den ersten einfachen Assemblern. Sie ist bis heute, genauso so wie ursprünglich konzipiert, in allen Computersprachen erhalten, denn kein Programmierer möchte mit Speicheradressen hantieren müssen. Eine ernst zu nehmende Computersprache ohne das Konzept „Symbol" in der einen oder anderen Form ist dem Autor nicht bekannt.[1] Genau in diesem Sinne versteht auch (oben) Mephistopheles den Begriff *Wort*: Das Fehlen des Begriffes ist solange nicht tragisch, wie die Wörter als solche voneinander unterscheidbar sind und man mit ihnen arbeiten („ein System bereiten") kann. Die wichtigste Funktion eines Symbols, *Platzhalter für ein Objekt* zu sein, hat also schon Goethe genauso verstanden wie die Computerprogrammierung es heute tut.

Aus diesem Grund ist das Symbol mit allen Eigenschaften zusammen mit der sogenannten *Cons-Zelle* auch das wichtigste Datenobjekt in Lisp.

Ein Symbol muss in LISP nicht besonders deklariert oder erzeugt werden; es existiert in dem Moment, in dem Sie es benutzen, wie Sie im Folgenden sehen werden.

Wenn Sie im Lisp-Listener folgende Eingabe machen (vergessen Sie das Apostroph nicht),

```
CL-USER> 'zack
```

---

[1]Man muss sich an dieser Stelle klar machen, was es bedeutet, allein mit Speicheradressen zu arbeiten und keine Symbole im Programm verwenden zu können: Allein das Einfügen von zusätzlichem Code mitten in ein Programm führt zu etlichen Verschiebungen von Sprungadressen, die dann auf dem Papier nachgehalten werden müssen. Dieses Vorgehen ist so fehlerträchtig, dass ich die symbolische Programmierung für die wichtigste (wenn auch älteste) Innovation in der Computerprogrammierung halte.

so antwortet Lisp mit

```
ZACK
```

Lisp unterscheidet bei Symbolen nicht zwischen Groß- und Kleinschreibung. Ausgaben von Symbolen erfolgen immer in Großbuchstaben; bei der Eingabe steht es Ihnen indes frei, beides zu verwenden.

Mit dem Apostroph, das auch *Quote* heißt, haben Sie Lisp gesagt, dass sie nicht wollen, dass das dahinter stehende Symbol ausgewertet wird, sondern dass Sie von `zack` selbst sprechen. Aus diesem Grund kam `zack` auch als Auswertungsergebnis zurück.

So wie hier benutzt hat das Symbol noch keine weitere Eigenschaften als die, dass es *mit sich selbst identisch und von allen anderen Symbolen unterschieden ist.* Da einem Symbol obendrein keine innere Struktur zueigen ist, heißt es auch *atomar.*

Wenn sich aber hinter diesem Symbol ein Wert verbergen soll (es also als Variable agieren soll), so muss zunächst ein solcher an das Symbol `zack` gebunden werden. Das kann zum Beispiel mit `set` geschehen. Durch diese Anweisung wird eine *globale Bindung* des Symbols erzeugt.

Vorher sollte allerdings für das Symbol `zack` mit `defvar` noch die Eigenschaft *Variable* erklärt werden[2]:

```
CL-USER> (defvar zack)

ZACK

CL-USER> (set 'zack 11)

11
```

Jetzt kann man das *Quote* auch weglassen und die Auswertung liefert dann den soeben gebundenen Wert zurück:

```
CL-USER> zack

11
```

Wertzuweisungen
Das Symbol hat also in Lisp eine andere Natur als in einer klassischen Compiler-Sprache. Es ist nicht nur ein Platzhalter zur Kompilierzeit, sondern existiert als

(Fortsetzung)

---

[2]Das ist hier nicht zwingend erforderlich; der Compiler produziert aber andernfalls eine unschöne Warnung.

eigenständiges Datenobjekt auch zur Laufzeit. Es ist insbesondere möglich, ein Symbol an ein Symbol zu binden:

```
CL-USER> (set 'getränk 'kaffee)
KAFFEE
CL-USER> (set getränk 'heiss)
HEISS
CL-USER> getränk
KAFFEE
CL-USER> kaffee
HEISS
```

Durch die Anweisung (set getränk 'heiss) wurde also heiss an kaffee gebunden, da kaffee zum Zeitpunkt der Auswertung der Wert von getränk war. Wenn Ihnen das sonderbar im Vergleich zu konventionellen Programmiersprachen vorkommt, dann denken Sie mal darüber nach, dass eine C- oder *Java*-Anweisung wie

```
a = a + 1;
```

von der sich jeder Mathematiker irritiert abwenden würde, semantisch nur deswegen kein Unsinn ist, weil mit dem a links vom Gleichheitszeichen etwas völlig anderes gemeint ist, als mit dem a rechts davon. Letzteres bezeichnet nämlich den *Wert* einer Variablen, während das linke a keinen Wert, sondern den *Ort* bezeichnet, an dem diese Variable realisiert ist. Die Anweisung bedeutet also in Wirklichkeit etwas wie

```
[a] = a + 1;
```

In diesem Sinne ist das äquivalente (set 'a (+ a 1)) bei Lisp also semantisch sauberer, da hier a für einen an das Symbol gebundenen Wert und 'a für einen (Speicher-) Ort – nämlich das Symbol selbst – steht.

Lisp kennt die Funktion describe, mit der man Informationen zu Datenobjekten abrufen kann:

```
CL-USER> (describe 'zack)

COMMON-LISP-USER::ZACK
  [symbol]

ZACK names a special variable:
  Value: 11


NIL
```

Wertet man ungebundene Symbole aus, so gibt es einen Fehler:

```
CL-USER> hurz
```

Es erscheint dann:

```
The variable HURZ is unbound.
   [Condition of type UNBOUND-VARIABLE]

Restarts:
 0: [RETRY] Retry SLIME REPL evaluation request.
 1: [*ABORT] Return to SLIME's top level.
 2: [ABORT] Abort thread (#<THREAD "repl-thread"
              RUNNING {253B5641}>)

Backtrace:
 0: (SB-INT:SIMPLE-EVAL-IN-LEXENV HURZ #<NULL-LEXENV>)
 1: (EVAL HURZ)
```

Drücken Sie jetzt einfach die Taste q, um die Fehlermeldung zum Verschwinden zu bringen. Tun Sie das auch, wenn Sie beim Nachstellen der nachfolgenden Beispiele und Übungen durch eine fehlerhafte Eingabe im Debugger landen.

Wir weisen jetzt auch hurz wie vorher zack einen Wert zu,

```
CL-USER> (defvar hurz)

HURZ

CL-USER> (set 'hurz 17)

17
```

sodass wir jetzt mit diesen Variablen arbeiten können. Beispiel:

```
CL-USER> (list hurz zack zack)

(17 11 11)
```

Durch die Eingabe von (list hurz zack zack) haben Sie Lisp aufgefordert, mit der Funktion list eine Liste aus den Werten von hurz, zack und zack, also 17,11 und 11 zu bilden. Wenn Sie anders als im Beispiel nicht die hinter den Symbolen stehenden Werte sondern das Symbol selbst meinen, müssen Sie diesem wieder ein Apostroph voranstellen:

```
CL-USER> (list 'hurz 'zack zack)

(HURZ ZACK 11)
```

Multiplizieren von zack und hurz:

```
ı CL-USER> (* zack hurz)
```

```
187
```

* und list sind Symbole, die an Funktionen gebunden sind.

Funktionsaufrufe
Eine Funktion wird aufgerufen, indem man ihren Namen hinter die geöffnete Klammer setzt und dann die Argumente folgen lässt. Nach dem letzten Argument folgt die schließende Klammer.

Um mehr über das Symbol list und seine Bindungen zu erfahren, benutzen wir wieder describe:

```
CL-USER> (describe 'list)
COMMON-LISP:LIST
  [symbol]

LIST names a compiled function:
  Lambda-list: (&REST ARGS)
  Declared type: (FUNCTION * (VALUES LIST &OPTIONAL))
  Derived type:
    (FUNCTION (&REST T) (VALUES LIST &OPTIONAL))
  Documentation:
    Return constructs and returns a list of its
    arguments.
    Known attributes: flushable, unsafely-flushable,
    movable
  Source file: SYS:SRC;CODE;LIST.LISP

LIST names the built-in-class #<BUILT-IN-CLASS LIST>:
  Class precedence-list: LIST, SEQUENCE, T
  Direct superclasses: SEQUENCE
  Direct subclasses: CONS, NULL
  No direct slots.

LIST names a primitive type-specifier:
  (undocumented)
; No value
```

Zu diesem Zeitpunkt müssen Sie noch nicht alles verstehen, was dort an Informationen heraussprudelt. Es reicht erst einmal, wenn Sie lesen, dass `list` eine kompilierte Funktion ist.

Funktionsaufrufe dürfen selbstredend auch verschachtelt erfolgen, wie die folgenden Beispiele zeigen:

```
CL-USER> (+ 3 (* 3 4))

15

CL-USER> (list (list 2 3) (list 'bim 'bam 'bino))

((2 3) (BIM BAM BINO))
```

Wir stellen zunächst einmal fest, dass Zahlen nicht mit *Quote* geschrieben werden müssen. Eine Zahl steht in Lisp immer für sich selbst und bedarf keiner *Quotierung*, auch wenn sie nicht verboten ist.

Im letzten Aufruf wurde eine *verschachtelte Liste* konstruiert, deren beide Elemente gleichfalls Listen sind. Verschachtelte Listen sind eher die Regel als die Ausnahme. Sonst wären Listen auch nicht ein so mächtiges Instrument zur Repräsentation von Daten. *Sogar Lisp-Programme selbst sind nichts anderes als Listen, wie wir noch sehen werden.*

3.1.1 Das Anlegen von Bindungen

Unter einer Bindung versteht man die Assoziation eines Symbols mit einem Wert. Alle bisher angelegten Bindungen sind sogenannte *Top-Level-Bindungen*. Diese sind am ehesten mit globalen Variablen vergleichbar. Wenn ein solches globales Symbol zur Anlage einer Wertbindung bestimmt ist, sollte dieses gegenüber dem Compiler vereinbart werden. Das kann in einem Schritt mit der Initialisierung geschehen. Es gibt dazu zwei verschiedene Möglichkeiten. Sie heißen `defvar` und `defparameter`.

```
CL-USER> (defparameter enkel '(tick trick track))

ENKEL
```

Diese Form vereinbart `enkel` als Variable und bindet dieses Symbol an einen Wert. Wird diese Vereinbarung wiederholt, so wird der Wert neu gebunden:

```
CL-USER> (defparameter enkel '(fix foxy))

ENKEL

CL-USER> enkel

(FIX FOXY)
```

defvar arbeitet anders. Diese Form gestattet nur die einmalige Initialisierung. Jeder weitere Versuch einen Wert mit defvar zuzuweisen scheitert:

```
ı CL-USER> (defvar enkel '(asterix obelix))

  ENKEL

ı CL-USER> enkel

  (FIX FOXY)
```

enkel ist weiterhin an (fix foxy) gebunden! Was zunächst wie eine prächtige Fehlerquelle, wenn nicht sogar wie eine Bösartigkeit aussieht, hat seinen Hintergrund in der interaktiven Natur von LISP. Wenn nämlich eine Programmdatei mit einer defvar-Vereinbarung mehrfach geladen wird, bleibt die aktuelle Bindung zum Weiterarbeiten mit den aktuellen Daten erhalten. So kann man ein Programm abändern und neu laden, aber trotzdem mit dem aktuellen Datenbestand weiterarbeiten. Wenn Sie das nicht wünschen, müssen Sie defparameter verwenden. Zwar haben defvar und defparameter identische Ergebnisse, aber defvar führt die Initialisierung nur aus, wenn die Variable noch nicht existiert.

3.2   Listen

Listen haben LISP seinen Namen gegeben. LISP ist ein Akronym für **LIS**t-**P**rocessing. Durch LISP-Listen lässt sich *jede* denkbare Datenstruktur abbilden.

Es ist schon erstaunlich, dass man sich in den meisten Sprachen mit *Arrays*, *Collections* oder Ähnlichem herum ärgern muss, obwohl Listen doch so viel einfacher in der Anwendung sind. Während der Umgang mit Arrays zusätzliche, künstliche Entitäten, nämlich die *Indizes* auf den Plan rufen, die Ursache für endlos viele Programmierfehler („off by one"[3]) sind, ist der Umgang mit Listen vergleichsweise narrensicher.

Eine wichtige technische Voraussetzung für den effektiven Umgang mit Listen ist allerdings der *Garbage Collector*, der dem Anwender die Haushaltsführung mit dem Speicher abnimmt. Das erklärt auch, warum Listen zum Beispiel in der Sprache *C*, die keinen Garbage Collector vorsieht, zu den weniger beliebten Strukturen gehören: C-Code, der umfangreich mit Listen arbeitet, besteht zu erheblichen Teilen aus reinem Verwaltungs-Code, der die fehlerfreie Freigabe nicht mehr erreichbarer Listenreste organisiert.[4]

---

[3]Häufiger Fehler bei der Behandlung von Indizes, der meist nur durch ein Rechenbeispiel geklärt werden kann.

[4]Das gilt nicht für die trivialen Fälle, bei denen der Heap analog zu einem Stack verwendet wird, also ein zuletzt disponiertes Datenelement auch zuerst wieder freigegeben wird. Sobald aber zum Zeitpunkt der beabsichtigten Freigabe eines Datenobjekts nicht mehr ohne Weiteres garantiert

Wenn natürlich in einer Aufgabenstellung das Array schon konzeptionell enthalten ist, wie bei der Arbeit mit Vektoren und Matrizen, so sollten natürlich auch Arrays verwendet werden. Sie werden in einem späteren Abschnitt vorgestellt.

Jede Lisp-Liste besteht aus zwei Teilen: dem ersten Element, dem Kopf der Liste, und der Restliste ohne ihren Kopf. Für die Restliste gilt dasselbe, sofern sie nicht die *leere Liste* ist. Umgekehrt bedeutet das, dass Definition der Liste konstruktiv gesehen *rekursiv* ist.

```
CL-USER> '(das ist eine Liste mit 7 Atomen)

(DAS IST EINE LISTE MIT 7 ATOMEN)
```

Mit der Funktion car kann das erste Element einer Liste bestimmt werden:

```
CL-USER> (car '(eine kurze liste))

EINE
```

Die Restliste liefert die Schwester von car, die Funktion cdr:

```
CL-USER> (cdr '(eine kurze liste))

(KURZE LISTE)
```

SLIME-History

Innerhalb Emacs/Slime kann man sich die letzte Eingabe durch `Esc` p= oder `Alt` p zurückholen und mit den Cursortasten editieren, sodass ähnliche Zeilen nicht wiederholt eingegeben werden müssen (s.3).

Wie sieht nun diese Ergebnisliste im Speicher des Computers aus? Sie besteht wie Abb. 3.1 zeigt aus zwei Cons-Zellen. Eine Cons-Zelle besteht aus zwei Zeigern, die *car* und *cdr* heißen. Diese verweisen auf Symbole, andere Cons-Zellen oder auf nil . nil bedeutet soviel wie Nichts oder Null und bezeichnet in Lisp die leere Liste.

Gewissermaßen der Antagonist zu car und cdr ist die *Funktion* cons. Sie nimmt zwei Datenobjekte entgegen, beschafft sich eine frische Cons-Zelle, stattet diese mit den Zeigern auf beide Datenobjekte aus und gibt den Zeiger auf die neue Cons-Zelle zurück. In Listen-Logik bedeutet dies, dass cons den späteren *car*-Teil und eine Liste (den späteren *cdr*-Teil) entgegennimmt und den *car*-Teil vorne an die Liste anhängt:

---

werden kann, dass keine weiteren Referenzen mehr auf dieses existieren, müssen komplizierte Verwaltungsmechanismen implementiert werden. Diese machen den Programmcode schnell unübersichtlich. Regelmäßig auftreten tut das Problem dann, wenn nicht nur mit Bäumen sondern auch mit zyklischen Graphen gearbeitet wird.

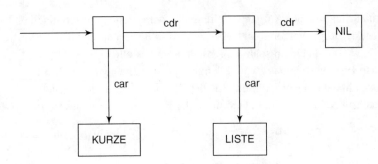

Abb. 3.1 2-elementige Liste von Atomen

```
CL-USER> (cons 'eine '(kurze liste))
```

```
(EINE KURZE LISTE)
```

Theorem 3.1. *(Beziehung zwischen car, cdr und cons)*
*Es gilt also für jede von **NIL** verschiedene Liste l:*

$$l = cons(car(l), cdr(l))$$

oder in Lisp-Schreibweise

```
(equal l (cons (car l) (cdr l)))
```

Die Funktionen `car` und `cdr` haben in Lisp die eigentlich etwas intuitiveren Aliasse `first` und `rest`:

```
CL-USER> (first '( 1.3 1.4 1.9 2.0))
```

```
1.3
```

```
CL-USER> (rest '(1.3 1.4 1.9 2.0))
```

```
(1.4 1.9 2.0)
```

Die Namen `car` und `cdr` haben ihren historischen Hintergrund in der CPU-Architektur der IBM 704 (Abb. 3.2).

Auf dieser Maschine ist die erste Implementierung von LISP im Jahr 1959 durch *Steve Russell* erfolgt. Die CPU hatte ein spezielles Feature zur Entnahme zweier 15-Bit-Werte aus einem 36-Bit Wort, die *Decrement* und *Address* genannt wurden (Abb. 3.3).

Die zwei zugehörigen Operationen auf LISP-Seite tauften McCarthy und Beteiligte etwas umständlich „Content of Address Part of Register" (`car`) und „Contents of Decrement Part of Register" (`cdr`). In Bezug auf Listen sind die Bezeichnungen beide irreführend.

Abb. 3.2 IBM 704, ab 1954: Erster Computertyp, der Lisp lernte

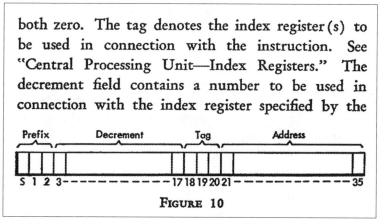

Abb. 3.3 Abbildung aus „704 electronic data processing machine: manual of operation"

Trotzdem sind sie in alle nachfolgenden Implementierungen von LISP, einschließlich Scheme, Clojure[5] etc. übernommen worden. In der jetzt 59-jährigen Geschichte von Lisp ist es nie gelungen, alternative Bezeichnungen zu etablieren. McCarthy äußerte später einmal, dass es an dem Tag, als ihm auffiel, wie albern diese Bezeichnungen eigentlich sind, schon zu spät für eine Korrektur war, da schon viel zu viel Code mit diesen beiden

[5]LISP-Dialekt, der auf der Java Virtual Machine aufsetzt und damit die Java-Welt unter LISP verfügbar macht.

Funktionen existierte und den Programmierern das Begriffspaar *car* und *cdr* längst in
Fleisch und Blut übergegangen war. Immerhin enthält das moderne COMMON LISP die
Namen `first` und `rest` als Alternativen für denjenigen, der sich an diesem semiotischen
Unfall nicht nachträglich beteiligen will.

Durch Kombinieren von `car` und `cdr` lässt sich jedes Element einer gegebenen Liste
direkt ansprechen. Das zweite Listenelement ist das *car* des *cdr* der Liste:

```
1 CL-USER> (car (cdr '( 1.3 1.4 1.9 2.0)))
```

```
1.4
```

Umgekehrt ist das *cdr* des *car* einer Liste die Restliste des ersten Listenelements (das
ebenfalls eine Liste sein muss). Zum Beispiel:

```
1 CL-USER> (cdr (car '((Hier bin ich Mensch)
2                      (hier darf ich sein!))))
```

```
(BIN ICH MENSCH)
```

Da es oft vorkommt, dass ein Element an einer bestimmten Position erreicht werden
muss, hat Lisp eine Reihe von Abkürzungen zur Verfügung:

- Statt `(car (cdr ...))` kann man auch `cadr` schreiben.
- Ebenfalls gibt es `cdar` für `(cdr (car ...))`.
- Diese Abkürzungen stehen bis zur Kombination von vier Aufrufen von `car` oder
  `cdr` zur Verfügung. Also zum Beispiel `cadadr` für `(car (cdr (car (cdr
  ...))))` oder `cadddr` für `(car (cdr (cdr (cdr ...))))`, also für den
  Zugriff auf das vierte Listenelement.

Wenn man von einer einelementigen Liste das *cdr* erfragt, erhält man die leere Liste:

```
1 CL-USER> (cdr '(moskau))
```

```
NIL
```

Umgekehrt entsteht aus

```
1 CL-USER> (cons 'moskau nil)
```

```
(MOSKAU)
```

die Liste mit dem Element `moskau`.

CAR und CDR

Es war lange Zeit nicht einfach, an präzise Informationen zu kommen, was der Hintergrund der Bezeichnung CAR und CDR ist. Das *Lisp 1.5 Programmers Manual* (McCarthy 1962) schweigt sich darüber aus. P.Winston und B.Horn schreiben in *Lisp* (Winston and Horn 1981) immerhin: „A regrettable historical convention has left two of these five key functions [Anmerkung: gemeint sind `append`, `car`, `cdr` `cons` und `list`] terribly unmnemonic".

In *Lisp* (Müller 1985) findet man genauso wenig dazu wie im Buch *Einführung in Common Lisp* (Mayer 1988). Wenigstens *Structure and Interpretation of Computer Programs* (Ableson et al. 1996) enthält einen Hinweis auf die Architektur der IBM 704.

In Zeitalter des Internets finden sich aber glücklicherweise belastbare Informationen, allem voran von *Steve Russell* selbst, der es wissen sollte, da er der das erste LISP-System implementierte (Quelle: http://www.iwriteiam.nl/HaCAR_CDR.html):

Stellungnahme von Steve Russell

I wrote the first implimenation [sic!] of a LISP interpreter on the IBM 704 at MIT in early in 1959. I hand-compiled John McCarthy's „Universal LISP Function".

The 704 family (704, 709, 7090) had „Address" and „Decrement" fields that were 15 bits long in some of the looping instructions. There were also special load and store instructions that moved these 15-bit addresses between memory and the index registers (3 on the 704, 7 on the others)

We had devised a representation for list structure that took advantage of these instructions.

Because of an unfortunate temporary lapse of inspiration, we couldn't think of any other names for the 2 pointers in a list node than „address" and „decrement", so we called the functions CAR for „Contents of Address of Register" and CDR for „Contents of Decrement of Register".

After several months and giving a few classes in LISP, we realized that „first" and „rest" were better names, and we (John McCarthy, I and some of the rest of the AI Project) tried to get people to use them instead.

Alas, it was too late! We couldn't make it stick at all. So we have CAR and CDR.

As the 704 has 36 bit words, there were 6 bits in the list nodes that were not used. Our initial implimentation did not use them at all, but the first garbage collector, comissioned in the summer of 1959, used some of them as flags.

Atoms were indicated by having the special value of all 1's in car of the first word of the property list. All 0's was NIL, the list terminator.

(Fortsetzung)

We were attempting to improve on „IPL-V", (for Interpretive Processing of
Lists – version 5) which ran on a 650. I believe that the 0 list terminator was used
there, but I believe that the all 1's flag for atoms was original.

Hope this is enlightening.

Rückfrage von Richard Simmons an Steve Russell

Steve,

Tom Eggers (here at the University of Colorado at Colorado Springs), tells me
that „you were there" when they invented lisp, and you would know the answer to
this question.

In the IBM 7094, the Contents of the Decrement Register and Contents of the
Address Register were thus:

```
+---+----------------+---+----------------+
|   |      CDR       |   |      CAR       |
+---+----------------+---+----------------+
```

and yet lisp was invented so that (pictorially) the CAR was on the left and the
CDR was on the right. Why?

Antwort von Steve Russell

First a correction: The first implementations of Lisp were on the IBM 704, the
vacuum-tube ancestor of the vacuum-tube 709, the ancestor of the transistorized
7090, later upgraded to the 7094. The time was early in 1959.

I believe that we started writing list structures in the „natural" (to us english-
speakers) from left to right before we had fixed on implimentation[sic!] detail s on
the 704. (In fact, I believe that IPL-V wrote them that way).

I don't remember how we decided to use the address for the first element, but I
suspect it had to do with guessing that it would be referenced more, and that there
were situations where a memory cycle would be saved when the pointer was in the
address.

Hope this is sufficient. Sorry its not a better story.

3.2.1   „Dotted Lists"

Nach dem letzten Beispiel stellt sich relativ spontan die Frage, was ein Ausdruck wie
(cons 1 2) bedeutet, dessen zweites Argument weder eine Liste noch die leere Liste
nil ist.

```
ı CL-USER> (cons 1 2)
```

```
(1 . 2)
```

Dies ist keine reguläre Liste mehr, da ihr *cdr*-Teil selbst keine Liste ist. LISP macht dies mit einem Punkt vor dem letzten Element kenntlich. Dieses Gebilde heißt *Dotted Pair* oder *Dotted List*.

Um den Zusammenhang zu Listen zu verstehen, betrachte man folgende Auswertungen:

```
ı CL-USER> '(a . nil)
```

```
(A)
```

Auch mehrelementige Listen lassen sich so darstellen:

```
ı CL-USER> '(a . (b . nil))
```

```
(A B)
```

```
ı CL-USER> '(a . (b . (1 . nil)))
```

```
(A B 1)
```

Außerdem kann eine Liste an der letzten Position mit einer nicht-Liste enden, wodurch in der Darstellung ein Punkt vor dem letzten Listenelement steht:

```
ı CL-USER> '(a . (b . (1 . 2)))
```

```
(A B 1 . 2)
```

Das direkte Hinzusetzen eines ersten Elements mit einem Punkt entspricht der Operation cons:

```
ı CL-USER> '(a . (b c d e f))
```

```
(A B C D E F)
```

Generell ist eine Liste

$$[x_1, x_2, x_3, .., xn] \tag{3.1}$$

durch

$$cons(x_1, cons(x_2, cons(x_3, .., cons(x_n, []) ..))) \tag{3.2}$$

gegeben.

Schließlich ist

```
ı CL-USER> '(nil . nil)
```

die einelementige Liste mit dem Element nil :

```
(NIL)
```

3.2.2   Listen als Mengen

COMMON LISP kennt eine Reihe Operationen, die die Verarbeitung von Listen als Mengen gestatten. Eine Liste kann als valide Menge angesehen werden, wenn kein Element mehrfach vorkommt. Will man dies sicherstellen, kann man die Funktion remove-duplicates verwenden.

```
ı CL-USER> (remove-duplicates '(a 8 7 8 1 8 a))

  (7 1 8 A)
```

adjoin fügt einer Liste ein Element hinzu, falls es noch nicht enthalten ist und gibt die Ergebnisliste zurück:

```
ı CL-USER> (adjoin 'd '(a b c))

  (D A B C)

ı CL-USER> (adjoin 'a '(a b c))

  (A B C)
```

union, intersection, set-difference, und set-exclusive-or berechnen Vereinigung, Schnitt, Differenz und symmetrische Differenz von Mengen:

```
ı CL-USER> (union '(1 2 3) '(1 3 7 9))

  (9 7 1 2 3)

ı CL-USER> (intersection '(1 2 3) '(1 3 7 9))

  (3 1)

ı CL-USER> (set-difference '(1 2 3) '(1 3 7 9))

  (2)
```

```
CL-USER> (set-exclusive-or '(3 2 1) '(1 3 7 9))

(9 7 2)
```

`subsetp` stellt fest, ob eine Menge eine Teilmenge einer Anderen ist.

```
CL-USER> (subsetp '(3 1) '(1 3 7 9))

T

CL-USER> (subsetp '(3 2 1) '(1 3 7 9))

NIL
```

3.3 Ausdrücke

Wir arbeiten schon die ganze Zeit mit Ausdrücken und werden dieses Konzept jetzt genauer untersuchen.

Während in den meisten konventionellen Sprachen neben dem Ausdruck die *Anweisung* zur Verfügung steht, gibt es diese in Lisp nicht als separate Konstruktion.

Eine Anweisung – etwa in Pascal oder Java – wird allein wegen ihres Seiteneffekts[6] ausgeführt und liefert selbst keinen Wert. In LISP verhält es sich anders. Sogar die `if`-Anweisung verhält sich tatsächlich wie eine Funktion, sodass ihre Anwendung ein Ausdruck ist:

```
CL-USER> (if (> 5 4) 'groesser 'kleiner)

GROESSER
```

Sie besteht neben dem Symbol `if` selbst aus drei Komponenten: der Bedingung (hier `(> 5 4)`), dem Wert für den Ja-Fall und dem Wert für den Nein-Fall.

```
CL-USER> (if (> 3 4) 'groesser 'kleiner)

KLEINER
```

Anstatt also zu schreiben,

---

[6]Eine Datenmanipulation oder eine Ausgabe. Seiteneffekte sind die Existenzberechtigung für Anweisungen und lassen sich in der Funktionalen Programmierung sehr oft vermeiden oder auf den globalen Scope einschränken.

```
String text;
IF (Jahr >= 2000) {
    text =  "Dieses Jahrhundert";
}
else {
    text = "Graue Vergangenheit";
}
```

würde man in Lisp die Zuweisung aus dem if-Block herausnehmen und den Ausgabetext als Ergebnis der if-Anweisung behandeln,

```
CL-USER> (defvar jahr 2015)


JAHR

CL-USER> (defparameter text (if (>= jahr 2000)
                                 "Dieses Jahrundert"
                                 "Graue Vergangenheit"))


TEXT

CL-USER> text


"Dieses Jahrundert"
```

wodurch zwei Zuweisungen wegfallen und die Definition der Variablen in einem Schritt mit ihrer Bindung erfolgen kann.

describe liefert, angewendet auf das Symbol if, folgendes Ergebnis:

```
CL-USER> (describe 'if)


COMMON-LISP:IF
   [symbol]

IF names a special operator:
   Lambda-list: (TEST THEN &OPTIONAL ELSE)
   Documentation:
     IF predicate then [else]

     If PREDICATE evaluates to true, evaluate THEN
     and return its values, otherwise evaluate ELSE and
     return its values. ELSE defaults to NIL.
   Source file: SYS:SRC;COMPILER;IR1-TRANSLATORS.LISP
```

```
Symbol-plist:
   SB-WALKER::WALKER-TEMP.. -> SB-WALKER::WALK-IF

NIL

CL-USER> (if (> 1 1) 'JA)

NIL
```

Mehrere oder komplexere Ausdrücke mit dem Listener verarbeiten

Bei komplexeren Ausdrücken ist es einfacher, den Listener indirekt zu verwenden. Wechseln Sie dazu mit [Strg] x o in das obere Emacs-Fenster und öffnen dort mit [Strg] x [Strg] f eine Datei wie notes.lisp. In diese können Sie Definitionen und Beispiele hineinschreiben.

Um einen einzelnen Ausdruck innerhalb der Datei notes.lisp auszuwerten, gehen Sie mit dem Cursor in den Ausdruck hinein und drücken Sie dort [Strg] c [Strg] c. Der Ausdruck wird dadurch an den Listener versendet, wo Sie das Ergebnis der Auswertung sehen können. Sie können hierdurch den Ausdruck so lange bearbeiten und wieder auswerten, bis er das leistet, was Sie erreichen wollten.

Falls die Bedingung wie oben falsch ist, dann bekommt man nil als Antwort. nil entspricht der leeren Liste '() und ist der einzige Wert, der den Wahrheitswert *falsch* ausdrückt.

```
CL-USER> (if nil 'foo)

NIL

CL-USER> (if nil 'foo 'baz)

BAZ
```

Alle anderen Werte, einschließlich der Null (0) haben den Wahrheitswert *wahr*.

```
CL-USER> (if 0 'JA)

JA
```

Ansonsten gibt es zu den Ausdrücken, die in Lisp auch *S-Expressions*[7] heißen, nicht viel zu sagen. Sie lassen sich beliebig schachteln und der Name der Funktion oder des Makros führt stets die Liste an.

---

[7]Akronym für „symbolic expression".

Ein Beispiel für einen etwas komplexeren Ausdruck, der die Hypotenuse eines Dreiecks mit den Katheten 3 und 4 bestimmt ist:

```
1 CL-USER> (sqrt (+ (* 3.0 3.0) (* 4.0 4.0)))


  5.0
```

An dem Ausdruck ist noch unschön, dass die Werte 3.0 und 4.0 jeweils doppelt vorkommen. Man müsste sie eigentlich einer Variablen zuweisen. Diese Möglichkeit besteht mit let[8]:

```
1 CL-USER> (let ((a 3.0) (b 4.0))
2          (sqrt (+ (* a a) (* b b))))


  5.0
```

let übernimmt eine Liste mit Variablenbindungen (a 3.0) und (b 4.0) und einen oder mehrere Ausdrücke. Es realisiert dann die Bindungen und wertet den Ausdruck unter Gültigkeit dieser Bindungen aus. Das Ergebnis der Auswertung ist das Ergebnis von let. Wichtig zu wissen ist, dass diese *lokalen Bindungen* nur innerhalb von des let -Ausdrucks vorhanden sind. a und b wissen hinter let nichts mehr von 3.0 und 4.0:

```
  CL-USER> a
  ; Evaluation aborted on #<UNBOUND-VARIABLE A {25017D99}>.
```

Hinweis: Nach der Eingabe von a öffnet sich zunächst der Debugger, den Sie mit q beenden können. Danach erst erscheint obige Fehlermeldung.

Die Auswertung von Ausdrücken erfolgt, außer bei Makros, stets von innen nach außen und von links nach rechts. Zuerst wird also zuerst 3^2, dann 4^2 berechnet, dann die Summe 25 aus den Summanden 9 und 16 bestimmt und zuletzt die Wurzel gezogen, womit sich 5 ergibt.

let ist eine häufige Anweisung in Lisp und sie ist eines von mehreren Mitteln zur Erstellung lokaler Bindungen. Im Unterschied zu lokalen Variablen in anderen Programmiersprachen wird aber durch let der gesamte Programmcode (Körper), innerhalb dessen die Bindung Gültigkeit haben soll, eingeklammert. Der Wert der gesamten let-Anweisung ist dann der Wert des letzten Ausdrucks ihres Körpers.

Viele Lisp-Funktionen arbeiten mit beliebig vielen Argumenten. Die Multiplikation, Addition, Division, Subtraktion oder list gehören dazu:

```
1 CL-USER> (* 30 9 2 2)


  1080
```

---

[8]Wenn Sie jetzt einwenden, das Ganze müsste doch viel einfacher mit (abs (complex 3.0 4.0)) gehen, dann haben Sie Recht und dieses Buch ist vielleicht zu trivial für Sie.

```
ı CL-USER> (- 100 1 1 1)

  97

ı CL-USER> (+ 1 2 3 4)

  10

ı CL-USER> (/ 1000000000 10 10 2)

  5000000

ı CL-USER> (list (* 2 2) 5 6 1 'a 1/6 'z)

  (4 5 6 1 A 1/6 Z)
```

Die Funktionen - und / verdienen noch weitergehende Beachtung, denn ihre Bedeutung hängt von der Parameterzahl ab.

- mit einem Parameter kehrt das Vorzeichen einer Zahl um und / bestimmt ihren Kehrwert:

```
ı CL-USER> (- 3)

  -3

ı CL-USER> (/ 3)

  1/3
```

Mit zwei Parametern bedeuten sie genau das, was wir uns unter Subtrahieren und Dividieren vorstellen:

```
ı CL-USER> (- 3 10)

  -7

ı CL-USER> (/ 3.0 2)

  1.5
```

Weitere Parameter werden als zusätzliche Subtrahenden beziehungsweise Divisoren behandelt.

```
ı CL-USER> (- 3 10 2)

  -9
```

```
CL-USER> (/ 3.0 2 3)
```

```
0.5
```

Es gilt also (- a b c d) gleichbedeutend mit (- a (+ b c d)) und (/ a b c d) gleichbedeutend mit (/ a (* b c d)).

3.4   Einige elementare Funktionen und Makros

Für die folgenden Erläuterungen brauchen wir noch etwas „Baumaterial", darum stelle ich einige Funktionen und Makros vor. Betreffend Makros muss zunächst die Information reichen, dass es diese gibt und COMMON LISP schon ein ganze Menge davon mitbringt. Dazu gehören auch defparameter und defvar. Inhaltlich eingeführt werden sie erst in Kap. 16.

* and (Makro) und or (Makro)
  and übernimmt beliebig viele Ausdrücke und wertet diese von links beginnend solange der Reihe nach aus, bis einer der Ausdrücke nil liefert. Weitere Ausdrücke werden nicht ausgewertet. Falls keiner der Ausdrücke nil liefert, gibt and das Ergebnis des letzten Ausdrucks zurück, sonst nil. Logisch wird dadurch die boolesche Operation *und* realisiert.

```
CL-USER> (and 'a 'b 2 3)
```

```
3
```

```
CL-USER> (and 4 'b (> 1 2))
```

```
NIL
```

Tatsächlich setzt das Makro and einfach einen Ausdruck wie (and a b c d) in (if a (if b (if c d))) um, der dann vom Lisp-Compiler übersetzt wird.

or wertet analog zu and von links beginnend so viele Ausdrücke aus, bis einer der Ausdrücke einen Wert ungleich nil liefert. Dann stoppt die Auswertung und der betreffende Wert ist Ergebnis von or. Ergeben alle Ausdrücke nil, so liefert auch or nil. Logisch ist das die boolesche Operation *oder*.

```
CL-USER> (or nil nil 4 nil)
```

```
4
```

```
1 CL-USER> (or nil nil nil)


  NIL
```

- member
Diese Funktion stellt fest, ob ein Element in einer Liste enthalten ist:

```
1 CL-USER> (member 'otto '(elke sabine heidi gabi))


  NIL
```

und

```
1 CL-USER> (member 'heidi '(elke sabine heidi gabi))


  (HEIDI GABI)
```

Zu beachten ist hier, dass member im Erfolgsfall einfach die Suffix-Liste beginnend mit dem gefundenen Element zurück gibt. Da alles außer nil logisch *wahr* bedeutet, kann das Ergebnis ganz einfach mit if weiterverarbeitet werden:

```
1 CL-USER> (if (member 'heidi
2                        '(elke sabine heidi gabi))
3            "Ja, Heidi!")


  "Ja, Heidi!"
```

- append
append hängt mehrere Listen zu einer neuen zusammen:

```
1 CL-USER> (append '(a b c) '(d e f))


  (A B C D E F)


1 CL-USER> (append '(lonely) nil)


  (LONELY)


1 CL-USER> (append '(1 2 3) '(o clock) '(4)
2                    '(o clock) '(rock))


  (1 2 3 O CLOCK 4 O CLOCK ROCK)
```

- reverse
  reverse kehrt eine Liste um:

```
ı CL-USER> (reverse '(3 2 1 0))


  (0 1 2 3)
```

- eq, equal und equalp
  eq prüft die *Identität* zweier Objekte und antwortet mit nil oder t. t ist in LISP der
  kanonische Wert für *wahr*.
  Identisch zueinander sind
  − nil mit nil:

```
ı CL-USER> (eq nil nil)


  T
```

  − alle Symbole und Datenobjekte mit sich selbst:

```
ı CL-USER> (eq 'ei 'ei)


  T
```

  − alle Datenobjekte mit sich selbst:

```
ı CL-USER> (let ((z (make-array 10)))
2            (eq z z))


  T
```

  Gleiche Listen sind im Allgemeinen allerdings *nicht* identisch zueinander:

```
ı CL-USER> (eq '(ei) '(ei))


  NIL
```

Gleichheit und Identität
Die Listen (ei) und (ei) im Beispiel haben denselben Inhalt, sind deswegen
aber eben nur *gleich* und nicht auch *identisch*. Denn sie stehen an verschiedenen
Speicheradressen und eq vergleicht nur Speicheradressen. Bei Symbolen reicht

(Fortsetzung)

das immer aus, da jedes Symbol im Speicher nur einmal realisiert wird. Listen aus gleichen Komponenten können aber durch verschiedene Folgen von Cons-Zellen realisiert sein und sind damit im Allgemeinen nicht identisch.

Nur wenn sich zwei „Vorkommnisse" der Liste auf dieselbe erzeugende S-Expression zurückführen lassen, ist *Identität* gegeben, wie das Gegenbeispiel

```
1 CL-USER>    (let ((mein-ei '(ei)))
2                (eq mein-ei mein-ei))

  T
```

zeigt, das *wahr* als Auswertungsergebnis hat.

Die *Gleichheit* kann man mit `equal` prüfen:

```
1 CL-USER> (equal '(ei) '(ei))


  T
```

Noch anders liegt der Fall bei Arrays: hier funktioniert auch `equal` nicht:

```
1 CL-USER> (equal (vector 4 7 11) (vector 4 7 11))


  NIL
```

Man muss `equalp` verwenden, um Datenstrukturen wie Arrays miteinander zu vergleichen:

```
1 CL-USER> (equalp (vector 4 7 11) (vector 4 7 11))


  T
```

Tab. 3.1 stellt die vier verschiedenen Gleichheitsprüfungs-Funktionen zusammen. `equal` könnte man selbst etwa so definieren:

```
1 CL-USER> (defun my-equal (a b)
2             (if (or (atom a) (atom b))
```

Tab. 3.1 Gleichheitsprüfungen in COMMON LISP

Funktion	prüft auf
eq	Identität
eql	Identität oder numerische Gleichheit
equal	Gleichheit von Listenstrukturen
equalp	Gleichheit beliebiger Strukturen

```
3              (eq a b)
4              (and (my-equal (car a) (car b))
5                   (my-equal (cdr a) (cdr b)))))

   MY-EQUAL

1 CL-USER> (my-equal '((a b) c) '((a b) c))

   T
```

- `print` gibt Daten auf die Konsole aus

```
1 CL-USER> (print 1)

   1
   1
```

```
1 CL-USER> (print (list 2 'kleine 'italiener))

   (2 KLEINE ITALIENER)
   (2 KLEINE ITALIENER)
```

Da das ausgegebene Datenelement selbst gleichzeitig auch „Auswertungsergebnis" von `print` ist, wird es bei der direkten Verwendung von `print` im Listener zweimal ausgegeben.

- `dotimes` (Makro) und `dolist` (Makro)
`dotimes` ist dafür, um einen Anweisungsblock wiederholt auszuführen. Dabei wird eine Schleifenvariable hochgezählt:

```
1 (dotimes (i 6)
2   (print (list i (* i i ))))

   (0 0)
   (1 1)
   (2 4)
   (3 9)
   (4 16)
   (5 25)
   NIL
```

dolist durchläuft einen Anweisungsblock für jedes Element einer Liste:

```
1  (dolist (a '(11 12 13 14))
2    (print (list a (* a a ))))
```

```
(11 121)
(12 144)
(13 169)
(14 196)
NIL
```

3.5 Selbst definierte Funktionen

Faust:

> Geschrieben steht: »Im Anfang war das Wort!«
> Hier stock ich schon! Wer hilft mir weiter fort?
> Ich kann das Wort so hoch unmöglich schätzen,
> Ich muß es anders übersetzen,
> Wenn ich vom Geiste recht erleuchtet bin.
> Geschrieben steht: Im Anfang war der Sinn.
> Bedenke wohl die erste Zeile,
> Daß deine Feder sich nicht übereile!
> Ist es der Sinn, der alles wirkt und schafft?
> Es sollte stehn: Im Anfang war die Kraft!
> Doch, auch indem ich dieses niederschreibe,
> Schon warnt mich was, daß ich dabei nicht bleibe.
> Mir hilft der Geist! Auf einmal seh ich Rat
> Und schreibe getrost: Im Anfang war die Tat!

> — Johann Wolfgang von Goethe (Faust I)

In Computern begegnen wir Daten, die etwas *bedeuten* und Daten, die etwas *tun*. Was Faust oben bei der Übersetzung des Johannes-Evangeliums philosophiert, ist die Frage, ob es hinreichend ist, wenn Johannes das Wort, das günstigstenfalls nichts weiter als Träger einer Bedeutung ist, an den Anfang des Universums setzt.[9] Er gelangt auf dem Umweg über die Forderung nach einem Sinn des Wortes und einer Kraft dessen zu dem Schluss,

---

[9]Joh 1,1-3: Im Anfang war das Wort und das Wort war bei Gott und das Wort war Gott. Im Anfang war es bei Gott. Alles ist durch das Wort geworden und ohne das Wort wurde nichts, was geworden ist.

dass er nur die Tat (als Verbindung aus Sinn und Kraft) an den Anfang des Universums setzen kann.

Denkt man über die Arbeitsweise von Computern nach, sollte es einem nicht schwer fallen, diese Sichtweise zu teilen: *Worte, die etwas tun, heissen in der Informatik auch Programme oder Funktionen.*

Funktionen gehören zu den Kernkonzepten von Lisp und werden mit defun (**de**fine **fun**ction) definiert:

```
CL-USER> (defun plus1 (x) (+ x 1))


PLUS1
```

Eine Funktionsdefinition besteht neben dem Namen (hier plus1) aus einer Para- meterliste, die im vorliegenden Fall nur aus einem Parameter x besteht und einem Funktionskörper, der diesen Parameter verwenden darf. Nach der Definition steht die Funktion zur Verwendung zur Verfügung:

```
CL-USER> (plus1 10)


11
```

Eine Funktion kann mit einer Dokumentation angelegt werden, die später mit des- cribe abgerufen werden kann:

```
CL-USER> (defun plus1 (x)
   "Berechnet den um 1 höheren Wert des Arguments"
   (+ x 1))
STYLE-WARNING: redefining COMMON-LISP-USER::PLUS1
               in DEFUN
PLUS1

CL-USER> (describe #'plus1)
#<FUNCTION PLUS1>
  [compiled function]

Lambda-list: (X)
Derived type:
  (FUNCTION (T) (VALUES NUMBER &OPTIONAL))
Documentation:
  Berechnet den um 1 höheren Wert des Arguments
Source form:
  (SB-INT:NAMED-LAMBDA PLUS1
     (X)
    (BLOCK PLUS1 (+ X 1)))
```

```
; No value
CL-USER>
```

Will man nur die Dokumentation selbst abrufen, kann man documentation benutzen:

```
CL-USER> (documentation 'plus1 'function)
"Berechnet den um 1 höheren Wert des Arguments"
```

Es folgen einige Beispiele einfacher Funktionsdefinitionen:

- swap berechnet aus einer Liste eine andere, bei der *car* und *cdr* vertauscht sind:

```
1 CL-USER> (defun swap (l)
2            (cons (cdr l) (car l)))


   SWAP

1 CL-USER> (swap (list 'a 'b))


   ((B) . A)

1 CL-USER> (swap '(x . y))


   (Y . X)

1 CL-USER> (swap (list 'x 'y 'z))


   ((Y Z) . X)
```

- join übernimmt eine Liste, die zwei Listen enthält und gibt die Konkatenation beider Listen zurück:

```
1 CL-USER> (defun join (l)
2            (append (car l) (cadr l)))


   JOIN

1 CL-USER> (join '((liste 1) (liste 2)))


   (LISTE 1 LISTE 2)
```

- `rotate-left` rotiert eine Liste nach links:

```
1 CL-USER> (defun rotate-left (l)
2              (append (cdr l) (list (car l)))))


  ROTATE-LEFT


1 CL-USER> (rotate-left '(heute regnet es heftig))


  (REGNET ES HEFTIG HEUTE)
```

- `rotate-right` ist die Umkehrfunktion dazu:

```
1 CL-USER> (defun rotate-right (l)
2              (append (last l) (butlast l)))


  ROTATE-RIGHT


1 CL-USER> (rotate-right '(regnet es heftig heute))


  (HEUTE REGNET ES HEFTIG)
```

Im Körper einer Funktion dürfen beliebig viele Ausdrücke stehen. Den Wert der Funktion bestimmt der letzte Ausdruck:

```
1 CL-USER> (defun fritten (stück)
2              (append '(heiss) '(und fettig))
3              (list 'kosten (/ stück 50.0) 'euro))


  FRITTEN


1 CL-USER> (fritten 30)


  (KOSTEN 0.6 EURO)
```

Man erkennt, dass die Funktion nur den Wert des mit (`list` beginnenden Ausdrucks zurückgibt. Das Ergebnis (`heiss und fettig`) aus dem ersten Ausdruck wurde unterschlagen.

3.6   Parameterlisten

Funktionen und einige andere Konstruktionen, die noch folgen werden, verwenden sogenannte *Lambda-Listen* zum Anlegen von Bindungen für die übergebenen Argumente.

3.6.1   Vorgeschriebene Parameter

Im einfachsten Fall handelt es sich um die schon verwendeten *vorgeschriebenen Parameter*, denen beim Funktionsaufruf die aktuellen Argumente der Reihe nach zugeordnet
werden. Die mögliche Anzahl ist unbegrenzt. Die Anzahl der Argumente muss darum mit
denen der *vorgeschriebenen Parameter* übereinstimmen.

```
1 CL-USER> (defun average3 (a b c)
2              (/ (+ a b c) 3))

  AVERAGE3

1 CL-USER> (average3 4 21 9)

  34/3
```

COMMON LISP kennt aber auch noch die Parametertypen *&optional*, *&rest* und *&key*,
mit denen *Lambda-Listen* sehr variabel gestaltet werden können.

3.6.2   Optionale Parameter mit `&optional`

Optionale Parameter können auf die *vorgeschriebenen Parameter* folgen und werden sonst
beim Aufruf mit einem optionalen default-Wert belegt.

```
1 CL-USER> (defun gruss (anrede name &optional titel)
2              (if titel
3                  (list 'hallo anrede titel name)
4                  (list 'hallo anrede name)))

  GRUSS

1 CL-USER> (gruss 'frau 'mäuserich)

  (HALLO FRAU MÄUSERICH)

1 CL-USER> (gruss 'herr 'Stehimweg 'Prof )

  (HALLO HERR PROF STEHIMWEG)
```

Man kann die Parameterdefinition auch so abändern, dass ein anderer Default-Wert als nil übergeben wird:

```
1 CL-USER> (defun uni-gruss (anrede name
2                            &optional (titel 'dr))
3         (if titel
4             (list 'hallo anrede titel name)
5             (list 'hallo anrede name)))

  UNI-GRUSS

1 CL-USER> (uni-gruss 'frau 'mäuserich)

  (HALLO FRAU DR MÄUSERICH)

1 CL-USER> (uni-gruss 'herr 'Stehimweg 'Korridorialrat )

  (HALLO HERR KORRIDORIALRAT STEHIMWEG)
```

3.6.3   Beliebig viele weitere Parameter mit &rest

Wer einer Funktion beliebig viele Argumente mitgeben möchte, kann mit &rest arbeiten. Die überzähligen Parameter werden dann innerhalb der Funktion zu einer Liste zusammengefasst:

```
1 CL-USER> (defun print-table (name &rest values)
2         (print name)
3         (print values)
4       )

  PRINT-TABLE

1 CL-USER> (print-table 'noten 'do 're 'me 'fa
2                       'so 'la 'ti 'do)

  NOTEN
  (DO RE ME FA SO LA TI DO)
  (DO RE ME FA SO LA TI DO)
```

Ein häufig zu sehendes Idiom besteht darin, die gesamte Parameterliste als &rest-Liste zu deklarieren, wenn der Programmierer keinerlei Festlegung zu Zahl und Art der Parameter treffen möchte. Die Lisp-eigenen Funktionen *, +, / etc, die beliebig viele (oder auch kein!) Argument übernehmen, sind zum Beispiel so definiert:

```
(defun * (&rest args)
;; irgendwelcher Code zur
;; Verarbeitung von args
)
```

3.6.4   Benannte Parameter mit &key

Sollen mehrere Parameter voneinander unabhängig optional sein, so können Keyword-
Parameter benutzt werden:

```
1 CL-USER> (defun party (wann wo
2                         &key (motto 'gute-laune)
3                              verkleidung
4                              (getränk 'bier))
5           (list motto '- 'party
6                 wann wo
7                 'mit getränk 'und
8                 (if verkleidung 'mit 'ohne)
9                 'verkleidung))
```

PARTY

In dieser Definition sind die obligatorischen Parameter wann und wo enthalten. Die
Parameter motto, verkleidung und getränke sind optionale Keyword-Parameter.
Dabei gilt folgende Logik:

* Falls kein motto angegeben ist, lautet dieses gute-laune
* Falls kein getränk angegeben ist, gibt es bier.
* Falls keine Angaben zur verkleidung gemacht wurden, lautet diese auf nil.

* Bürgerliches Besäufnis:

  ```
  1 CL-USER> (party 'heute 'stadthalle)

    (GUTE-LAUNE - PARTY HEUTE STADTHALLE MIT BIER UND
     OHNE VERKLEIDUNG)
  ```

* Disco-Nacht des örtlichen Junggesellenvereins mit Schaumgenerator:

  ```
  1 CL-USER> (party 'samstag 'Schützenhalle
  2                 :motto 'schaum)

    (SCHAUM - PARTY SAMSTAG SCHÜTZENHALLE MIT BIER UND
     OHNE VERKLEIDUNG)
  ```

- Karnevalsveranstaltung:

```
1 CL-USER> (party 'weiberfastnacht 'guerznich
2            :motto 'alle-jeck
3            :getränk '(wein sekt)
4            :verkleidung t)


  (ALLE-JECK - PARTY WEIBERFASTNACHT GUERZNICH MIT
   (WEIN SEKT) UND MIT VERKLEIDUNG)
```

Die Reihenfolge, in der &key-Parameter übergeben werden, ist dem Aufrufer der Funktion überlassen. Die Eindeutigkeit ist bereits durch den Namen des &key-Parameters gegeben. So ist das Ergebnis des letzten Aufrufs identisch mit dem Folgenden:

```
1 CL-USER> (party 'weiberfastnacht 'guerznich
2            :getränk '(wein sekt) :verkleidung t
3            :motto 'alle-jeck )


  (ALLE-JECK - PARTY WEIBERFASTNACHT GUERZNICH MIT
   (WEIN SEKT) UND MIT VERKLEIDUNG)
```

3.7   Funktionale

Funktionen können als Argumente in eine andere Funktion eingehen. Funktionen die andere Funktionen übernehmen oder liefern, nennt man *Funktionale* oder in neuerer Zeit etwas gestelzt *Funktionen höherer Ordnung*. Es gibt beispielsweise die Funktion mapcar, die eine Funktion und eine Liste als Argumente entgegennimmt. Sie wendet dann die Funktion auf alle Glieder der Liste an und bestimmt damit eine neue Liste, die aus den Einzelergebnissen besteht:

```
1 CL-USER> (mapcar (function plus1) '(3 8 20))


  (4 9 21)
```

oder

```
1 CL-USER> (mapcar #'plus1 '(3 8 20))


  (4 9 21)
```

Das Nummmernsymbol mit dem Apostroph #' oder function machen kenntlich, dass die *Funktionsbindung* von plus1 und nicht seine *Wertbindung* verwendet werden soll. Dazu schauen wir uns an, was describe für Angaben macht:

```
CL-USER> (describe 'plus1)
COMMON-LISP-USER::PLUS1
  [symbol]

PLUS1 names a compiled function:
  Lambda-list: (X)
  Derived type:
    (FUNCTION (T) (VALUES NUMBER &OPTIONAL))
  Source form:
    (SB-INT:NAMED-LAMBDA PLUS1
        (X)
      (BLOCK PLUS1 (+ X 1))))
; No value
```

Es ist nämlich möglich, neben der schon realisierten Funktionsbindung parallel eine zusätzliche Wertbindung zu anzulegen:

```
CL-USER> (defparameter plus1 1)

PLUS1
```

describe sagt dann:

```
CL-USER> (describe 'plus1)
COMMON-LISP-USER::PLUS1
  [symbol]

PLUS1 names a special variable:
  Value: 1

PLUS1 names a compiled function:
  Lambda-list: (X)
  Derived type: (FUNCTION (T) (VALUES NUMBER &OPTIONAL))
  Source form:
    (SB-INT:NAMED-LAMBDA PLUS1
        (X)
      (BLOCK PLUS1 (+ X 1))))
; No value
CL-USER>
```

plus1 bedeutet also verschiedenes, je nachdem, ob es als Funktion oder als Wert angesprochen wird. Lisp benutzt die Funktionsbindung eines Symbols immer dann, wenn es am Anfang einer S-Expression steht und die Wertbindung immer dann, wenn das Symbol nicht am Anfang einer S-Expression steht.

Da wir aber im Beispiel oben nicht den Wert meinen, sondern die an `plus1` gebundene Funktion übergeben wollen, muss `function` oder `#'` verwendet werden. Tatsächlich ist `#'` nur eine Abkürzung für (`function ...`).

In diesem Buch kommen beide Notationen vor, je nachdem, was intuitiv lesbarer erscheint.

Ein weiteres Beispiel mit der Funktion `list`:

```
CL-USER> (mapcar #'list '(3 8 20))
```

```
((3) (8) (20))
```

Für mehrstellige Funktionen besteht die Möglichkeit, mehrere Listen zu übergeben. Dabei werden die Argumentenpaare für die Funktionsanwendung den Listen entnommen:

```
CL-USER> (mapcar (function *) '(1 2 3) '(10 20 30))
```

```
(10 40 90)
```

Die Listen sollten gleich lang sein. Sonst werden die überzähligen Elemente der längeren Liste(n) ignoriert:

```
CL-USER> (mapcar (function +) '(1 2) '(10 20 30))
```

```
(11 22)
```

3.8 Ergebnisse

- Ein Symbol steht niemals für sich selbst, sondern es wird *ausgewertet*.
- Mit `defvar` und `defparameter` können Symbole als Variablen vereinbart und initialisiert werden.
- LISP verwendet Symbole nicht nur als Platzhalter für Definitionen. Die Auswertung eines Symbols ist je nach seiner Stellung in der S-Expression seine Wertbindung oder seine Funktionsbindung. Symbole agieren ebenfalls als Datenobjekte zur Laufzeit.
- LISP kennt Operationen, um Listen als Mengen zu verarbeiten.
- Mit `let` können lokale Variablen vereinbart werden. Der Wert des LET-Ausdrucks ist der Wert des letzten Ausdrucks seines Körpers.
- Zahlen können genauso wie Symbole, Strings und Listen selbst zu Listen aggregiert werden. Diese sind der wichtigste Datentyp in Lisp und werden aus Cons-Zellen zusammengesetzt. Sie dienen ebenfalls zur Darstellung von Lisp-Funktionen und sind für den Namen „LISP" verantwortlich.
- Lisp verfügt über ein eingebautes Dokumentationssystem für Symbole, das über die Funktion `describe` befragt werden kann.

- Lisp unterscheidet bei Variablen-Vereinbarung zwischen globalen Variablen die mit `defvar` oder `defparameter` gebunden werden und lexikalischen Variablen deren Bindung durch `let` erfolgt.
- Die formalen Parameter von Funktionen kann Lisp sehr flexibel handhaben und kennt neben den vorgeschriebenen Parametern optionale, Schlüsselwort-Parameter und Rest-Parameter.
- Wenn eine Funktionen eine andere Funktion als Argument übernimmt, dann heißt sie Funktional oder Funktion höherer Ordung.
- Um eine globale Funktion als Parameter zu übergeben oder einer Variablen zuzuweisen, muss dem Namen ein Nummernzeichen und ein Apostroph vorangestellt werden: `#'die-funktion`.

3.9   Übungen

3.1. Stellen Sie die Liste (`alles nur mit cons`) allein mit `cons`-Operationen dar.

3.2. Die Funktion `signum` bestimmt das Vorzeichen ($-1, 0$, oder 1) einer Zahl. Formulierern Sie einen `mapcar`-Aufruf, der aus der Liste (`1 2 -2 1 0`) die Liste Vorzeichen (`1 1 -1 1 0`) berechnet.

3.3. Benutzen Sie `mapcar`, um eine Funktion `vecsum` zu schreiben, die zwei beliebig lange Vektoren als Listen übernimmt und deren Summe bestimmt.

3.4. Welchen Wert hat c nach Ausführung der Anweisungen

```
(set 'b 'c)
(set b 'd)
```

?

3.5. Erklären Sie, warum in der folgenden Berechnung die Zahl 3 nicht ausgegeben wird.

```
CL-USER> (and (print 1) (print 2)
              (print nil) (print 3))

1
2
NIL
```

Literatur

Ableson, H., Sussmann, G. J., and Sussmann, J. (1996). *Structure and Interpretation of Computer Programs*. MIT Press. Zweite Auflage.

Mayer, O. (1988). *Programmieren in Common Lisp*. BI Wissenschaftsverlag. Relativ leicht verdauliche Einführung.

McCarthy, J. (1962). *LISP 1.5 Programmer's Manual*. The MIT Press. Zugriff: 6.Mai 2016.

Müller, D. (1985). *LISP – Eine elementare Einführung in die Progammierung nicht numerischer Aufgaben*. Bibliograpisches Institut Wissenschaftsverlag.

Winston, P. H. and Horn, B. K. P. (1981). *LISP*. Addison Wesley Longman Publishing Co. Ein typisches Lehrbuch mit vielen Beispielen aus der Künstlichen Intelligenz mit MACLISP.

Konkrete Datentypen

4

Zusammenfassung

Listen sind ein abstrakter Datentyp, genauso wie Arrays, Pointer, Records oder Streams. Durch die Typ-Spezifikation Liste *ist nicht mehr gesagt, als dass die Datenelemente und Listen mit* cons *zu Listen verbunden werden[1] und durch* car *und* cdr *wieder aufgetrennt werden können. Welchen Typ die Daten innerhalb der Liste haben, ist von diesen Eigenschaften unberührt. Bei den konkreten Datentypen handelt es sich um diejenigen, die zur Darstellung von realen Daten unverzichtbar sind:* Zahlen, Character *und* Strings. *Von diesen und den numerischen Datentypen handelt diese Kapitel.*

LISP kannte neben Symbolen ursprünglich nur Zahlen, weswegen viele ältere Programmierbeispiele Textinformationen allein mit Hilfe von Symbolen darstellen. Zahlen und Character hängen so zusammen, dass jedem Character ein Zahlencode zugrunde liegt. Früher war das Codierschema ausschließlich ASCII, sodass Umlaute, Ligaturen und akzentuierte Zeichen nicht dargestellt werden konnten. Das heute übliche UTF-8 gibt da alle Freiheiten. Strings hängen logisch mit den schon eingeführten Listen zusammen. Mathematiker würden sagen, dass Strings genauso wie Listen mit der natürlichen Operationen concatenate beziehungsweise append und dem Leerstring beziehungsweise nil zusammen ein *Monoid* bilden. In COMMON LISP heißen sie aus genau diesem Grund beide etwas lapidar *Sequenzen* (ein abstrakter Datentyp) und können daher mit allen Funktionen bearbeitet werden, die für Sequenzen definiert sind. Da Strings in COMMON LISP aber ausschließlich in der Ausprägung *Character Strings* verwendet werden, würde man sie eher zu den konkreten Datentypen zählen.

---

[1] Falls es nicht die leere Liste nil ist.

© Springer Fachmedien Wiesbaden 2016
P.M. Krusenotto, *Funktionale Programmierung und Metaprogrammierung*,
DOI 10.1007/978-3-658-13744-1_4

4.1   Zahlen

Die Hexe: (mit großer Emphase fängt an, aus dem Buche zu deklamieren):
>   Du mußt verstehn!
>   Aus Eins mach Zehn,
>   Und Zwei laß gehn,
>   Und Drei mach gleich,
>   So bist du reich.
>   Verlier die Vier!
>   Aus Fünf und Sechs,
>   So sagt die Hex,
>   Mach Sieben und Acht,
>   So ist's vollbracht:
>   Und Neun ist Eins,
>   Und Zehn ist keins.
>   Das ist das Hexen-Einmaleins!

Faust:
>   Mich dünkt, die Alte spricht im Fieber.

>   — Johann Wolfgang von Goethe (Faust I)

Ich will mich nicht allzu lange mit Zahlen aufhalten. COMMON LISP kann mit (beliebig großen) ganzen Zahlen, beliebig genauen Brüchen, reellen und komplexen Zahlen umgehen. Aus diesen lassen sich Vektoren, Matrizen und so weiter bilden, sodass der ganze Kanon der numerischen Computerei abgebildet werden kann. Ich gebe zu allen Zahlentypen ein Beispiel:

4.1.1   Ganze Zahlen

Berechnung von 7^{60}:

```
CL-USER> (expt 7 60)

508021860739623365322188197652216501772434524836001
```

4.1.2   Brüche

Berechnung von $\frac{1}{7} + \frac{7}{9}$:

```
CL-USER> (+ (/ 1 7) (/ 7 9))
```

Erkennbar ist, dass Lisp mit Brüchen weiterrechnet, sobald Ganze Zahlen dividiert werden und das Ergebnis nicht mehr ganzzahlig ist. Brüche werden von Lisp immer in der maximal gekürzten Form dargestellt.

Selbstverständlich können Brüche auch direkt verarbeitet werden:

```
CL-USER> (+ 1/7 7/9)

58/63
```

4.1.3 Reelle Zahlen

Berechnung von 4π:

```
CL-USER> (* 4 pi)

12.566370614359172d0
```

Reelle Zahlen lassen sich auch in Brüche überführen:

```
CL-USER> (rational 2.125)

17/8
```

Und umgekehrt:

```
CL-USER> (float 1/8)

0.125
```

4.1.4 Komplexe Zahlen

Berechnung von $e^{\sqrt{-16}}$:

```
CL-USER> (exp (sqrt -16))

#C(-0.6536436 -0.7568025)
```

Eine komplexe Zahl aus Real- und Imaginärteil zusammensetzen:

```
CL-USER> (complex 4 1/3)

#C(4 1/3)
```

Realteil, Imaginärteil und Betrag bestimmen:

```
CL-USER> (realpart #C(2.5 -3))

2.5

CL-USER> (imagpart #C(2.5 -3))

-3.0

CL-USER> (abs #C(2.5 -3))

3.905125
```

Da komplexe Zahlen in die Sprache eingebaut sind, können sie direkt mit den üblichen numerischen Funktion +, -, *, /, sin, cos, et cetera bearbeitet werden. Sofern eine Operation auf einer reellen Zahl ein komplexes Ergebnis hat, rechnet Lisp (wie in diesem Beispiel) ungefragt mit komplexen Zahlen weiter. Falls sich in einem späteren Schritt wieder ein reelles Ergebnis ergibt, wird auch wieder mit reellen Zahlen weitergearbeitet. Dasselbe gilt im Bezug auf ganze Zahlen und Brüche.

4.2 String und Character

Den Datentyp *String* gab es in den ersten Lisp-Systemen nicht und Texte wurden als Folge von Symbolen dargestellt. Für den Umgang mit realen Daten sind Strings allerdings vollkommen unverzichtbar, da die meisten maschinenlesbaren Daten in Form von Character Strings vorliegen.

Ein String ist in Lisp einfach eine Folge von Zeichen, die von Anführungszeichen umschlossen ist:

```
CL-USER> "Hammersbald?"

"Hammersbald?"
```

Soll das Anführungszeichen selbst Teil eines literal angegebenen Strings sein, dann muss ein Backslash als Fluchtsymbol davor gesetzt werden.

```
CL-USER> "Hammers \"bald\" ?"

"Hammers \"bald\" ?"
```

Man kann mit elt („Element") einen einzelnen Character aus einem String herauslösen:

```
₁ CL-USER> (elt "Hammers bald?" 8)
```

```
#\b
```

Character haben einen eigenen Datentyp, der in literaler Darstellung mit #\ eingeleitet wird. Nicht-druckbare Zeichen haben Namen wie #\space, #\rubout oder #\etx. Unicode-Zeichen sind so ebenfalls direkt über ihren Namen wie #\white_chess_king erreichbar.

Strings gehören zusammen mit den Listen zu den *Sequenzen* und lassen sich sinngemäß mit vielen Listen-Funktionen bearbeiten, da es sich bei diesen genaugenommen um Sequenz-Funktionen handelt:

```
₁ CL-USER> (reverse "Uffgebasst!")
```

```
"!tssabegffU"
```

```
₁ CL-USER> (subseq "Babbsack" 1 4)
```

```
"abb"
```

```
₁ CL-USER> (length "Chinesische Mauer")
```

```
17
```

Man kann Strings mit der Funktion concatenate aneinanderhängen:[2]

```
₁ CL-USER> (concatenate
₂          'string "Ah" "sch" "glaab" "s" "gehd" "lous!")
```

Dabei ist zu beachten, dass als erster Parameter das Symbol string übergeben werden muss, um anzugeben, dass ein String als Typ des Rückgabewertes gewünscht ist.

```
"Ahschglaabsgehdlous!"
```

Es ist ebenfalls möglich, sich eine Liste der *Character* zurückgeben zu lassen, indem als Rückgabewert von concatenate der Typ list eingefordert wird:

```
₁ CL-USER> (concatenate
₂          'list "Ah" "sch" "glaab" "s" "gehd" "lous!")
```

```
(#\A #\h #\s #\c #\h #\g #\l #\a #\a #\b #\s #\g #\e
 #\h #\d #\l #\o #\u #\s #\!)
```

---

[2]Das geht auch mit Listen, geschieht dort aber üblicherweise mit append.

Um zwischen Character und deren Code zu konvertieren, gibt es `char-int` und `code-char`:

```
1 CL-USER> (char-int #\Esc)

  27

1 CL-USER> (code-char 10)

  #\Newline
```

Die Funktion map ist eine Verallgemeinerung von `mapcar`. Sie kann mit jeder Art von Sequenzen arbeiten. Auch den Typ des Rückgabewertes kann man sich nach der selben Mimik wie bei `concatenate` aussuchen. Damit ist die Liste der Character-Codes eines Strings schnell erstellt:

```
1 (map 'list #'char-int "2<FPZd")

  (50 60 70 80 90 100)
```

Die Rückrichtung geht aber auch:

```
1 (map 'string #'code-char '(50 60 70 80 90 100))

  "2<FPZd"
```

4.2.1 Textausgaben mit `format`

`format` ist ein mächtiges Instrument zur Ausgabe lesbarer Daten. `format` übernimmt einen *Stream*, einen Format-String und beliebig viele einzusetzende Werte. Die Angabe t für den Stream bezeichnet die Standard-Ausgabe, die in COMMON LISP auch über das Symbol `*standard-output*` erreichbar ist.

```
1 CL-USER> (let ((x 5)
2                (y "Pferd"))
3           (format
4               t
5               "Noch ~a Tage bis Weihnachten.
6               Dann bekomme ich ein ~a!" x y))

  Noch 5 Tage bis Weihnachten.
         Dann bekomme ich ein Pferd!
  NIL
```

Innerhalb der Format-Strings befinden sich Markierungen, die mit ~ beginnen. Dabei ist ~a ein allgemeiner Platzhalter, von denen in der Regel genau so viele anzugeben sind wie Werte an Format übergeben werden. Es gibt viele dieser Markierungen, aber die beiden hier genannten sind die wichtigsten.[3]

Die Format-Direktiven bilden eine eigene, kleine Sprache und format kann mit einer einzigen Anweisung ganze Tabellen formatiert ausgeben. Näheres dazu findet sich im *Common Lisp Hyperspec* (Pitman 1996). In Slime kann die ANSI-Common-Lisp-Dokumentation zu einem Symbol jederzeit mit ⌜Strg⌝ c ⌜Strg⌝ d h abgerufen werden. Die Darstellung erfolgt mit dem Webbrowser.

4.3 Ergebnisse

- COMMON LISP kennt ganze, rationale, reelle und komplexe Zahlen und schaltet nach Bedarf zwischen diesen Dartstellungsformen hin und her.
- Strings gehören wie Listen zu den Sequenzen und teilen sich viele eingebxaute Funktionen mit diesen.
- Character sind ein eigener, von Strings unterschiedener Datentyp. COMMON LISP arbeitet mit Unicode-Zeichen.
- Format bietet viele Möglichkeiten Daten auszugeben und ermöglicht komplexe Ausgaben über Schablonen.

4.4 Übungen

4.1. Es sei

$$s = \frac{(a+b+c)}{2}$$

wobei a, b und c die Seiten eines beliebigen Dreiecks sind. Dann ist dessen Fläche A durch die Gleichung

$$A = \sqrt{s(s-a)(s-b)(s-c)}$$

gegeben. Schreiben Sie eine Lisp-Funktion `area-of-triangle (a b c)` die diese Berechnung durchführt.

---

[3]Weitere nützliche Direktiven für `format` sind im Anhang unter C.4 aufgeführt.

Literatur

Pitman, K. (1996). Common lisp hyperspec. http://www.lispworks.com/documentation/HyperSpec/
Front/index.htm. Zugriff: 6.Mai 2016.

Anwendungsbeispiel 1: Rechnen in der Physik

5

Zusammenfassung

Das wenige bisher Gelernte reicht schon aus, um ein einfaches instruktives Anwendungsbeispiel zusammenzustellen: ein Rechner, der physikalische Einheiten versteht. Beim Rechnen und Ableiten von Formeln in der Physik hat man ein sehr mächtiges Kontrollinstrument zur Verfügung: die Überprüfung, ob die richtige physikalische Einheit herauskommt. Das hat schon manchen dummen Fehler in Klausuren – aber nicht nur dort – sofort verhindert. Der sehr praktische „Physik-Rechner" verwendet eine Algebra, deren Elemente eine physikalische Einheit enthalten. Dieses Kapitel zeigt eine Implementierung.

5.1   Das MKSA-System

Man kommt in der klassischen Mechanik mit dem *MKSA-System* mit den Einheiten *Meter*, *Kilogramm*, *Sekunde* und *Ampere* aus. Diese sind die mechanischen Grundeinheiten, von denen sich alle anderen Einheiten ableiten lassen, indem man diese potenziert, miteinander multipliziert oder durcheinander teilt. Zum Beispiel:

$$\text{(Pascal)} \quad 1Pa = 1\frac{kg}{m \cdot s^2} \tag{5.1}$$

$$\text{(Newton)} \quad 1N = 1\frac{kg \cdot m}{s^2} \tag{5.2}$$

$$\text{(Volt)} \quad 1V = 1\frac{kg \cdot m^2}{A \cdot s^3} \tag{5.3}$$

© Springer Fachmedien Wiesbaden 2016

P.M. Krusenotto, *Funktionale Programmierung und Metaprogrammierung*,

DOI 10.1007/978-3-658-13744-1_5

Jede physikalische Größe kann dann als Term dargestellt werden

$$Q \cdot kg^a \cdot m^b \cdot s^c A^d \tag{5.4}$$

Dabei ist Q eine reelle Zahl und $a..d$ sind die ganzzahligen Exponenten von Meter, Kilogramm, Sekunde und Ampere. In dieser Darstellung gilt z. B.

$$230 Volt = 230 \cdot kg^1 \cdot m^2 \cdot s^{-3} \cdot A^1 \tag{5.5}$$

Als Darstellung in Lisp wählen wir Listen der Form $[Q, a, b, c, d]$ und obige 230 Volt würden wir als (230 2 1 -3 -1) darstellen. Zuerst also die Größe selbst und dann die Exponenten von Meter, Kilogramm, Sekunde und Ampere. 9.81 Newton würden als (9.81 1 1 -2 0) dargestellt.

Um nun zwei Größen wie 10 Newton = (10 1 1 -2 0) und 4 Meter = (4 1 0 0 0) miteinander zu multiplizieren, muss man die skalaren Größen Q beider Listen miteinander multiplizieren, die Listen $[a, b, c, d]$ elementeweise addieren und daraus eine neue Liste bilden. Herauskommen muss in diesem Fall (40 2 1 -2 0), was $40Nm$ oder $40Joule$ entspricht.

5.2   Rechnen mit physikalischen Einheiten

Interaktiv mit Dateien arbeiten
Es bietet sich an, an dieser Stelle eine Datei mit Namen mksa.lisp in Emacs zu öffnen (siehe Abschn. 2.6) und den Code für dieses Beispiel in diese Datei zu schreiben. Unter den betreffenden Code-Abschnitten findet sich die Sequenz → *mksa.lisp*. Um eine Definition wie die von U* , die in einer Lisp-Datei steht, an den Listener zu senden, gehen Sie mit dem Cursor an eine beliebige Stelle der Definition und drücken dort Strg c Strg c.

Zum Multiplizieren definieren wir also eine Funktion, die die beiden *car*s multipliziert und von vorne an die Liste der elementweise aufaddierten Exponenten andockt und das Ganze als Ergebnisliste zurückgibt. Das Aufaddieren erledigen wir der Einfachheit halber mit mapcar, angewendet auf die Funktion +. Das Andocken erledigen wir mit cons:

```
1 (defun *u (a b)
2   (cons (* (car a) (car b))
3         (mapcar #'+ (cdr a) (cdr b)))))
```

→*mksa.lisp*

Wie man leicht prüfen kann, passt die Berechnung auch:

```
CL-USER> (*u '(10 1 1 -2 0) '(4 1 0 0 0))

(40 2 1 -2 0)
```

Analog dazu kann die Divisionsoperation /u definiert werden, indem die numerischen Größen dividiert und die Exponenten voneinander abgezogen werden:

```
(defun /u (a b)
  (cons (/ (car a) (car b))
        (mapcar #'- (cdr a) (cdr b))))
```

→*mksa.lisp*

Es fehlen noch Addition und Subtraktion. Diese können prinzipiell nur dann funktionieren, wenn die beiden Größen die gleiche Einheit haben. Ein Versuch, 3 Sekunden von 5 Metern abzuziehen, sollte vom Programm mit einem Fehler quittiert werden.

Das bedeutet, dass zunächst die Exponentenlisten auf Gleichheit geprüft werden müssen. Falls diese gegeben ist, werden einfach die Größenwerte addiert/subtrahiert und an eine der Exponentenlisten ge-„CONS"-t als Ergebnis zurückgegeben. Andernfalls erfolgt eine Fehlermeldung mit der Anweisung error.

```
(defun +u (a b)
  (if (equal (cdr a) (cdr b))
      (cons (+ (car a) (car b)) (cdr a))
      (error "Inkompatible Argumente bei Addition")))
```

→*mksa.lisp*

```
(defun -u (a b)
  (if (equal (cdr a) (cdr b))
      (cons (- (car a) (car b)) (cdr a))
      (error
        "Inkompatible Argumente bei Subtraktion")))
```

→*mksa.lisp*

Kommentare

werden in COMMON LISP mit Semikola (;) eingeleitet. Es hat sich etabliert, dass „globale" Kommentare mit drei Semikola am Zeilenanfang geschrieben werden, Dokumentation zu Funktionen mit zweien und Kommentare im Code mit einem Semikolon beginnen. Mehrzeilige Kommentare sind zwischen den Zeichenfolgen #| und |# möglich.

Zu dieser Grundausstattung benötigen wir noch ein paar Funktionen, die zum Rechnen geeignete Werte erzeugen:

```
 1  ;;                                                M   K   S   A
 2  ;;                                                - - - - - - - - - - -
 3  (defun 1*       (x)     (list x                   0   0   0   0))
 4  (defun m        (x)     (list x                   1   0   0   0))
 5  (defun kg       (x)     (list x                   0   1   0   0))
 6  (defun s        (x)     (list x                   0   0   1   0))
 7  (defun a        (x)     (list x                   0   0   0   1))
 8  (defun m/s      (x)     (list x                   1   0  -1   0))
 9  (defun n        (x)     (list x                   1   1  -2   0))
10  (defun v        (x)     (list x                   2   1  -3  -1))
11
12  (defun j        (x)     (*u  (n x)  (m 1)))
13  (defun ohm      (x)     (/u  (v x)  (a 1)))
14
15  (defun km       (x)     (list (* 1000 x)   1   0   0   0))
16  (defun inch     (x)     (list (* x 0.0254) 1   0   0   0))
17  (defun minute   (x)     (list (* x 60)     0   0   1   0))
18  (defun h        (x)     (list (* x 60 60)  0   0   1   0))
```

→*mksa.lisp*

Speichern Sie nun die Datei mksa.lisp mit [Strg] x [Strg] s ab. Anschließend drücken Sie [Strg] c [Strg] k. Mit dieser Anweisung wird die Datei kompiliert, was man auch mit

```
CL-USER> (compile-file "mksa.lisp")
```

erreichen werden kann. Im Listener-Fenster sollte nun ungefähr Folgendes zu sehen sein:

```
; compiling file "/media/data/home/patrick/buch-lisp/
              mksa.lisp"
; (written 17 DEC 2014 20:20:59 PM):


; /media/data/home/patrick/buch-lisp/mksa.fasl written
; compilation finished in 0:00:00.059
```

Falls sich ein Tippfehler eingeschlichen hat, so erscheint in der letzten Zeile:

```
compilation failed.  Load fasl file anyway? (y or n).
```

Drücken Sie dann n und beseitigen das Problem.

> **Listener-Fenster (REPL) verloren?**
> Um den Listener in Emacs wieder zu bekommen, drücken Sie ⌜F12⌝ ⌜R⌝. R steht dabei für „REPL".
> Weitere Optionen zur Auswahl von SLIME-Buffern erhalten Sie mit ⌜F12⌝ ⌜?⌝.

5.3 Aufbereitung der Ausgabe

Es ist zwar nützlich zu wissen, dass 10000 Zoll pro halber Minute

```
1 CL-USER> (/U (inch 10000) (minute 0.5))

  (8.466666 1 0 -1 0)
```

ungefähr $8,5\frac{m}{s}$ sind, aber die Art der Ausgabe lässt noch zu wünschen übrig. Besser wäre etwas wie (m/s 8.46), was auch direkt weiterverarbeitet werden könnte.

Dazu müsste man nur wissen, dass die Einheit (1 0 -1 0) eigentlich m/s bedeutet. Um das leisten zu können, benötigt man eine Liste zum Nachsehen. Etwa so[1]:

```
1  (defparameter *units*
2    (list
3     (cons 'm   (cdr (m   1)))
4     (cons 'kg  (cdr (kg  1)))
5     (cons 's   (cdr (s   1)))
6     (cons 'a   (cdr (a   1)))
7     (cons 'j   (cdr (j   1)))
8     (cons 'm/s (cdr (m/s 1)))
9     (cons 'v   (cdr (v   1)))
10    (cons 'ohm (cdr (ohm 1)))
11    (cons 'Nm  (cdr (*u (n 1) (m 1))))
12    ))
```

→*mksa.lisp*

Dadurch entsteht unter der Variablen *units* eine zeilenweise Listendarstellung folgender Tabelle:

```
1 CL-USER> *UNITS*
```

---

[1]Hier ist zu sehen, wie die Bindung in einen Zug mit der Deklararation eines Symbols als *Variable* erfolgen kann. Man sollte aber dringend wissen, dass die Anweisung in dem Fall, in dem die Variable schon existiert, vollständig ignoriert wird. Ein nochmaliges Zuweisen des Wertes mit defvar ist also nicht möglich. Dann muss man mit set arbeiten.

M	1	0	0	0
KG	0	1	0	0
S	0	0	1	0
A	0	0	0	1
J	2	1	−2	0
M/S	1	0	−1	0
V	2	1	−3	−1
OHM	2	1	−3	−2
NM	2	1	−2	0

COMMON LISP hat die Funktion `find`, mit der man innerhalb einer Liste suchen kann:

```
CL-USER> (find 3 '(1 2 3 3 5))

3
```

```
CL-USER> (find 6 '(1 2 3 3 5))

NIL
```

`find` gestattet es auch, anzugeben, mit welcher Funktion die Gleichheit geprüft werden soll. Per default geschieht das mit `eq`:

```
CL-USER> (find '(a a) '((1 2) (x y) (a a) (ach so)))

NIL
```

Wie zu erkennen ist, funktioniert `find` nicht direkt mit Listen als Listenelementen. Mit dem Keyword-Parameter `:test` kann aber zum Beispiel die Funktion `equal` statt `eq` als Test-Funktion festgelegt werden:

```
CL-USER> (find '(a a) '((1 2) (a y) (a a) (ach so))
              :test #'equal)

(A A)
```

Erfolg! `:test` ist ein *Key* mit dem ein (hier optionales) *Keyword-Argument*, nämlich `#'equal`, angekündigt wird.

`find` bietet darüber hinaus die Möglichkeit, den *Zugriffsschlüssel* für den Vergleich festzulegen, also eine Funktion, deren Berechnungsergebnis, angewendet auf das Listen-element, dem Vergleich unterzogen wird. Dieses Keyword-Argument trägt hier den Namen `:key`. Wenn der *car*-Teil der Liste und nicht die ganze Liste zum Vergleich herangezogen werden soll, kann das durch die Angabe der Funktion `car` als Zugriffsschlüssel erreicht werden:

```
1 CL-USER> (find 'a '((1 2) (a y) (a a) (ach so))
2                  :key #'car)


  (A Y)
```

Mit dieser Möglichkeit lässt sich nun leicht eine Suche der Einheit in der Liste *units* durchführen:

```
1 CL-USER> (find (cdr '(100 1 0 0 0)) *units*
2                  :key #'cdr :test #'equal)


  (M 1 0 0 0)
```

Es wird also mit cdr als Schlüssel- und equal als Test-Funktion getestet. Gefunden wird dann das zweite Element der Liste *units*.

Das *car* des Ergebnisses ist dann die gesuchte physikalische Einheit. Damit haben wir eine Definition für die Funktion find-unit:

```
1 (defun find-unit (x)
2   (car (find (cdr x) *units*
3              :key #'cdr
4              :test #'equal)))
```

→*mksa.lisp*

Genau so kann dann schließlich eine Funktion u zusammengesetzt werden, die einen Wert durch Konsultation der Liste *units* in eine lesbare Form bringt:

```
1 (defun u (x)
2   (let ((unit (find-unit x)))
3     (if unit (list unit (car x)) (cons 'list x)))))
```

→*mksa.lisp*

5.4 Beispielberechnungen

5.4.1 Lageenergie

Ein Kraftfahrzeug mit einer Tonne Gewicht wird von einer Hebebühne auf eine Höhe von zwei Metern gebracht. Wie hoch ist dort seine Lageenergie?

Die Lageenergie auf der Erdoberfläche ist

$$E = m \cdot g \cdot h \tag{5.6}$$

mit

$$g = 9,81 \frac{m}{s^2} \tag{5.7}$$

In unserem Fall also

$$E = 1000kg \cdot 9.81 \frac{m}{s^2} \cdot 2m \tag{5.8}$$

```
CL-USER> (u (*u (*u (kg 1000)   (m 2))
            (/u (m/s 9.81) (s 1)))))
```

```
(J 19620.0)
```

Das Ergebnis ist also knapp 20000 *Joule*.

5.4.2 Bewegungsenergie

Dasselbe Fahrzeug beschleunigt später auf 30 km/h. Wie hoch ist seine kinetische Energie dann?

Die kinetische Energie ist definiert als

$$E = \frac{1}{2} \cdot m \cdot v^2 \tag{5.9}$$

Damit das Quadrieren ebenfalls funktioniert, kann man sich leicht eine Funktion dafür schaffen:

```
CL-USER> (defun sqru (a) (*u a a))
```

```
SQRU
```

```
CL-USER> (u (*u (kg 500) (sqru (/u (km 30.0) (h 1))))))
```

```
(J 34722.223)
```

Es stecken also rund 35000 Joule Bewegungsenergie in dem Fahrzeug.

5.5   Ergebnisse

- In Lisp lassen sich ohne explizite Schleifen schon interessante Verarbeitungen definieren, da Lisp Funktionale wie mapcar kennt.
- Listen eignen sich als einfache Datenbanken, da Operatoren wie find Listen nach Schlüsseln und ähnlichem durchsuchen können.

5.6   Übungen

5.1. Überlegen Sie einmal, wie das Potenzieren einer physikalischen Größe aussehen müsste. Formulieren Sie eine Funktion exptu, die eine Größe z und eine ganze Zahl n übernimmt und z^n berechnet.

Hilfestellung:

$$(a^k b^l c^m)^n = a^{kn} b^{ln} c^{mn}$$

5.2. Ein Stein wird über der Erdoberfläche aus ausreichender Höhe fallen gelassen. Welche Geschwindigkeit erreicht dieser nach t Sekunden? Welche Strecke fällt er in t Sekunden? Definieren Sie die Erdbeschleunigung g-earth und zwei Funktionen v-stone und s-stone dazu.[2] Den Luftwiderstand dürfen Sie vernachlässigen. Berechnen Sie die Fallstrecke für $s = 10m$.

Hinweis: Die Erdbeschleunigung ist

$$g_{earth} = 9.81 \frac{m}{s}$$

Die Geschwindingkeit v zum Zeitpunkt t ist

$$v(t) = gt$$

und für die gefallene Strecke s gilt dann

$$s(t) = \int v(t)dt = \frac{1}{2}gt^2$$

---

[2]Leider gestattet COMMON LISP nicht die Verwendung einer Variaben mit Namen t. Verwenden Sie einen anderen Namen.

Vernachlässigen Sie:

- Luftwiderstand
- Abnahme der Fallbeschleunigung mit der Höhe
- Erdrotation
- relativistische Effekte
- Einfluss anderer Himmelskörper

Teil II

Funktionale Programmierung

Funktionale Programmierung *ist der Titel dieses Buches. Darum beschäftigen sich zwei Teile davon unmittelbar mit diesem Thema. Zwei Grundtechniken sind elementar für dieses Methode: die Rekursion und das Arbeiten mit Funktionalen. In beide Techniken führt dieser erste Teil über funktionale Programmierung ein. Er enthält eine Schlagwortdatenbank als Anwendungsbeispiel und an seinem Ende steht eine funktionale Implementierung des Spiels* Vier Gewinnt *als zweites Beispiel.*

Über das elementare Lisp hinausgehend kennt COMMON LISP *noch eine große Anzahl weiterer Konstruktionen und Konzepte. Diese systematisch zu beschreiben, erschiene mir jedoch als zu ambitioniert. Ich führe einzelne Konzepte so ein, wie sie gebraucht werden. Das wird manchmal auch erst in den Anwendungsbeispielen selbst der Fall sein. Nach der Lektüre dieses Buches werden Sie aber genügend* COMMON LISP *kennen, um dann Ihren weiteren Lernprozess selbst zu steuern. Statt in eine Aufreihung von Sprachelementen begeben wir uns darum jetzt in die Welt der funktionalen Programmierung.*

Funktionen von Funktionen

6

Zusammenfassung

Lisp ist dem λ-Kalkül von Alonzo Church nachempfunden.[1] Den λ-Kalkül hatte Church als Berechenbarkeitsmodell geschaffen und damit nachgewiesen, dass es unentscheidbare Probleme innerhalb der Mathematik gibt. Er ist die theoretische Grundlage der funktionalen Programmierung. Für die Leistungsfähigkeit des λ-Kalküls unabdingbar sind die schon erwähnten Funktionale, die mit Funktion wie Datenobjekten verarbeiten. Dieses Kapitel führt ganz praktisch anhand vieler Beispiele in die funktionale Programmierung und die Arbeit mit Closures ein. In Kap. 15 reiche ich später die formale Einführung in den λ-Kalkül nach, die in diesem Kapitel noch nicht erforderlich ist.

Man kann mit vielen Programmiersprachen funktional programmieren. COMMON LISP hat keinen Alleinvertretungsanspruch darauf. Allerdings war LISP unbestritten die erste Programmiersprache, die funktionale Programmierung gestattete.

Die Frage, ob eine Programmiersprache „rein funktional" ist, halte ich allerdings für gegenstandslos. Eine Programmiersprache gestattet funktionale Programmierung dann, wenn sie Closures sowie anonyme Funktionen unterstützt und Funktionen als „First Class Citizens" behandelt. Es ist schon viel Unsinn über „rein objektorientierte Sprachen" geschrieben worden, den ich nicht um weiteren Unsinn über „rein funktionale Sprachen" ergänzen will.

---

[1] Zwar beteuerte McCarthy auf seiner Website im Jahr 1996, (Church 1941) nicht vollständig verstanden zu haben, dennoch reichte sein Verständnis offenbar soweit, dass sich der λ-Kalkül vollständig auf LISP abbilden lässt.

© Springer Fachmedien Wiesbaden 2016
P.M. Krusenotto, *Funktionale Programmierung und Metaprogrammierung*,
DOI 10.1007/978-3-658-13744-1_6

Der in diesem Kapitel beschriebene Aspekt der funktionalen Programmierung ist rein praktisch und gewissermaßen „klassisch". Zu diesem Thema empfiehlt sich auch die Lektüre des Buches *Onlisp* (Graham 1993).

6.1 Schreibweisen

Um an einigen Stellen eine präzise Darstellung zu ermöglichen, verwende ich neben der Schulmathematik verschiedene Schreibweisen wie folgend beschrieben.

6.1.1 Listen

Listen sind alle Datenobjekte, die als Cons-Zelle dargestellt sind und die leere Liste `nil`. Diese Menge wird mit dem Symbol $\mathbb{L}$ dargestellt. Das COMMON-LISP-Prädikat dazu heißt `listp`.

In literaler Darstellung verwende ich für Listen eckige Klammern, also etwa

$$L_1 = [c_1, c_2, c_3, .., c_n]$$

In Rekursionsgleichungen, in denen diese Liste als car/cdr-Paar betrachtet wird, wird dieselbe Liste als

$$L_1 = [a . D]$$

dargestellt, wobei $a = c_1$ und $D = [c_2, c_3, .., c_n]$ gilt. Eine andere mögliche Darstellung ist $cons(a, D)$

6.1.2 `nil` und [ ]

`nil` und [] bezeichnen die leere Liste. Das zu dieser gehörige COMMON-LISP-Prädikat ist die Funktion `null`.

6.1.3 Cons-Zellen

Cons-Zellen werden mit $\mathbb{C}$ dargestellt. Zwischen den Mengen $\mathbb{C}$ und $\mathbb{L}$ sowie der leeren Liste [] besteht die Beziehung:

$$\mathbb{L} = \mathbb{C} \cup \{[]\}$$

6.1.4 Atome

Den Typ *Atom* und damit die Menge aller Atome bezeichne ich mit $\mathbb{A}$. Darunter fallen alle Symbole, alle Zahlen, das Symbol t und das Symbol nil. Das zugehörige charakteristische Prädikat in COMMON LISP ist atom.

6.1.5 Universum

Das *Universum* hat das Symbol $\mathbb{U}$. Zu diesem gehören alle Lisp-Datenobjekte und damit auch Funktionen, Typen, Objekte, Klassen, Symbole, Zahlen, et cetera – einfach alles, was COMMON LISP verarbeiten kann.

6.1.6 Boolean

LISP kennt keinen eigenen Datentyp für logische Werte. Die Menge $\mathbb{B}$ ist identisch mit $\mathbb{U}$. Dabei hat nil den Wahrheitswert *falsch* und alles andere den Wahrheitswert *wahr*.[2] Ich benutze $\mathbb{B}$ um zum Beispiel mit $P : \mathbb{U} \to \mathbb{B}$ ein (hier einstelliges) Prädikat, also eine logische Funktion auszuzeichnen (auch, wenn sie in Lisp nichts anderes als $P : \mathbb{U} \to \mathbb{U}$ ist).

Eine tabellarische Darstellung der verwendeten Mengensymbole findet sich im Anhang C.5.

6.1.7 Funktionen

Funktionsanwendungen notiere ich wie in der Mathematik sonst üblich mit dem Funktionssymbol vor der Klammer, also

$$y = car(l)$$

und nicht in Polnischer Notation.

Die Definition der Funktion *car* würde ich so notieren:

$$car : \mathbb{L} \to \mathbb{U} \tag{6.1}$$

$$[\,] \mapsto [\,] \tag{6.2}$$

$$[a\,.\,D] \mapsto a \tag{6.3}$$

---

[2]Das gilt auch für die Zahl Null und den leeren String.

Damit ist gemeint, dass *car* für alle Listen definiert ist, dass (car nil) den Wert nil liefert und dass die Anwendung von *car* auf eine Liste [*a . D*] deren erstes Listenelement liefert. Zu beachten ist weiterhin, dass für die Typisierung der Funktion ein normaler Pfeil (→) und für die Beschreibung der Zuordnungen ein Pfeil mit T-Stück am Ende (↦) verwendet wird.

6.2   Suche mit mapcan

Die in Abschn. 3.7 vorgestellte Funktion mapcar hat mehrere Geschwister. Eine davon ist mapcan. Diese Funktion tut zunächst das Gleiche wie mapcar, indem sie eine Funktion auf alle Elemente einer Liste anwendet, liefert allerdings nicht die Liste der Einzelergebnisse zurück, sondern erwartet, dass die Einzelergebnisse selbst Listen sind und hängt diese mit append aneinander:

```
(mapcan #'list '(a b c d) '(1 2 3 4))

 (A 1 B 2 C 3 D 4)
```

Der Unterschied zu mapcar ist also der, dass mapcar bei dem gleichen Aufruf die Einzelergebnisse – also die Berechnungen (list 'a 1), (list 'b 2) et cetera – als Sublisten realisiert:

```
(mapcar #'list '(a b c d) '(1 2 3 4))

 ((A 1) (B 2) (C 3) (D 4))
```

Da nun mapcan die Einzelergebnisse aneinanderhängt, verschwinden diejenigen Elemente, die nil sind. Folgendes Beispiel zeigt dies:

```
(mapcan #'identity '((helium) (lithium) NIL (natrium) NIL))

 (HELIUM LITHIUM NATRIUM)
```

Dabei ist #'identity eine Lisp-Funktion, die einfach ihr Argument unverändert zurückgibt. Das bedeutet, dass dieser mapcan-Aufruf nichts anderes ist als:

ᛗ

```
1 (append '(helium) '(lithium) NIL '(natrium) NIL)
```

```
(HELIUM LITHIUM NATRIUM)
```

Dadurch kann man mit mapcan eine praktische Filterfunktion bauen, wenn man dafür sorgt, dass die übergebene Funktion:

- Bei jedem Treffer eine einelementige Liste mit dem Treffer selbst
- Sonst nil liefert

Dazu benutzen wir die Funktion oddp, die feststellt, ob eine ganze Zahl ungerade ist:

ᛗ

```
1 (oddp 3)
```

```
T
```

Wir bekommen t als Ergebnis, das kanonische Symbol für *wahr* in Lisp. Bei geraden Zahlen erhalten wir hingegen nil.

ᛗ

```
1 (oddp 8)
```

```
NIL
```

Mit oddp kann man die obigen Anforderungen folgendermaßen erfüllen:

ᛗ

```
1 (defun odd-l (x)
2   (if (oddp x) (list x)))
```

```
ODD-L
```

odd-l liefert nun eine Liste mit *x*, wenn *x* ungerade ist und sonst nil:

ᛗ

```
1 (odd-l 7)
```

```
(7)
```

```
(odd-1 6)
```

```
NIL
```

Durch Übergabe dieser Funktion an `mapcan` kann man jetzt ungerade Zahlen aus einer Zahlenliste herausfiltern:

```
(mapcan #'odd-1 '(3 3 4 5 6 100 101 7 9))
```

```
(3 3 5 101 7 9)
```

6.3   Lambda-Ausdrücke

Es ist aus LISP-Sicht viel zu umständlich, eine Funktion wie `odd-1` extra mit `defun` zu definieren, nur um sie an `mapcan` übergeben zu können. Deshalb gibt es die Möglichkeit, eine Funktion einfach dort zusammenzusetzen, wo sie (das einzige Mal) gebraucht wird, ohne sie zunächst mit einem Namen zu definieren und dann erst über diesen anzusprechen.

Hierzu dient der Operator `lambda`, der eine *anonyme Funktion* zu definieren gestattet:

```
(lambda (x) (+ x 2))
```

Eine anonyme Funktion besteht aus dem Bezeichner `lambda`, der Parameterliste und dem Funktionskörper. Das Ergebnis dieser Berechnung ist eine namenlose Funktion:

```
#<FUNCTION (LAMBDA (X)) {C7E2CAD}>
```

Überall, wo sonst ein Name wie `plus2` oder Ähnliches gestanden hätte, kann auch obiger Lambda-Ausdruck eingesetzt werden:

```
((lambda (x) (+ x 2)) 5)
```

```
7
```

An `mapcan` übergeben wir nun einfach statt des Namens `odd-1` einen äquivalenten Funktionskörper:

_ℒ_

```
1  (mapcan (lambda (x) (if (oddp x) (list x)))
2           '(3 3 4 5 6 100 101 7 9))
```

```
   (3 3 5 101 7 9)
```

Nun ist dies alles immer noch nicht so schön, wie es sein könnte, denn wir sehen dem Aufruf noch nicht direkt an, dass wir nach ungeraden Zahlen suchen. Der Körper des Lambda-Ausdrucks ist (if (oddp x) (list x)), aber nur das *Prädikat*[3] oddp ist inhaltlich von Bedeutung. Es wäre also gut, ein Mittel zu haben, um dieses Muster auf das Prädikat anzuwenden und damit eine anonyme Funktion zu erzeugen, die wir dann an mapcan übergeben können. Dazu bauen wir jetzt eine Funktion, die einen „ge-customized-ten" Lambda-Ausdruck als Funktion liefert: Und hier ist sie:

_ℒ_

```
1  (defun those (p)
2    (lambda (x)
3      (if (funcall p x) (list x)))))
```

```
   THOSE
```

Wendet man die Funktion those auf die Funktion oddp an, berechnet man also (those #'oddp), so entspricht die zurückgegebene Funktion folgendem Lambda-Ausdruck:

```
1  (lambda (x) (if (oddp x) (list x)))
```

Dieser ist identisch zu dem weiter oben an mapcan direkt übergebenen Lambda-Ausdruck. Daher kann (those #'oddp) diesen ersetzen.

those hat in die innerhalb des Lambda-Ausdrucks *freie*[4] Variable p den Wert #'oddp eingesetzt. Die sich ergebende Funktion nennt man eine *Closure*. Der Mechanismus ist so zu verstehen wie folgende Formulierung in der Mathematik:

„Sei a=2, dann berechnet die die Funktion $f(x) = ax$ das Doppelte von x."

Die Variable a ist innerhalb der Definition von f *frei*, während x innerhalb von f *gebunden* ist.[5] Eine Closure ist also eine Kombination aus einer Funktion und zusätzlichen Bindungen ihrer freien Variablen.

---

[3]Funktion, die *wahr* oder *falsch* als Ergebnis hat.

[4]Eine Variable ist innerhalb einer Funktion frei, wenn sie nicht durch sie selbst als Parameter oder lokale Variable definiert ist.

[5]Deswegen ist sie ja auch von f in Klammern eingepfercht.

Damit hat die „Freiheit" der Bindungen allerdings ein Ende und der Wert, den die Variable zum Zeitpunkt der Bildung der Closure hatte, behält sie innerhalb der Closure bei. So kommt auch die Bezeichnung Closure zustande, was soviel wie Schließung oder Beschluss (im Sinne von Festsetzung) heißt. Die Kapselung der Bindung ist dabei so streng, dass es nie wieder eine Chance gibt, diesen Wert zu ändern. Es sei denn, die Funktion enthält selbst Zuweisungen an die Variable.

Ruft man `those` mit einer Funktion auf:

```
(those #'oddp)

#<CLOSURE (LAMBDA (X) :IN THOSE) {C876E1D}>
```

Dann erhält man besagte Closure zurück. Sie kann mit `funcall` aufgerufen werden:

```
(funcall (those #'oddp) 7)

(7)

(funcall (those #'oddp) 90)

NIL
```

funcall

Warum erfolgt der Aufruf der Funktion, die an den Parameter p übergeben wurde, durch `(funcall p x)` _und nicht einfach durch_ `(p x)` _?_

Der Grund ist, dass COMMON LISP zur Auswertung von `(p x)` eine _Funktionsbindung_ von p sucht und keine solche oder etwas Falsches finden wird, da durch die Belegung von p mit einem Parameter nur eine _Wertbindung_ von p erzeugt wurde. Der Aufruf `(p x)` würde an der Stelle zu dem Fehler führen, dass keine Funktionsbindung für p existiert. Um den Wert von p trotzdem als Funktion verarbeiten zu können, gibt es die Funktion `funcall`, die ein Symbol (oder einen `lambda`-Ausdruck) und beliebig viele weitere Werte übernimmt. Sie fasst dieses Symbol als Funktion auf und wendet somit dessen Funktionsbindung auf die übrigen übergebenen Parameter an. Das Berechnungsergebnis ist dann das Ergebnis des `funcall`-Aufrufs.

(Fortsetzung)

> funcall ist also sozusagen der Gegenspieler zu function bzw #' :
> Während function es gestattet, die Funktionsbindung eines Symbols als Wert zu
> verarbeiten, kehrt funcall dies wieder um.
>
> Wenn man in einem COMMON-LISP-Programm (funcall f a b c ...)
> liest, so darf man dies lesen wie (f a b c ....).
> Dies ist der wichtigste Unterschied zwischen COMMON LISP und seinem kleine-
> ren Bruder Scheme, bei dem zwischen Funktionen und Werten nicht unterschieden
> wird, die Funktionsbindung also als Wertbindung realisiert wird. LISP-Systeme
> wie Scheme werden darum auch *LISP₁* genannt und LISP-Systeme wie COMMON
> LISP *LISP₂*. *LISP₁* wird oft als reiner empfunden, da FUNCALL und FUNCTION
> nicht erforderlich sind. *LISP₂* bietet im Gegenzug die Möglichkeit, Namen wie
> LIST, ATOM oder MEMBER als Variablennamen zu verwenden, ohne damit die
> gleichnamigen Funktionen zu verdecken oder Fehlermeldungen vom Compiler zu
> bekommen.

Damit ist nun alles vorbereitet, was für eine intuitivere Verwendung von mapcan als
Filterfunktion erforderlich ist: ƒ

```
1 (mapcan (those #'oddp) '(1 4 3 99 5 2 102 7))
```

```
(1 3 99 5 7)
```

Lisp kennt zwar auch eine Funktion evenp als Gegenteil zu oddp, aber wir benutzen
jetzt complement, eine Funktion, die aus einer Prädikatsfunktion ein negiertes Prädikat
bestimmt. Dadurch können wir ein Prädikat für die geraden Zahlen aus oddp ableiten:

ƒ

```
1 (mapcan (those (complement #'oddp))
2         '(1 4 3 99 5 2 102 7))
```

```
(4 2 102)
```

complement könnte man übrigens selbst im einfachsten Fall so definieren:

```
(defun complement (f)
  (lambda (x)
    (not (funcall f x))))
```

Natürlich gibt es aber auch die Möglichkeit, evenp statt (complement #'oddp)
zu übergeben. Die Berechnung ist dann sogar effizienter, wenn auch weniger lehrreich.

Noch ein weiteres Beispiel zum Thema: Wenn wir an allen Zahlen interessiert sind, die größer als eine bestimmte andere Zahl sind, dann können wir uns eine Funktion greater-than definieren:

```
1  (defun greater-than (n)
2    (lambda (k) (> k n)))
```

GREATER-THAN

Sie übernimmt eine Zahl *n* und liefert eine Closure mit einem Parameter, die immer dann *wahr* liefert, wenn sie mit einer Zahl aufgerufen wird, die größer als *n* ist. Übergeben an those bauen wir aus dieser greater-than-Closure eine those-Closure, die schließlich zusammen mit mapcan zum Filtern verwendet werden kann:

```
1  (mapcan (those (greater-than 5))
2          '(1 4 3 5 2 99 102 7))
```

```
(99 102 7)
```

Warum ist eine solche Vorgehensweise sinnvoll, wenn ein so erheblicher technischer Apparat dafür erforderlich ist?

Der zuletzt ausgewertete mapcan-Ausdruck ist vernünftiger und sogar empfehlenswerter Code für die Anwendungsprogrammierung, aus dem ein Leser sofort entnehmen kann, was geschehen soll. Ausprogrammiert in C, Java oder Python erhielte man etwa folgendes deutlich komplizierteres Codestück:

```
list filterg5(list l) {
  list result = nil;
  for x in l {
    if (x > 5) {
      result.push(x);
    }
  }
  return result;
}
```

Mit dem dann separat zu setzenden Aufruf:

```
filterg5([1,4,3,5,2,99,102,7])
```

Das ist wesentlich länger und es gibt fast keine Möglichkeit, den Code verständlicher zu machen, ohne ihn noch weiter zu vergrößern.

Das Einzige, was an unserer Lisp-basierten Definition noch unschön ist, ist die Funktion `greater-than`, die viel zu spezifisch ist und zu der wir noch ein `less-than` `equal-to` etc. pp. hinzubauen müssten.

Durch *Currying*[6] kann man aber auch diesem Problem auf den Leib rücken.

6.4   Funktionen aus anderen Funktionen errechnen

Was wir oben mit `greater-than` gemacht haben, nennt man in der funktionalen Programmierung *Currying*. Aus der ursprünglich zweistelligen Funktion $>$[7] wurde eine einstellige Funktion konstruiert, bei der ein (in diesem Fall der rechte) Parameter vorgegeben wurde. Da diese Art der Konstruktion sehr häufig vorkommt, bauen wir uns einen solchen Curry-Operator `curry-2` für das Einsetzen des zweiten Parameters in beliebige Funktionen selbst:

⚡

```
1 (defun curry-2 (fn p2)
2 (lambda (p1) (funcall fn p1 p2)))
```

    CURRY-2

Und probieren diesen auch direkt aus:

⚡

```
1 (funcall (curry-2 #'> 5) 4)
```

    NIL

⚡

```
1 (funcall (curry-2 #'> 5) 6)
```

    T

Das `greater-than` Beispiel kann jetzt (mit weniger Eleganz, aber allgemeiner) so formuliert werden:

---

[6]Nach Haskell Brooks Curry, amerikanischer Logiker, †1982.

[7]In Wahrheit hat die Funktion > beliebig viele Parameter, was hier aber nichts zur Sache tut.

§

```
1  (mapcan (those (curry-2 #'> 5))
2              '(1 2 3 4 5 6 7 8 9 10 11
3                 12 13 14 15))
```

(6 7 8 9 10 11 12 13 14 15)

Erstaunlicherweise hat COMMON LISP kein eingebautes `curry`, aber das Paket `alexandria`, das ein De-Facto-Standard für die COMMON LISP Entwicklung geworden ist, kennt sowohl die Funktion `curry`, mit der ein oder mehrere Argumente von links beginnend, als auch `rcurry` („right Curry„), mit der Argumente von rechts beginnend festgelegt werden können. Diese Funktionen sind insofern allgemeiner und ich gebe diesen im weiteren Text den Vorzug.

Das Paket `alexandria` ist einfach installiert und geladen:

§

```
1  (ql:quickload :alexandria)
```

```
To load "alexandria":
  Load 1 ASDF system:
    alexandria
; Loading "alexandria"
```

(:ALEXANDRIA)

Mit folgender Anweisung wird es schließlich importiert:

§

```
1  (use-package :alexandria)
```

```
T
```

Im Modul `alexandria` ist auch die Funktion `compose` enthalten, mit der zwei Lisp-Funktionen zu einer neuen zusammengebaut werden können.

Dabei handelt es sich um die Verküpfungsoperation ∘ aus der Mathematik, die zwei Funktionen $f : A \rightarrow B$ und $g : B \rightarrow C$ einer Funktion $f \circ g : A \rightarrow C$ zuordnet mit der Eigenschaft

$$f \circ g : x \mapsto (f \circ g)(x) := f(g(x)) \tag{6.4}$$

Mit `compose` ist zum Beispiel Folgendes möglich:

⚡

```
1  (mapcar
2   (compose (curry #'cons 'Kommando)
3                    #'list)
4   '(1 2 3 4 5 6))
```

```
((KOMMANDO 1) (KOMMANDO 2) (KOMMANDO 3) (KOMMANDO 4)
 (KOMMANDO 5) (KOMMANDO 6))
```

Ein compose1 könnte man sich selbst für den einfachsten Fall zweier einstelliger Funktionen übrigens so definieren:

```
1  (defun compose1 (f g)
2   (lambda (x)
3    (funcall f (funcall g x)))))
```

Im folgenden Beispiel soll geklärt werden, ob alle Zahlen einer Liste in einer anderen Liste enthalten sind:

⚡

```
1  (every (rcurry #'member '(3 5 6))  '(5 6 6))
```

```
T
```

Die Berechnung erfolgt so, dass (rcurry #'member '(3 5 6)) eine Funktion ist, die beantwortet, ob eine übergebene Zahl eine 3, eine 5 oder eine 6 ist. Diese Funktion wird zusammen mit der Liste (5 6 6) an every übergeben. An dem Ergebnis t ist erkennbar, dass die Behauptung wahr ist.

Analog zu every gibt es auch notevery, some und notany. Dabei gelten für alle Listen l und Prädikate $f : \mathbb{U} \to \mathbb{B}$ die Beziehungen:

Theorem 6.1 (COMMON LISP Quantoren).
Für alle einstelligen COMMON-LISP-Funktionen f und -Listen l gilt:

$$every(f, l) = notany(complement(f), l) \tag{6.5}$$

$$some(f, l) = notevery(complement(f), l) \tag{6.6}$$

⚡

```
1  (notany (rcurry #'member '(1 2 3 4))  '(5 6 6 ))
```

```
T
```

```
↯
1 (notevery (rcurry #'> 4)  '(5 6 6 ))


  NIL


↯
1 (some (compose (curry #'< 8) #'sqrt) '(1 65 2))


  T
```

Wir haben am letzten Beispiel gesehen, wie kompakt und schön funktionale Programmierung ist: Aus den Funktionen sqrt und <, der Zahl 8 und den Standard-Funktionalen curry, compose und some ist ein einziger Ausdruck entstanden, der feststellt, ob eine Liste von Zahlen eine Zahl enthält, deren Quadratwurzel kleiner als acht ist.

In imperativer Programmierung sähe das etwa folgend aus:

```
boolean found = false;
list l = [1, 65, 2];
i=0;
while (i<4) and (not found) do
  if sqrt(l[i]) < 8 then
        found = true;
  end;
  i++;
end;
```

Ich schließe dieses Kapitel mit den drei weiteren nützlichen COMMON-LISP-Funktionen: remove-if, remove-if-not und reduce.

- Die Funktionen remove-if und remove-if-not
  Die COMMON LISP-Funktion remove-if übernimmt eine Funktion und eine Liste und berechnet aus dieser eine neue Liste, bei der alle Elemente entfernt wurden, für die die übergebene Funktion *wahr* liefert:

```
↯
1 (remove-if (rcurry #'< 0)
2           '(1 3 -2 -9 2 -1))


  (1 3 2)
```

Daraus lässt sich eine Funktion `remove-members` konstruieren, die alle Elemente einer Liste entfernt, die in einer übergebenen Menge enthalten sind:

ƪ

```
1  (defun remove-members (set list)
2    (remove-if (rcurry #'member set) list))
```

REMOVE-MEMBERS

Ein Phänomen der deutschen Jugendkultur seit dem Jahr 2000 ist die sogenannte *Kanak-Sprak*: eine Umcodierung des Deutschen, die darin besteht, alle Artikel aus einem Satz zu streichen[8] und eines der Suffixe „Alder" oder „krasss ne?" anzuhängen. Mit den Funktionen `remove-members` und append läßt sich ein Kanak-Sprak-Transskriptor so erstellen:

ƪ

```
1  (defun kanak-sprak (satz)
2    (append
3    (remove-members '(das dem den der
4                       dessen die ein
5                       eine einem einen
6                       einer eines)
7                     satz)
8    '(krass ne ?)))
```

KANAK-SPRAK

Womit sich die erste Strophe des Abendliedes von Matthias Claudius[9] sehr schön in Kanak-Sprak übersetzen lässt:

ƪ

```
1  (kanak-sprak
2   '(Der Mond ist aufgegangen
3     Die goldnen Sternlein prangen
4     Am Himmel hell und klar
```

---

[8]Der Grund dieser Veränderung ist, dass die Türkische Sprache weder Artikel noch Präpositionen kennt.

[9]Deutscher Dichter und Journalist †1815.

```
5    Der Wald steht schwarz und schweiget
6    Und aus den Wiesen steiget
7    Der weiße Nebel wunderbar))
```

Das Ergebnis hat durchaus humoristische Qualitäten:

```
1 (MOND IST AUFGEGANGEN GOLDNEN STERNLEIN PRANGEN AM
2 HIMMEL HELL UND KLAR WALD STEHT SCHWARZ UND
3 SCHWEIGET UND AUS WIESEN STEIGET WEIÖE NEBEL
4 WUNDERBAR KRASS NE ?)
```

Die Funktion `remove-if-not` ist die logische Umkehrung zu `remove-if`. Sie berechnet aus einer Liste eine Ergebnisliste, die alle Elemente enthält, für die ein Prädikat zutrifft. Hier als Beispiel das Entfernen aller Zahlen, die nicht gerade sind, aus der Liste der Zahlen von 1 bis 8:

```
1 (remove-if-not #'evenp '(1 2 3 4 5 6 7 8))
```

```
  (2 4 6 8)
```

• Listen (und Anderes) eindampfen mit `reduce`

Die vielseitige Funktion `reduce` dient dazu, eine Liste mittels einer zweistelligen Funktion zu reduzieren:

```
1 (reduce '+ '(3 4 3 3 2))
```

```
  15
```

Die zweistellige Funktion wird dabei zuerst auf die ersten beiden Elemente angewendet, und in Folge auf das Funktionsergebnis und das dritte Element, dann auf das Ergebnis hiervon und das vierte Element usw.

Für eine Liste

$$l = [s_1, s_2, s_3, .., s_n]$$

gilt also

$$reduce(f, l) = f(..f(f(f(s_1, s_2), s_3), s_4), .., s_n) \tag{6.7}$$

Mit der Funktion `list` wird das Geschehen besonders sinnfällig:

```
1 (reduce #'list '(1 2 3 4))
```

```
  (((1 2) 3) 4)
```

Man nennt diese Art der Berechnung auch *Links-Faltung*. Man kann sich das bildlich so vorstellen, dass die Liste nach Art einer Papiergirlande von links beginnend durch die übergebene Funktion „zusammengefaltet“ wird. Um analog dazu eine *Rechts-Faltung* zu realisieren kann man an `reduce` den Parameter `:from-end t` übergeben. Diese sieht dann so aus:

$$f(s_1, f(s_2, f(s_3, .., f(s_{n-1}, s_n))))..$$ (6.8)

In COMMON LISP:

⨍

```
1 (reduce #'list '(1 2 3 4) :from-end t)
```

```
(1 (2 (3 4)))
```

Will man nun nicht die Elemente selbst an die Faltungsfunktion übergeben, sondern zuerst einer Berechnung unterwerfen, deren Ergebnisse dann „gefaltet“ werden, dann kann man mit `:key` eine Schlüsselfunktion übergeben. Hier ein Beispiel mit der Funktion `length`, um String-Längen zu bestimmen:

⨍

```
1 (reduce #'+ '("Wieviele" "Buchstaben" "hat"
2         "dieser" "Satz")
3     :key #'length)
```

```
31
```

6.5 Wie hängen funktionales Programmieren und interaktives Arbeiten zusammen?

Interaktives Arbeiten ist in der Software-Entwicklung heute nicht sehr weit verbreitet. Auch wenn einzelne Programmiersprachen wie *Python* einen gut funktionierenden Listener haben, bevorzugen die meisten Entwickler den Edit-Compile-Debug-Zyklus. Alle möglichen Werkzeuge aus dem Werkzeugkasten der Softwareentwickler sind auf diese Arbeitsweise abgestimmt.

Erfunden und vorangebracht wurde das dialogorientierte, interaktive Programmieren durch den LISP-Erfinder John McCarthy (Abb. 6.1), der aus diesem Grund auch zum Erfinder des Time-Sharing-Betriebs wurde. Denn er wollte erreichen, dass seine Studenten trotz der gigantischen Preise für Computer-Hardware in den 60er-Jahren möglichst viel

Abb. 6.1 John McCarthy
(1927–2011) war
US-amerikanischer
Mathematiker und Erfinder von
LISP. Er war ein Gigant der
Informatik und hat nicht nur
LISP sondern auch das
Time-Sharing-Verfahren
entwickelt, nach dessen Muster
heute alle Mehrbe-
nutzer-Systeme arbeiten

Gelegenheit bekommen, mit dem Computer in LISP zu arbeiten. Andere Programmier-sprachen dieser Zeit waren am Batch-Betrieb orientiert und auch heute, in der Zeit der graphischen Benutzeroberflächen, scheint die Arbeitsweise der Softwareentwicklung immer noch an Lochkarten, Drucker und Batchprocessing angelehnt zu sein, nur, dass der Lochkartenstapel jetzt Editor heisst, das Batchprocessing dem make entspricht und der Drucker auf den Bildschirm verlegt wurde.

Das hat seinen Grund darin, dass das Computerprogramm immer als Ganzes oder in großen Komponenten betrachtet werden muss, damit kein Teil des weitläufigen Arbeitsraumes des Programms aus dessen direktem Zugriff verschwindet, was zu Link- oder Runtime-Fehlern führen würde.

Funktionendefinitionen hingegen, wie die Mathematik sie kennt, sind eine zumeist sehr dichte, vor allem aber vollständige Beschreibung einer Berechnungsvorschrift. Dadurch sind sie nahezu ideal geeignet, um interaktiv mit ihnen zu arbeiten.

Ganz anders ist das mit den Objekten und Klassen in der objektorientierten Program-mierung: wir haben es dabei zwar mit geschlossen gedachten, in der Realisierung aber meist sehr breitwandigen Konstruktionen zu tun, für die typisch ist, dass sie immer aus-gesprochen wortreich beschrieben werden müssen, um verstehbar zu werden. Das ist auch der Grund dafür, dass Entwicklungs-Teams in OOP-Projekten zumeist eine erhebliche Kommunikationsinfrastruktur etablieren, da es in der Praxis selten möglich ist, mit wenigen Sätzen zu sagen, wofür dieses oder jenes Artefakt da ist und wie sie diese Aufgabe erfüllt.

Bei Funktionen liegt der Fall völlig anders. Sie sind gewissermaßen selbstenthaltend und es bedarf zumeist keiner weiteren Erläuterung ihres Arbeitsumfeldes, um ihre Aufgabe verständlich zu machen.

Die zweite Seite dieser Eigenschaft ist, dass Funktionen von wenig (idealerweise von nichts) abhängen außer von ihren Parametern. Das Fehlen eines inneren Zustands macht sie ideal dazu geeignet, sie an einem Listener auszuprobieren, umzubauen und weiterzuentwickeln, da keine (oder nur wenig) Umgebung bereit gestellt werden muss, damit sie arbeitsfähig sind.

Die dritte Seite der Atomizität schließlich ist die Eignung der funktionalen Programmierung für parallele Berechnugen in Multiprozessorumgebungen. Sie ergibt sich aus den gleichen Überlegungen, denn nichts macht die parallele Programmierung aufwendiger als die Notwendigkeit, einem Prozess die richtigen Daten zum richtigen Zeitpunkt zur Verfügung zu stellen.

Wie Sie in diesem Teil des Buches gesehen haben, kann man mit Funktionen sehr einfach und effektiv interaktiv arbeiten. Viele Probleme und die meisten Fehler zeigen sich direkt und nicht erst in einer nachgelagerten Testphase.

Funktionale Programmierung und interaktive Programmierung sind also Arbeitsweisen, die ausgezeichnet miteinader harmonieren und dadurch im Gespann sehr schnell zu belastbaren Arbeitsergebnissen führen.

6.6 Ergebnisse

- Lisp hat mehrere eingebaute Funktionen, wie `mapcar` und `mapcan`, mit denen Listen iteriert werden. Die iteration erfolgt anhand einer übergebenen Funktion.
- Mit `lambda` können anonyme Funktionen definiert werden, die direkt als Parameter in andere Funktionen eingehen können.
- Funktionen, die Rückgabewerte sind oder in Variablen gespeichert wurden, können mit `funcall` aufgerufen werden.
- Ein einfacher Werkzeugsatz aus `curry`, `rcurry`, `compose` und anderen Funktionen ermöglicht die „Berechnung" von neuen Funktionen zur Laufzeit.
- Es ist möglich, wie am Beispiel der Funktion `those` gezeigt, diesen Werkzeugsatz selbst zu erweitern. Dadurch ist eine Art Metaprogrammierung möglich.
- Konsequente Nutzung der funktionalen Möglichkeiten spart viele Schleifen ein und erhöht so die Transparenz.

6.7 Übungen

6.1. Definieren Sie eine Funktion `negative-1` analog zu `odd-1`, die geeignet ist, um mit `mapcan` negative Zahlen herauszufiltern:

```
(mapcan #'negative-l '(-9 2 1 -0.1 2 -4))
```

6.2. Notieren Sie einen Funktionsaufruf mit einem anonymen lambda-Ausdruck in Funktionsstellung, der die Fläche eine Kreises aus seinem Radius von 4 nach der Formel $A = \pi r^2$ berechnet.

6.3. Schreiben Sie eine Lisp-Funktion andf, die zwei Funktionen f und g übernimmt und eine Funktion zurückgibt, die ein Argument k übernimmt und dann den Wert wahr zurückgibt, wenn die Anwendungen von sowohl f auf k und g auf k den Wert *wahr* liefern.

6.4. Verwenden Sie diese Funktion, um einen Aufruf mit mapcan, greater-than und oddp zu fomulieren, der alle Zahlen aus einer Liste zurückgibt, die sowohl größer als 5 als auch ungerade sind.

6.5. Verwenden Sie reduce, um aus der Funktion u* aus Kap. 5 eine Funktion p* zu konstruieren, die beliebig viele Parameter zu übergeben gestattet. Benutzen Sie (&rest factors) als Parameterliste. Verwenden Sie nun p* um die Lösung zu Übungsaufgabe 5.2 zu vereinfachen. Wiederholen Sie anschließend die Berechung der Fallstrecke innerhalb der ersten 10 Sekunden.

Literatur

Church, A. (1941). *The Calculi of Lambda-Conversion*. Princeton University Press, Princeton, New York. Zugriff: 8.Mai 2016.
Graham, P. (1993). *On Lisp*. Prentice Hall. Zugriff: 8.Mai 2016.

Anwendungsbeispiel 2: Eine Schlagwort-Datenbank

7

Zusammenfassung

Mailadressen, Telefonnummern, Passwörter, Cheats, Dokumenten-Vorlagen etc. sind Informationen, die zu meinem täglichen Broterwerb gehören. Soll der Abruf solcher heterogener Informationen effizient erfolgen, bereitet dies einiges Kopfzerbrechen, denn es wäre völlig uneffektiv, für alle diese Dinge einzelne schematisierte Datenbanken, Verzeichnisse oder Ähnliches anzulegen. Allein das Aktivieren jeweiliger Anwendungsprogramme nur für eine Telefonnummer stört und lenkt ab. Die Lösung war für mich eine Schlagwort- oder Tag-Datenbank, die ich täglich verwende. In diesem Kapitel geht es darum, wie diese mit wenigen Zeilen Lisp-Code realisiert werden kann.

7.1 Arbeitsweise

Eine Tag-Datenbank ordnet eine Menge von Schlagwörtern einem Datenobjekt zu. Bei der Anfrage nennt der Nutzer eines oder mehrere Schlagwörter und erhält alle Datenobjekte, für die alle genannten Schlagwörter gelten. Ist die Ergebnismenge zu groß, kann sie durch Hinzunahme weiterer Schlagworte verkleinert werden.

Die Datenbank selbst besteht aus einer zunächst leeren Liste:

ξ

```
1 (defvar *tag-db* nil)
```

→*tagdb.lisp*

Die Einträge in diese Datenbank sollen aus zweielementigen Listen bestehen, deren erstes Element die Liste der Tags und deren zweites Element die zugehörige Information sein soll: Ein Eintrag sieht zum Beispiel so aus:

© Springer Fachmedien Wiesbaden 2016
P.M. Krusenotto, *Funktionale Programmierung und Metaprogrammierung*,
DOI 10.1007/978-3-658-13744-1_7

```
((tel udo büro) 3712)
```

Er bedeutet, dass mein Kollege Udo in seinem Büro unter der Nummer 3712 erreichbar
ist. Um das in der Datenbank zu realisieren, gebe ich folgendes in meinen Lisp-Listener
ein:

```
(tag-insert '(tel udo büro) 3712)
```

Die Funktion `tag-insert` sieht so aus:

```
1 (defun tag-insert (tags value)
2   (set '*tag-db* (adjoin (list tags value) *tag-db*
3                          :test #'equal)))
```

→*tagdb.lisp*

```
1 (tag-insert '(ralf tel mobil) "01721234567")

  (((PASSWD PATRICK TWITTER) "twitterflitter")
   ((TEL DAVID BÜRO) 1244)
   ((TEL DAVID MOBIL) "0177 2234 1122")
   ((PASSWD WEBSERVER2 PATRICK) "lt.uhura")
   ((PASSWD WEBSERVER1 PATRICK) "++sandfloh31")
   ((RALF TEL MOBIL) "01721234567"))
```

```
1 (tag-insert '(passwd webserver1 patrick)
2          "++sandfloh31")

  (((PASSWD PATRICK TWITTER) "twitterflitter")
   ((TEL DAVID BÜRO) 1244)
   ((TEL DAVID MOBIL) "0177 2234 1122")
   ((PASSWD WEBSERVER2 PATRICK) "lt.uhura")
   ((PASSWD WEBSERVER1 PATRICK) "++sandfloh31")
   ((RALF TEL MOBIL) "01721234567"))
```

Sie bildet zunächst mit `adjoin` aus dem neuen Eintrag und der bestehenden Datenbank eine neue Datenbank und weist diese wiederum der Datenbank selbst zu. Dabei erhält
`adjoin`, das ein Element nur dann zufügt, wenn es noch nicht in übergebenen Liste

enthalten ist, als Prüffunktion dazu die Funktion `equal`. So ist sichergestellt, dass die gleiche Information nicht mehrfach abgelegt wird.

In Folge muss man sich darüber Gedanken machen, wie die Datenbank angefragt werden kann. Dazu benutzen wir wieder die Fuktion `mapcan`, mit der Suchen anhand eines Prädikates durchgeführt werden können.

Dabei muss das Prädikat so beschaffen sein, dass ein Eintrag passt, sofern er alle Tags enthält, die auch in der Anfrage genannt wurden. Er darf aber auch weitere, nicht in der Anfrage genannte Tags enthalten. In Mengensprache bedeutet das, dass die Mengendifferenz zwischen Tags des Eintrags und Tags der Anfrage die leere Menge ergibt. Also muss gelten `(null (set-difference tags (car item)))`, wobei `tags` die angefragten Tags und `item` der aktuell von `mapcan` betrachtete Eintrag ist. Zu diesem Zweck wird `item` über ein anonymes Lambda gebunden. Falls die Bedingung erfüllt ist, geben wir `(list (list (set-difference (car item) tags) (cadr item)))` zurück, also diejenigen Tags, die in dem gefundenen Eintrag zusätzlich enthalten sind, zusammen mit den Nutzdaten. Das äußere `(list ..)` dient wiederum dazu, zusammen mit der Arbeitslogik von `mapcan` eine Filterung zu realisieren (vergl. 6.2).

Zusammengenommen erhält die Anfragefunktion dann folgende Form:

```
1  (defun tag-query (tags)
2    (mapcan (lambda (item)
3              (if (not (set-difference tags (car item)))
4                (list (list (set-difference (car item) tags)
5                  (cadr item)))))
6            *tag-db*))
```

→*tagdb.lisp*

Zur Erprobung der Funktion fügen wir der Datenbank zunächst noch ein paar Einträge hinzu:

```
1  (tag-insert '(passwd webserver2 patrick)
2            "lt.uhura")

(((PASSWD PATRICK TWITTER) "twitterflitter")
 ((TEL DAVID BÜRO) 1244)
 ((TEL DAVID MOBIL) "0177 2234 1122")
 ((PASSWD WEBSERVER2 PATRICK) "lt.uhura")
 ((PASSWD WEBSERVER1 PATRICK) "++sandfloh31")
 ((RALF TEL MOBIL) "01721234567"))
```

```
↯

ı (tag-insert '(tel david mobil) "0177 2234 1122")

  (((PASSWD PATRICK TWITTER) "twitterflitter")
   ((TEL DAVID BÜRO) 1244)
   ((TEL DAVID MOBIL) "0177 2234 1122")
   ((PASSWD WEBSERVER2 PATRICK) "lt.uhura")
   ((PASSWD WEBSERVER1 PATRICK) "++sandfloh31")
   ((RALF TEL MOBIL) "01721234567"))


↯

ı (tag-insert '(tel david büro) 1244)

  (((PASSWD PATRICK TWITTER) "twitterflitter")
   ((TEL DAVID BÜRO) 1244)
   ((TEL DAVID MOBIL) "0177 2234 1122")
   ((PASSWD WEBSERVER2 PATRICK) "lt.uhura")
   ((PASSWD WEBSERVER1 PATRICK) "++sandfloh31")
   ((RALF TEL MOBIL) "01721234567"))


↯

ı (tag-query '(tel david))

  (((BÜRO) 1244) ((MOBIL) "0177 2234 1122"))
```

Die Antwort wirkt relativ lapidar und soll es auch sein. Anwendungssysteme, die sich selbst oder ihre Ausgaben großformatig auf dem Bildschirm aufbauen und Arbeitsfläche rauben, senken tatsächlich die Effektivität anstatt sie zu steigern.

Was jetzt noch fehlt, ist natürlich ein Weg, diese Daten dauerhaft in einer Datei zu speichern.

7.2   Persistenz

COMMON LISP hat den Datentyp pathname, der es ermöglicht, mit Dateipfaden betriebssystemunabhängig zu arbeiten. Dadurch lassen sich eine Menge der Probleme ausschließen, die üblicherweise beim Portieren von Software entstehen. Wenngleich es auch möglich ist, mit der nativen Notation des jeweiligen Betriebssystems zu arbeiten, ist es nicht immer empfehlenswert, diese Möglichkeit auch zu nutzen. Auch die sonst nicht seltenen Fehler beim Zusammensetzen von Strings zu Pfadnamen können so vermieden werden. Da dieses Buch außerdem sowohl für Windows als auch für Linux gedacht ist, verwende ich in diesem Beispiel also den Datentyp `pathname`.

Die Funktion `user-homedir-pathname` liefert zum Beispiel das *Home*-Verzeichnis des Nutzers:

```
1  (user-homedir-pathname)

   #P"/home/patrick/"
```

PATHNAME erstellt einen Pfadnamen aus einem String:

```
1  (pathname "tagdb.dat")

   #P"tagdb.dat"
```

Schließlich kann man mit `merge-pathnames` mehrere Pfadkomponenten miteinander verschmelzen:

```
1  (merge-pathnames
2   (user-homedir-pathname)
3   (pathname "tagdb.dat"))

   #P"/home/patrick/tagdb.dat"
```

Auf diese Weise ist jetzt ein gültiger Pfadname entstanden.

Das Makro `with-open-file` gestattet es nun, Anweisungen auszuführen, während eine Datei geöffnet ist. Dabei achtet Lisp darauf, diese auch unter allen Bedingungen korrekt wieder zu schließen. Zusammmen mit ein paar weiteren Angaben über die Modalitäten des Öffnens sieht der Code zum Speichern der Tag-Datenbank in einer Datei dann so aus:

```
1  (defun tag-save ()
2    (with-open-file (tagdb (merge-pathnames
3                            (user-homedir-pathname)
4                            (pathname "tagdb.dat"))
5                     :direction :output
6                     :if-exists :supersede)
7      (print *tag-db* tagdb)
8      t))
```

→*tagdb.lisp*

Dabei wird an `print` als zweiter Parameter die geöffnete Datei übergeben, die von `with-open-file` an das Symbol `tagdb` gebunden wurde.

Zum Speichern der Datenbank kann die Funktion einfach aufgerufen werden:

⨐

```
1  (tag-save)
```

T

Öffnet man diese Datei in einem Editor, so findet man dort folgenden Inhalt:

```
(((PASSWD PATRICK TWITTER) "twitterflitter")
 ((TEL DAVID BÜRO) 1244)
 ((TEL DAVID MOBIL) "0177 2234 1122")
 ((PASSWD WEBSERVER2 PATRICK) "lt.uhura")
 ((PASSWD WEBSERVER1 PATRICK) "++sandfloh31")
 ((RALF TEL MOBIL) "01721234567"))
```

Analog zu dieser Konstruktion kann das Laden der Datenbank mit der folgenden Konstruktion erfolgen:

⨐

```
1  (defun tag-load ()
2    (with-open-file (tagdb (merge-pathnames
3                             (user-homedir-pathname)
4                             (pathname "tagdb.dat")))
5      (set '*tag-db* (read tagdb)))))
```

→*tagdb.lisp*

⨐

```
1  (tag-load)
```

```
(((PASSWD PATRICK TWITTER) "twitterflitter")
 ((TEL DAVID BÜRO) 1244)
 ((TEL DAVID MOBIL) "0177 2234 1122")
 ((PASSWD WEBSERVER2 PATRICK) "lt.uhura")
 ((PASSWD WEBSERVER1 PATRICK) "++sandfloh31")
 ((RALF TEL MOBIL) "01721234567"))
```

7.3 Benutzerschnittstelle

Schließlich definieren wir aus Gründen des Komforts noch eine Benutzerschnittstelle zum
Anlegen und Abfragen eines Datensatzes mit kürzeren Bezeichnern `ti` und `tq`.

```
1  (defun ti (tags value)
2    (tag-insert tags value)
3    (tag-save))
```

→*tagdb.lisp*

```
1  (defun tq (&rest tags)
2    (tag-query tags))
```

→*tagdb.lisp*

```
1  (tq)

  (((PASSWD PATRICK TWITTER) "twitterflitter")
   ((TEL DAVID BÜRO) 1244)
   ((TEL DAVID MOBIL) "0177 2234 1122")
   ((PASSWD WEBSERVER2 PATRICK) "lt.uhura")
   ((PASSWD WEBSERVER1 PATRICK) "++sandfloh31")
   ((RALF TEL MOBIL) "01721234567"))
```

```
1  (ti '(passwd patrick twitter) "twitterflitter")

  T
```

```
1  (tq 'passwd)

  (((TWITTER PATRICK) "twitterflitter")
   ((PATRICK WEBSERVER2) "lt.uhura")
   ((PATRICK WEBSERVER1) "++sandfloh31"))
```

Diese Miniaturdatenbank lässt sich noch um Einiges erweitern. Dazu könnten Funktionen zum Löschen oder Ändern von Datensätzen gehören, was aber genauso gut mit einem Editor passieren kann, mit dem man die Datei tagdb.dat öffnet und anpasst.

Eine andere Erweiterung ist aber interessanter: Da die Tags frei gewählt werden können, passiert es schnell, dass man verschiedene Tags benutzt, die dasselbe meinen. phone, tel, telefon und nummer werden vermutlich für die gleiche Bedeutung „Telefonnummer" verwendet. Dies wird allerdings in der Anfrage bisher nicht berücksichtigt. Das von tag-query verwendete Gleichheitsprädikat ist nämlich die Lisp-Funktion equal, die für den Aufruf (equal 'tel 'telefon) auf jeden Fall das Ergebnis nil, also *falsch* liefert. Es ist aber in der funktionalen Programmierung sehr einfach, Listen solcher, als äquivalent zu betrachtende Begriffe bei der Berechung des Ergebnisses zu berücksichtigen.

Zunächst definieren wir die „Äquivalenzlisten" selbst:

```
1  (defparameter *tag-equivalences* '
2    ((tel telefon nummer)
3     (adr adresse)
4     (pw passwd password passwort)))
```
→*tagdb.lisp*

Dann muss die von tag-query zu verwendete Vergleichsfunktion nur durch eine andere Funktion ersetzt werden. Dazu Definieren wir eine Funktion tags-equal, die die Gleichheit zweier Tags unter Berücksichtigung obiger Äquivalenzlisten klärt.

```
1  (defun tags-equal (a b)
2    (or (equal a b)
3        (mapcan (lambda (e)
4                  (and (member a e) (member b e)))
5                *tag-equivalences*)))
```
→*tagdb.lisp*

Sie betrachtet zwei Tags a und b dann als äquivalent, wenn sie entweder equal sind oder beide in der gleichen Teilliste (= Äquivalenzklassse) von *tag-equivalences* gefunden werden können. Die Funktion tag-query ändert sich dann nur wenig, indem einfach die beiden Aufrufe von set-difference diese Funktion zum Tag-Vergleich heranziehen:

ƒ

```lisp
1 (defun tag-query (tags)
2   (mapcan
3    (lambda (item)
4      (if (not (set-difference tags (car item)
5                               :test #'tags-equal))
6          (list
7           (list
8            (set-difference (car item) tags
9                            :test #'tags-equal)
10          (cadr item)))))
11   *tag-db*))
```

→*tagdb.lisp*

ƒ

```lisp
1 (tag-query '(pw))
```

```lisp
(((TWITTER PATRICK) "twitterflitter")
 ((PATRICK WEBSERVER2) "lt.uhura")
 ((PATRICK WEBSERVER1) "++sandfloh31"))
```

Zusammen mit ein paar weiteren Funktionen, die nur dem Komfort dienen, benutze ich diese Datenbank seit langem täglich zur Anfrage und Aufnahme von Fakten, Dokumenten und sogar Lisp-Funktionen.

Eine weitere, sinnvolle Erweiterung könnte eine Implikation von Tags sein: Falls zum Beispiel das Tag mobile oder handy beim Anlegen eines Datensatzes verwendet wird, soll die Datenbank automatisch das Tag telefon hinzunehmen, damit später bei der Suche nach tel auch diese Einträge berücksichtigt werden.

Rekursiv programmieren

8

Zusammenfassung

Eventuell ist aufgefallen, dass wir jetzt schon eine Menge verschiedener Verarbeitungen mit einer einzigen Zeile Code oder zumindest ohne Programmschleife durchgeführt haben. Das wird auch noch eine Weile so bleiben. Wir werden zunächst die funktionalen Mittel Funktional und die in diesem Kapitel dargestellte Rekursion solange strapazieren, bis wir das tatsächlich weniger intuitive Mittel Programmschleife wirklich benötigen. Dahinter steckt ein wichtiger Gedanke: Funktionale Programmierung und das Konzept „Wertzuweisung" schließen sich gegenseitig aus. Variablen spielen in der Mathematik eine ganz andere Rolle als in der konventionellen Computerprogrammierung: In der Mathematik hat eine Variable – ganz anders als der Name vermuten lässt – zwar einen beliebigen, auf jeden Fall aber einen festen Wert, falls nicht explizit etwas anderes gesagt wird. In der (imperativen oder objektorientierten) Computerprogrammierung werden die Werte von Variablen regelmäßig verändert. Konzeptionell werden sie also so verwendet wie CPU-Register.

Es ist extrem aufwendig, relevante Eigenschaften von Programmen nachzuweisen, die Variablen analog zu CPU-Registern verwenden.

Rekursive Funktionen bieten hingegen die Möglichkeit, Programme so zu schreiben, dass sich einzelne ihrer Eigenschaften direkt aus ihrer Definition ergeben. Verzichtet man auf die Zuweisung von Werten an Variablen, so gewinnt die Software an Klarheit.

© Springer Fachmedien Wiesbaden 2016
P.M. Krusenotto, *Funktionale Programmierung und Metaprogrammierung*,
DOI 10.1007/978-3-658-13744-1_8

8.1   Drosophila der Rekursion: Die Fakultätsfunktion

Die Fakultät $n!$ einer natürlichen Zahl n ist so definiert:

$$n! = 1 \cdot 2 \cdot 3.. \cdot n \tag{8.1}$$

Daraus lassen sich zwei Eigenschaften direkt ablesen. Erstens gilt:

$$1! = 1 \tag{8.2}$$

Multipliziert man zweitens $n!$ mit $\frac{n}{n} = 1$, dann erhält man folgende Rekursionsgleichung für $n!$:

$$n! = \frac{n!}{n}n = (n-1)! \cdot n \tag{8.3}$$

Weitere Betrachtungen muss man nicht anstellen, um zu einem Programm zur Berechnung der Fakultät zu kommen. Nach Lisp übersetzt sehen die Eigenschaften 8.2 und 8.3 so aus:

```
(defun !(n)
  (if (= n 1)
      1
      (* n (! (- n 1))))))


  !
```

```
(! 5)


  120
```

8.2   Listen-Rekursion

Eine elementare Technik in Lisp besteht darin, in eine Liste von ihrem Anfang bis zu ihrem Ende rekursiv abzusteigen. Dieser Grundmechanismus heißt *Katamorphismus* und wird später im Kap. 14.1 noch genauer untersucht. Das Muster zeigt folgende simple Funktion listlen, die die Länge einer Liste bestimmt:

⚡

```
1 (defun listlen (l)
2    (if (null l)
3        0
4        (+ 1 (listlen (cdr l)))))
```

```
LISTLEN
```

⚡

```
1 (listlen '(a b c die Katze liegt im Schnee !))
```

```
9
```

⚡

```
1 (listlen '((und meine laterne) (mit mir)))
```

```
2
```

Das Schema hat zwei Merkmale:

- Im Fall, dass nil übergeben wird, bricht die Rekursion ab und ein Wert (hier 0) für die Länge der leeren Liste wird zurückgeben.
- Andernfalls wird das Berechnungsergebnis auf einen Funktionsaufruf mit (cdr l) zurückgeführt.

In diesem Fall sagt die Definition nichts anderes, als dass die Länge einer Liste um 1 höher ist, als die des *cdr* der Liste und dass die leere Liste die Länge Null hat.

8.2.1 Horner-Schema

Das Rekursionsschema von listlen findet sich auch in der nun folgenden Funktion namens horner wieder, die ein Polynom berechnet:

$$P(x) = c_0 + c_1 x + c_2 x^2 + c_3 x^3 + .. + c_n x^n \tag{8.4}$$

Die Gleichung lässt sich umbauen zu

$$P(x) = (c_0 + x(c_1 + x(c_2 + x(c_3 + .. + x(c_n))))) ... \tag{8.5}$$

Diese Umformung trägt den Namen Horner-Schema.[1] Sie entsteht durch das sukzessive Ausklammern von x und kann als Rekursion dargestellt werden. Die Funktion übernimmt den Wert x, für den das Polynom berechnet werden soll und eine Liste *COEFF* der Koeffizienten $c_0, c_1, c_2, ..$:

$

```
1  (defun horner (x coeff)
2    (if (null coeff)
3       0
4       (+ (car coeff) (* x (horner x (cdr coeff))))))
```

    HORNER

Auch hier gibt es wieder die Abbruchbedingung (null coeff), bei deren Bestand der Wert 0 geliefert wird und eine Rekursion, die zum einen den Kopf der Liste coeff verarbeitet und zum anderen die Funktion mit dem *cdr*-Teil wieder aufruft.

Die Berechnung von

$$f(x) = 3x^2 - \frac{1}{2}x + 1$$

an der Stelle $x = -2$ kann dann so erfolgen: $

```
1  (horner -2 '(1 -1/2 3))
```

    14

8.2.2   Die „Skeleton"-Funktion

Eine etwas komplexere Listen-Rekursion stellt die Funktion skeleton dar, die ausrechnet, ob eine Liste ein *Skelett* einer anderen Liste ist. Das ist für ein Liste l und ein vermeintliches Skelett s genau dann der Fall, wenn sich s durch Entfernung beliebiger Elemente aus l ergibt. Anders gesagt: Die Elemente von s kommen in der Reihenfolge, in der sie in s vorliegen, auch in l vor.

Dies auszurechnen ist nach folgendem Algorithmus *skeleton*(s, l) keine besondere Schwierigkeit:

---

[1] nach William George Horner †1837, englischer Mathematiker.

1. [] ist Skelett jeder Liste *l*
2. Das einzige Skelett von [] ist []
3. Falls *car(s)* in *l* vorkommt, dann ist *s* genau dann ein Skelett von *l*, wenn *cdr(s)* ein Skelett der hinter dem ersten Vorkommen von *car(s)* in *l* beginnenden Teilfolge von *s* ist.[2]

Nach Lisp übersetzt sieht das so aus:

ƒ

```
1  (defun skeleton (s l)
2    (if (null s)
3        t
4        (if (null l)
5            nil
6            (let ((mem (member (car s) l)))
7              (if mem
8                  (skeleton (cdr s) (cdr mem)))))))
```

SKELETON

Dabei wird Gebrauch davon gemacht, dass `member` dasjenige Listen-Suffix liefert, das mit dem ersten Vorkommen des gesuchten Elementes beginnt. Also ist (`cdr mem`) die hinter diesem Vorkommen beginnende Teilfolge von `l`.

ƒ

```
1  (skeleton '(a b c) '(1 a a 2 b c 4))
```

T

ƒ

```
1  (skeleton '(a a a b c) '(1 a a 2 b c 4))
```

NIL

Das Angenehme an dieser rekursiven Art der Darstellung gegenüber einer Iteration ist insbesondere die leichtere Überprüfbarkeit der Richtigkeit des Algorithmus. Im Abschn. 8.3 werden wir noch sehen, dass dieses Beispiel sogar uneingeschränkt genauso effizient ist, wie ein iterativer Ansatz.

---

[2]Man muss den Satz eventuell mehrmals lesen, um zu verstehen, dass es sich genau so verhält.

8.2.3   Weitere Beispiele

Es folgen weitere Beispiele einfacher rekursiver Funktionen, welche in Listen rekursiv hinabsteigen, wieder hinaufsteigen und dabei ein Berechnungsergebnis zusammensetzen.

- LIST-COPY

    LIST-COPY erstellt die Kopie einer Liste.

```
1 (defun list-copy (l)
2 (if l
3     (cons (car l) (list-copy (cdr l)))))
```

```
LIST-COPY
```

```
1 (list-copy '(4 5 6 a b))
```

```
(4 5 6 A B)
```

- MAP-CAR

    MAP-CAR ist eine selbstgebaute Version der Standard-Funktion mapcar:

```
1 (defun map-car (f l)
2 (if l (cons (funcall f (car l))
3             (map-car f (cdr l)))))
```

```
MAP-CAR
```

```
1 (map-car #'oddp '(1 2 3 4 5))
```

```
(T NIL T NIL T)
```

- ZIP

  ZIP nimmt zwei Listen und fügt sie elementweise abwechselnd nach Art eines Reißverschlusses zusammen.

```
1 (defun zip (a b)
2 (if (or a b)
3      (cons (car a)
4            (cons (car b)
5                  (zip (cdr a) (cdr b))))))
```

    ZIP

```
1 (zip '(1 2 3) '(a b c))
```

    (1 A 2 B 3 C)

- APPEND-LIST

  APPEND-LIST fügt zwei Listen aneinander.

```
1 (defun append-list (a b)
2   (if (null a)
3       b
4       (cons (car a) (append-list (cdr a) b))))
```

    APPEND-LIST

```
1 (append-list '(t z u i) '(a s d f))
```

    (T Z U I A S D F)

- REVERSE-LIST

  REVERSE-LIST hängt zwei Listen aneinander. Genauer: es wird eine Kopie der ersten Liste erstellt, deren letztes *cdr* auf die zweite Liste verweist.

```
∮

1  (defun reverse-list (l)
2    (if (null l)
3        nil
4        (append-list (reverse-list (cdr l))
5                     (list (car l)))))
```

```
REVERSE-LIST
```

```
∮

1  (reverse-list '((2 3) 4 5 (6 7)))
```

```
((6 7) 5 4 (2 3))
```

8.3   Tail-Rekursivität

Die im Abschn. 3.5 definierte Funktion skeleton hatte folgende Definition:

```
∮

1  (defun skeleton (s l)
2    (if (null s)
3        t
4        (if (null l)
5            nil
6            (let ((mem (member (car s) l)))
7              (if mem
8                  (skeleton (cdr s) (cdr mem)))))))
```

```
SKELETON
```

Sie hat strukturell einen entscheidenden Unterschied zur weiter oben definierten Funktion fak. Er besteht darin, dass sie im Falle des rekursiven Aufrufs dessen Berechnungsergebnis selbst auch als *eigenen* Funktionswert zurückgibt. Diese Eigenschaft nennt man *Tail-Rekursivität*.

Der Compiler kann deswegen den rekursiven Aufruf der Funktion skeleton als Rücksprung an den Funktionsanfang kompilieren und muss keinen Unterprogrammaufruf einfügen. Dadurch arbeitet skeleton technisch nicht als rekursive Funktion sondern als Programmschleife.

Die Funktion fak ist da anders beschaffen: sie muss das Ergebnis des rekursiven Aufrufs selbst noch mit n multiplizieren und dieses Produkt dann als eigenen Funktionswert liefern.

Grundsätzlich sollte man daher, falls die Wahl besteht, Tail-rekursive Aufrufe immer bevorzugen, da diese keinen Speicher auf dem Returnstack verbrauchen.

Man kann aber nicht-Tail-rekursive Funktionen häufig umbauen, sodass Tail-rekursive Aufrufe entstehen. Dazu exemplarisch noch einmal zurück zur Fakultätsfunktion, die etwa folgendermaßen ausgesehen hat:

```
1  (defun fak (n)
2    (if (<= n 1)
3        1
4        (* n (fak (- n 1)))))))
```

```
FAK
```

Um sich die Schachtelung der Aufrufe einmal anzusehen, gibt es trace, durch das Lisp angewiesen wird, das Aufrufen und Verlassen einer Funktion zu loggen:

```
1  (trace fak)
```

```
(FAK)
```

Wir erhalten dann für 8! folgende Ausgabe:

```
1  (fak 8)
```

```
   0: (FAK 8)
     1: (FAK 7)
       2: (FAK 6)
         3: (FAK 5)
           4: (FAK 4)
             5: (FAK 3)
               6: (FAK 2)
                 7: (FAK 1)
                 7: FAK returned 1
               6: FAK returned 2
             5: FAK returned 6
           4: FAK returned 24
         3: FAK returned 120
```

```
   2:  FAK returned 720
  1:  FAK returned 5040
 0:  FAK returned 40320
40320
```

Es ist erkennbar, dass alle Rückgabewerte verschieden sind. fak verringert den
Parameter n von Aufruf zu Aufruf um 1 und multipliziert beim Zurückschachteln den
Wert 1 der Reihe nach mit $2, 3, 4, .., n$ usw. Alle Rückgabewerte müssen also noch
weiterverarbeitet werden. Dem kann man so abhelfen, dass die Multiplikation bereits
beim Abstieg geschieht und zwar durch die Multiplikation eines Initialwertes 1 mit den
Zahlen $n, n - 1, n - 2, .., 1$ und Übergabe an einen zusätzlichen Parameter acc (für
„Akkumulator") schon während des rekursiven Abstiegs. Dieser wird schließlich beim
Abbruch der Rekursion zurückgegeben und stellt dann bereits das Endergebnis dar:

�

```
1 (defun trfak-h (acc n)
2   (if (< n 2)
3       acc
4       (trfak-h (* n acc) (1- n)))))
```

    TRFAK-H

Diese Hilfsfunktion trfak-h wird jetzt von trfak mit dem Initialwert 1 für den
Parameter acc aufgerufen.

```
1 (defun trfak (n)
2   (trfak-h 1 n))
```

    TRFAK

Nun betrachten wir deren *Stacktrace*.

```
1 (trace trfak-h)
```

    (TRFAK-H)

```
1 (trfak 8)
```

```
CL-USER> (trfak 8)
  0: (TRFAK-H 1 8)
    1: (TRFAK-H 8 7)
      2: (TRFAK-H 56 6)
        3: (TRFAK-H 336 5)
          4: (TRFAK-H 1680 4)
            5: (TRFAK-H 6720 3)
              6: (TRFAK-H 20160 2)
                7: (TRFAK-H 40320 1)
                7: TRFAK-H returned 40320
              6: TRFAK-H returned 40320
            5: TRFAK-H returned 40320
          4: TRFAK-H returned 40320
        3: TRFAK-H returned 40320
      2: TRFAK-H returned 40320
    1: TRFAK-H returned 40320
  0: TRFAK-H returned 40320
40320
```

Man sieht, dass alle Inkarnationen der Funktion denselben Funktionswert liefern, da der rekursive Aufruf die letzte Anweisung der rekursiven Funktion geworden ist. Die Funktion ist nun einwandfrei Tail-rekursiv und liefert auch das korrekte Ergebnis:

```
40320
```

Als letzten Schritt des Umbaus verwenden wir nun labels; eine Anweisung, die es gestattet, Funktionen lokal zu anderen Funktionen zu definieren. Dadurch ist die Funktion trfak-h auserhalb von trfak unbekannt, was eine bessere Kapselung bedeutet. Schließlich ist sie ja auch außerhalb von trfak bedutungslos.

```
1 (defun trfak (n)
2   (labels ((trfak-h (acc n)
3             (if (< n 2)
4                 acc
5                 (trfak-h (* n acc) (1- n))))))
6     (trfak-h 1 n)))
```

```
TRFAK
```

```
1  (trfak 5)
```

```
   120
```

`labels` gestattet es, beliebig viele lokale Funktionen in einem Zug zu definieren. Daher ist hinter dem Symbol `labels` eine doppelte Klammer erforderlich. Mit mehreren lokalen Funktionen sieht `labels` zum Beispiel so aus:

```
1  (defun labels-demo (n)
2    (labels ((doppelt (x)
3              (* x 2))
4
5             (inkrement (x)
6              (+ x 1)))
7
8      (doppelt (inkrement n)))))
```

Für die Anweisung `labels` schreibt der ANSI-Standard auch vor, dass ein konformer Compiler die Tail-Rekursivität ausnutzen *muss*. Bei `defun` steht dies dem Compilerbauer frei. Allerdings tun alle heute verfügbaren COMMON-LISP-Compiler dies auch bei `defun`.

Dazu betrachten wir folgendes einfaches Beispiel einer rekursiven Funktion `plist`, die eine Liste ausgibt:

```
1  (defun plist (x)
2    (when x
3      (print (car x))
4      (plist (cdr x))))
```

Die Definition sagt aus, das eine Liste die nicht `nil` ist, ausgegeben werden kann, indem man zuerst den `car`-Teil druckt und dann rekursiv die Restliste. Dazu wird `when` benutzt. Dieses Makro ist ein `if` ohne *ELSE*-Teil. Alle auf die Bedingung folgenden S-Expressions werden ausgewertet, falls die Bedingung erfüllt ist.

Um den Code der Definition anzusehen, erweitern wir die Definition um ein `declare`, mit dem einige Laufzeitprüfungen abgestellt werden.

```
1  (defun plist (x)
2    (declare (type list x)
3             (optimize (debug 0)
```

```
4                         (speed 3)
5                         (safety 0)))
6      (when x
7        (print (car x))
8        (plist (cdr x)))))
```

Mit disassemble kann man sich nun den vom Compiler erzeugten Code ansehen:

⚡

```
1  (disassemble 'plist)

   ;disassembly for PLIST
   ;Size: 68 bytes
   ;0772E3D0: L0: 4881FE17001020 CMP RSI, 537919511
   ;      3D7:    750B           JNE L1
   ;      3D9:    BA17001020     MOV EDX, 537919511
   ;      3DE:    488BE5         MOV RSP, RBP
   ;      3E1:    F8             CLC
   ;      3E2:    5D             POP RBP
   ;      3E3:    C3             RET
   ;      3E4: L1: 488975F8      MOV [RBP-8], RSI
   ;      3E8:    488B56F9       MOV RDX, [RSI-7]
   ;      3EC:    488D5C24F0     LEA RBX, [RSP-16]
   ;      3F1:    4883EC18       SUB RSP, 24
   ;      3F5:    488B057CFFFFFF MOV RAX, [RIP-132]      ;PRINT
   ;      3FC:    B902000000     MOV ECX, 2
   ;      401:    48892B         MOV [RBX], RBP
   ;      404:    488BEB         MOV RBP, RBX
   ;      407:    FF5009         CALL QWORD PTR [RAX+9]
   ;      40A:    488B75F8       MOV RSI, [RBP-8]
   ;      40E:    488B7601       MOV RSI, [RSI+1]
   ;      412:    EBBC           JMP L0
```

Auch wenn Sie noch nicht in x86-Assembler programmiert haben, können Sie die wichtigsten Eigenschaften des Codes verstehen:

In der linken Spalte befinden sich die Speicheradressen beginnend mit 0772e3d0. Die zweite Spalte enthält Namen von Einsprungpunkten („labels", hier nur l0 und l1). Die dritte Spalte enthält den eigentlichen Objektcode in hexadezimaler Darstellung, den Sie ignorieren dürfen. Die vierte Spalte enthält schließlich die *mnemonischen* Assembleranweisungen dazu und die fünfte einige wenige Kommentare.

Der Code von unserem plist erwartet nun den Parameter x im Register rsi. Die erste Anweisung cmp rsi, 537919511 vergleicht dieses x mit 537919511. Das ist

der Wert für `nil`. Die Anweisung `jne l1` („Jump-if-Not-Equal") springt nun zu Label
`l1`, falls `x` von `nil` verschieden ist. Sonst läuft der Code weiter und endet schließlich
nach ein paar Bereinigungsoperationen bei der Return-Anweisung `ret` und die Prozedur
ist beendet.

Andernfalls läuft die Verarbeitung bei `l1` weiter, wo mit `mov [rbp-8], rsi` das
`x` auf dem Stack plaziert wird. Die nachfolgenden Anweisungen bereiten den Aufruf der
Routine `print` vor, was schließlich an der Adresse `0772e407` mit `call qword ptr`
`[rax+9]` auch geschieht.

Entscheidend ist jetzt, was passiert, um den Aufruf (`plist (cdr x)`) zu realisieren: mit `mov rsi, [rbp-8]` wird das vorher gerettete `x` wieder in das Register
`rsi` verfrachtet und dort mit `mov rsi, [rsi+1]` durch seinen *cdr*-Zeiger ersetzt. Nun
erfolgt der „rekursive" Aufruf einfach durch einen Sprung (`JMP LO`) an den Anfang der
Routine, wo mit dem *cdr* von x weitergerechnet wird.

Ein (*rekursiver*) `call` erfolgt nicht! Der Code ist also eine korrekte, Tail-rekursive
Umsetzung dieses rekursiven Aufrufs.

8.4   Mehrfachrekursion am Beispiel Quicksort

Ein Beispiel für mehrfache Rekursion ist der berühmte Quicksort-Algorithmus. Er stellt
das Verfahren der Wahl dar, wenn schnell sortiert werden muss. Quicksort arbeitet so, dass
eine zu sortierende Liste anhand eines *Pivotelement* genannten Listenelementes *p* auf zwei
Listen *L* und *R* derart aufgeteilt wird, dass alle Elemente von *L* kleiner oder gleich *p* sind,
und alle Elemente von *R* größer als *p*. Mit *L* und *R* wird dann genauso verfahren. Die
Rekursion bricht bei einelementigen Listen ab, da diese immer sortiert sind. Anschließend
wird die Liste [*L*, *p*, *R*] als sortierte Gesamtliste zurückgegeben.

```
 1 (defun qs (l)
 2   (if (cdr l)
 3     (append (qs (remove-if
 4                  (lambda (x) (> x (car l)))
 5                  (cdr l)))
 6             (list (car l))
 7             (qs (remove-if
 8                  (lambda (x) (<= x (car l)))
 9                  (cdr l))))
10     l))

QS

 1 (qs '(26 29 67 25 49 14 8 69 71 57 38 53 23 8 89 11 38))

   (8 8 11 14 23 25 26 29 38 38 49 53 57 67 69 71 89)
```

Zeile 2 realisiert den Rekursionsabbruch: falls 1 weniger als zwei Elemente enthält, wird durch Zeile 6 die Liste selbst zurückgegeben. Sie ist dann `nil` oder einelementig. Andernfalls werden in den Zeilen 3 und 5 mit `remove-if` zwei Teillisten gebildet, bei denen (`car l`) das Pivot-Element p stellt. Diese werden durch rekursive Aufrufe an `quicksort` ihrerseits sortiert und durch `append` mit dem Pivotelement zum Ergebnis zusammengesetzt.

Wie viele andere rekursive Algorithmen lässt Quicksort sich nicht ohne Weiteres in eine Schleife umbauen, wie dies der Lisp-Compiler beim davorliegenden Rekursionsbeispiel gemacht hat. Darum entspricht er in einem engeren Sinne dem, was landläufig als Rekursion verstanden wird.

8.5 Ergebnisse

- Rekursion ist ein besonders gut selbst erklärendes Mittel, wiederkehrende Berechnungen durchzuführen. Bei gewissen Berechnungen, wie denen im Kap. 10 ist dies sogar der einzige praktikable Weg. Darüber hinaus ist sie besonders natürlich in der funktionalen Programmierung, da sie im Gegensatz zu Schleifen-Konstrukten ohne Seiteneffekte auskommen kann.
- Programmschleifen können jederzeit durch rekursive Aufrufe ersetzt werden, ohne das dabei die Lesbarkeit leidet. Der Compiler kompliert solche (Tail-rekursiven) Aufrufe dann als Schleife und sorgt dafür, dass nicht unnütz Speicher oder Rechenzeit verbraucht wird.

8.6 Übungen

8.1. Es gilt

$$2^n = 2(2^{n-1})$$

und

$$2^0 = 1$$

Bauen Sie eine Funktion `expt2`, die aufgrund dieser beiden Regeln die Zweierpotenz einer Zahl n berechnet.

8.2. Erweitern Sie `expt2` so dass sie auch für negative n funktioniert.

8.3. Die Rekursion aus Übung 8.1 ist ineffizient, da sie immer n Rechenschritte erforderlich macht. Folgende Beobachtung kann dem abhelfen:

$$x^n = \begin{cases} 1 & n = 0 \\ (x^2)^{\frac{n}{2}} & n \neq 0 \text{ und } n \text{ ist gerade} \\ x((x^2)^{\frac{n-1}{2}}) & \text{sonst} \end{cases}$$

Anstatt also in jedem Schritt n um 1 zu vermindern kann n in jedem Schritt halbiert werden. Schreiben sie die Funktion `power(x n)` die genau so vorgeht. Die Zahl der Rechenschritte verringert sich so von n auf $log_2 n$.

8.4. Schreiben Sie Ihre Lösung aus 8.3 so um, dass die Funktion *tail-rekursiv* ist. Orientieren Sie sich dabei an dem Beispiel `trfak` aus Abschn. 8.3, in dem mit `labels` eine innere Funktion mit einem Akkumulator `acc` als Parameter vereinbart wird.

8.5. Schreiben sie eine einstellige Funktion `pairer`, die ein Datenobjekt x übernimmt und eine Funktion, nämlich einen *pairer* liefert, der aus einer Liste y eine neue Liste errechnet, in der alle Elemente von y mit x verpaart sind:

```
(funcall (pairer 'und) '(1 2 3 4 5))
```

```
((UND 1) (UND 2) (UND 3) (UND 4) (UND 5))
```

Mehrfachwerte

9

Zusammenfassung

COMMON LISP-*Funktionen sind in der Lage, mehrere Werte gleichzeitig als Berechnungsergebnis zurückzugeben. Klassischerweise geben Funktionen immer nur einen einzelnen Wert zurück, den die Funktion vor ihrer Beendigung im Akkumulator der CPU zurücklässt. Das ist eine Asymmetrie in dem Sinne, dass Funktionen in allen Programmiersprachen zwar in der Lage sind, mehrere Parameter zu übernehmen aber meistens nur einen Wert zurückliefern können. Zur Überwindung dieser Asymmetrie kennt* COMMON LISP *die Mehrfachwerte.*

Die Schlüsselfunktion zur Herstellung von Mehrfachwerten ist `values`, eine Funktion, die mehrere Einzelwerte zu einem Mehrfachwert zusammenfasst. Es handelt sich wohlgemerkt nicht um eine neue Datenstruktur oder gar um eine Liste. Mehrfachwerte tauchen nur als Berechnungsergebnis von Funktionen auf und lassen sich auch nicht als Mehrfachwert irgendwo ablegen. Sie müssen nach der Rückgabe durch die Funktion wieder einzeln weiterverarbeitet werden.

Erstaunlicherweise sind Mehrfachwerte erst relativ spät in der Praxis der Programmierung aufgetaucht. Es galt lange als abgemacht, dass Funktionen zwar mehrere Werte als Parameter entgegen nehmen können, aber immer nur einen Ergebniswert liefern. Der Hintergrund dessen ist der *Akkumulator*, das Hauptregister in vielen CPU-Architekturen, in dem Funktionen ihren Ergebniswert vor dem Rücksprung in das aufrufende Programm zurücklassen. Tatsächlich stellt dieses Konzept aber eine unbillige Einschränkung dar.

↯

```
(values 1 2 'drei (+ 2 2))
1
2
DREI
4
```

© Springer Fachmedien Wiesbaden 2016

P.M. Krusenotto, *Funktionale Programmierung und Metaprogrammierung*,

DOI 10.1007/978-3-658-13744-1_9

Eine Standard COMMON LISP Funktion, die einen Mehrfachwert zurückgibt, ist truncate, die von zwei Integer-Zahlen den Integer-Quotienten und den Divisionsrest zurückgibt:

```
(truncate 30 7)
4
2
```

Der erste Wert ist hier der ganzzahlige Quotient und der zweite Wert der Divisionsrest. Um Mehrfachwerte entgegennehmen zu können, gibt es besondere Operatoren.

- multiple-value-call kann Mehrfachwerte entgegennehmen und diese als Parameter an eine andere Funktion übergeben:

```
1 (multiple-value-call  #'list (values 10 20 30))

  (10 20 30)
```

values hat hier die drei Werte 10, 20 und 30 geliefert und multiple-value-call hat mit diesen Werten list aufgerufen.
- Die Funktion multiple-value-list ist eine besonders sinnfällige Behandlung von Mehrfachwerten. Sie konvertiert einen Mehrfachwert in eine Liste:

```
1 (multiple-value-list (truncate 30 4))

  (7 2)
```

- multiple-value-bind bindet die Komponenten eines Mehrfachwertes an einzelne Variablen. Es ist damit ein let für Mehrfachwerte:

```
1 (multiple-value-bind  (q r)
2     (truncate 10 3)
3   (format t "~%Quotient: ~a, Rest: ~a"  q r))

  Quotient: 3, Rest: 1
```

- `alexandria::multiple-value-compose` ist die Implementierung von compose für Funktionen mit Mehrfachwerten. Mit dieesem Funktional können mehrere Funktionen so miteinander zu einer neuen Funktion verknüpft werden, dass die Ergebnisfunktion diese über ihre Parameter und Rückgabewerte zu einer Verarbeitungskette zusammengesetzt.

```lisp
(funcall
 (multiple-value-compose (lambda (a b)
                           (values b a))
                         #'truncate)
 90 7)
```

9.1 Übungen

9.1. Der Ausdruck

```lisp
(values (values 1 2) (values 3 4))
```

liefert das Ergebnis

```
1
3
```

Erklären Sie, warum nicht

```
1
2
3
4
```

herauskommt.

9.2. Finden Sie eine Möglichkeit, die Ausdrücke `(values 1 2)` und `(values 3 4)` so zusammenzusetzen, dass das Ergebnis der Berechnung `(values 1 2 3 4)` dabei herauskommt.

Zusammenfassung

Vier Gewinnt *ist ein kurzweiliges Zwei-Personen Spiel, bestehend aus einem vertikalen Gitter der Breite 7 und der Höhe 6. Die Kontrahenden werfen abwechselnd ihre Spielsteine von oben in eine der sieben Spalten. Wer dabei vier Steine in eine Reihe bekommt (horizontal, vertikal oder diagonal) hat die Partie gewonnen. Dieses Kapitel befasst sich mit strategischen Zwei-Personen-Spielen und damit, wie rein funktional und rekursiv – das heißt schleifenfrei – der Minimax-Algorithmus in* COMMON LISP *implementiert werden kann, sodass* COMMON LISP *ein sehr ernst zu nehmender Gegner wird.*

10.1 Ein Nullsummenspiel mit voller Information

„Fußball ist wie Schach – nur ohne Würfel!"

– Jan Böhmermann

Auch wenn Jan Böhmermanns Ausspruch, den er dem Fußballspieler Lukas Podolsky in den Mund gelegt hat, natürlich eine absurde Aussage in bester Satiriker-Manier ist, spricht er doch genau von den Eigenschaften von Spielen, für die Spieltheoretiker sich als Erstes interessieren, wenn sie ein Spiel untersuchen.

Die mathematische Spieltheorie wurde von *John von Neumann*[1] (Abb. 10.1) 1928 mit der deutschsprachigen Veröffentlichung *Zur Theorie der Gesellschaftsspiele* (von Neumann 1928) begründet.

---

[1] US-Amerikanisch-Ungarischer Mathematiker †1957.

© Springer Fachmedien Wiesbaden 2016

P.M. Krusenotto, *Funktionale Programmierung und Metaprogrammierung*,
DOI 10.1007/978-3-658-13744-1_10

**Abb. 10.1 John von
Neumann** (1903–1957) ist mit
der Entstehung der Informatik
in vielfältiger Weise
verbunden. Einerseits durch die
Entwicklung des von-
Neumannschen
Maschinenmodells, das heute
in jedem Digitalcomputer
realisiert ist. Andererseits
durch Beiträge zur Künstlichen
Intelligenz und zur
Spieltheorie. Der durch ihn
konstruierte EDVAC kann als
Abschluss der Entwicklung des
Computers angesehen werden.

Im Sinne der Spieltheorie ist Vier Gewinnt genau wie Fußball oder Schach ein
sogenanntes *Zwei-Personen-Nullsummenspiel*.[2,3,4] Schach und Vier Gewinnt sind im
Gegensatz zu Fußball Spiele *mit voller Information*: Den Kontrahenden ist jederzeit alles
über den Spielstand bekannt, so dass alle Entwicklungsmöglichkeiten des Spiels lückenlos
vorhergesagt werden können. Im Fußball ist das deswegen nicht so, weil die einzelne
Mannschaft zum Beispiel die eigene Fitness oder die des Gegners nicht genau beurteilen
kann und deswegen auch nicht vorraussagen kann, ob etwa ein Angriff über die rechte
Seite zu einem Tor führen wird. Diese Unbekannten erhöhen den Reiz eines Spiels und
werden in Brettspielen oft mit verdeckten Karten oder Würfeln nachgeahmt.

Nullsummenspiele mit voller Information lassen sich mit dem *Minimax-Algorithmus*
und seinen Varianten analysieren. Die funktionale Darstellung dieses Algorithmus ist
Gegenstand dieses Kapitels.

---

[2]Ein Nullsummenspiel ist ein Spiel, bei dem die Summe der Auszahlungen an beide Spieler immer
Null ergibt. In N. kann es keine gewinnbringende Kooperation geben.

[3]Genaugenommen ist Fußball seit 1995 kein Nullsummenspiel mehr, als die FIFA die sogenannte
3-Punkte-Regel eingeführt hat. Sie besagt, dass einem Sieger 3 Punkte, einem Verlierer 0 Punkte
und bei „Unentschieden" jeder Mannschaft 1 Punkt ausgezahlt werden.

[4]„Nullsummenspiel" war in den 00er-Jahren parteiübergreifend ein dauernd strapaziertes Modewort
deutscher Politiker und damit ein entlarvendes Beispiel für die Gedankenlosigkeit politischer
Rethorik. Tatsächlich ist es ein rein spieltheoretischer Begriff.

10.2 Das Spielmaterial

Doch zunächst zur internen Darstellung des Spielgitters. Man könnte dies mit einem 6×7-Array machen, allerdings ist die Handhabung von *zwei* Indizes viel zu aufwendig. Stattdessen nehmen wir ein eindimensionales Array mit 42 Einträgen unter den Indizes $0..$ 41 und ordnen diese nach Tab. 10.1 den Positionen des Spielgitters zu.

Daraus ergibt sich die folgende Beziehung zwischen Index I und den Koordinaten x und y:

$$I(x, y) = 41 + x - 7\dot{y} \qquad (10.1)$$

Man kann in diesem Gitter entsprechend Tab. 10.2 navigieren. Weitere Richtungen werden wir nicht benötigen.

Die Belegungen der Gitterpunkte mit den Werten *frei*, X und O erfolgen entsprechend Tab. 10.3.

Es gilt dann:

$$O > 4 \times frei \qquad (10.2)$$

$$X > 4 \times O \qquad (10.3)$$

Tab. 10.1 Zuordnung zwischen den Spielpositionen und dem Array *grid*

X							
6	00	01	02	03	04	05	06
5	07	08	09	10	11	12	13
4	14	15	16	17	18	19	20
3	21	22	23	24	25	26	27
2	28	29	30	31	32	33	34
1	35	36	37	38	39	40	41
Y	**1**	**2**	**3**	**4**	**5**	**6**	**7**

Tab. 10.2 Bewegungsrichtungen auf dem Spielgitter

Richtung	Inkrement
nach *rechts*	$+1$
nach *unten*	$+7$
nach *unten links*	$+6$
nach *unten rechts*	$+8$

Tab. 10.3 Numerische Kodierung der Steine

Symbol	Wert
frei	0
O	1
X	5

Dadurch ist es über einfache Summenbildung möglich, den Spielwert einer beliebigen Folge von vier Feldern zu ermitteln, wie bei der Besprechung der Heuristik noch erklärt wird.

ƒ

```
1 (defconstant +circle+    1)
2 (defconstant +cross+     5)
```

→*viergewinnt.lisp*

Wir brauchen außerdem das Gitter selbst und eine Lisp-Funktion, die dieses initialisiert.

ƒ

```
1 (defvar *grid*)
```

→*viergewinnt.lisp*

Zur Erzeugung eines Arrays gibt es in COMMON LISP die Funktionen `make-array` und `vector`. `vector` ist für Arrays das, was `list` für Listen ist:

ƒ

```
1 (vector  2 'alpha 3 'beta #\Esc)

  #(2 ALPHA 3 BETA #\Esc)
```

`make-array` erzeugt ein leeres Array beliebiger Größe und initialisiert es mit 0:

ƒ

```
1 (make-array 42)

  #(0 0 0 0 0 0 0 0 0 0 0 0 0 0 0 0 0 0 0 0 0 0 0 0 0
    0 0 0 0 0 0 0 0 0 0 0 0 0 0 0 0 0)
```

Der Vollständigkeit halber hier auch ein Beispiel für ein mehrdimensionales Array:

ƒ

```
1 (make-array '(4 3 2))

  #3A(((0 0) (0 0) (0 0))
      ((0 0) (0 0) (0 0))
      ((0 0) (0 0) (0 0))
      ((0 0) (0 0) (0 0)))
```

Arrays sehen Listen zum Verwechseln ähnlich, beginnen aber mit einem #, gefolgt von der Anzahl der Dimensionen, die hier 3 ist.

Um auf ein Element eines Arrays zuzugreifen, gibt es die Funktion `elt`.

```
(elt (vector 19.95 7.95 2.99 89.50) 2)

2.99
```

Daran ist auch zu erkennen, dass die Zählung der Elemente mit dem Index 0 beginnt. Mit `coerce` können Sie aus Arrays Listen konstruieren:

```
(coerce (make-array 42) 'list)

(0 0 0 0 0 0 0 0 0 0 0 0 0 0 0 0 0 0 0 0 0 0 0 0 0 0
 0 0 0 0 0 0 0 0 0 0 0 0 0 0 0 0)
```

Und umgekehrt:

```
(coerce '(ich war mal eine Liste)  'vector)

#(ICH WAR MAL EINE LISTE)
```

Nach diesem kurzen Exkurs zu Arrays sind wir nun in der Lage, das Spielgitter zu initialisieren:

```
(defun new ()
  (setf *grid* (make-array 42)))
```
→*viergewinnt.lisp*

(`setf` macht hier dasselbe wie `set`. Allerdings braucht das Symbol nicht gequotet zu werden. Es hat gegenüber `set` auch den Vorteil, dass *SBCL* eine Warnung generiert, falls das zu bindende Symbol nicht vorher mit `defparameter` oder `defvar` als Variable vereinbart wurde.)

Schließlich ist eine Funktion erforderlich, die dieses Gitter auf dem Bildschirm ausgibt:

```lisp
(defun print-grid (&optional (grid *grid*))
  (dotimes (y 6)
    (dotimes (x 7)
      (format t "   ~A"
              (case (aref grid (+ x (* 7 y)))
                (#.+circle+  "O")
                (#.+cross+   "X")
                (0           "-")))))
    (terpri))
  (format t "   1   2   3   4   5   6   7~%"))
```

→*viergewinnt.lisp*

Ruft man sie nach der Initialisierung mit (new) auf,

```lisp
(new)
```

```
#(0 0 0 0 0 0 0 0 0 0 0 0 0 0 0 0 0 0 0 0 0 0 0 0 0 0 0
  0 0 0 0 0 0 0 0 0 0 0 0 0 0 0 0 0 0)
```

```lisp
(print-grid *grid*)
```

erhält man folgende Ausgabe:

```
   -   -   -   -   -   -   -
   -   -   -   -   -   -   -
   -   -   -   -   -   -   -
   -   -   -   -   -   -   -
   -   -   -   -   -   -   -
   -   -   -   -   -   -   -
   1   2   3   4   5   6   7
```

Nun müssen wir noch in die Lage versetzt werden, Steine hineinfallen zu lassen. Die Steine fallen – salopp ausgedrückt – immer so tief wie es geht. Darum muss zuerst eine Funktion geschaffen werden, die sagt, bei welchem Feld der „Boden" ist. Das geht am einfachsten, indem man die betreffende Spalte von unten aufsteigt, bis man aufeinem freien Feld ankommt oder der Index negativ geworden ist. Dann ist die oberste Zeile des Gitters überschritten, was bedeutet, dass die Spalte voll ist.

Die rekursive Definition sieht so aus:

```
(defun ground (grid p)
  (if (>= p 0)
    (if (= (aref grid p) 0)
        p
        (ground grid (- p 7)))))
```

→*viergewinnt.lisp*

Wenn also p größer oder gleich 0 ist, dann ist *ground* $= p$, falls dort kein Stein ist und sonst *ground*$(p - 7)$. Wenn $p < 0$, dann gilt *ground* $= [\,]$.

Falls $p < 0$ gilt, ist die Spalte voll und das Ergebnis von `ground` ist `nil`. Falls an der Position p 0 steht, sind wir fertig und geben p zurück. Ansonsten geben wir den Wert von `ground` an der Positon $p - 7$, also eine Etage höher zurück.

Aufrufen kann man die Funktion mit einem der Indizes 35..41, also der tiefsten Zeile. Genau das tut die Funktion `drop`, mit der man einen Stein in das Gitter fallen lassen kann.

Da `drop` auch noch einen Zähler namens `*positions*` zu statistischen Zwecken immer um eins erhöhen soll, müssen wir diesen vorher definieren:

```
(defparameter *positions* 0)
```

→*viergewinnt.lisp*

Für das Hochzählen einer Variablen kennt COMMON LISP die Funktion `incf`.

```
(defun drop(grid stone column)
  (incf *positions*)
  (let* ((cgrid (copy-seq grid))
         (g (ground cgrid (+ (* 7 5) column))))
    (when g
      (setf (aref cgrid g) stone)
      cgrid)))
```

→*viergewinnt.lisp*

LET* arbeitet genau wie let, gestattet aber, dass sich nachfolgende Bindungen auf Vorhergehende beziehen dürfen. In der Funktion drop verwendet die Bindung der Variablen g die Variable cgrid, die im selben let* definiert wurde. Mit let wäre das nicht möglich, da let in einem virtuellen Sinne alle Bindungen *parallel anlegt*.

Zum Testen von drop geben wir nun folgende Anweisungen ein:

⨎

```
1  (setf *grid*
2       (drop
3        (drop
4         (drop
5          (drop
6           (make-array 42)
7          +circle+ 3)
8         +circle+ 5)
9        +cross+ 3)
10       +cross+ 3))
```

```
#(0 0 0 0 0 0 0 0 0 0 0 0 0 0 0 0 0 0 0 0 0 0 0 0 5
  0 0 0 0 0 0 5 0 0 0 0 0 0 1 0 1 0)
```

⨎

```
1  (print-grid *grid*)
```

```
-  -  -  -  -  -  -
-  -  -  -  -  -  -
-  -  -  -  -  -  -
-  -  -  X  -  -  -
-  -  -  X  -  -  -
-  -  -  O  -  O  -
1  2  3  4  5  6  7
```

10.3   Bedienerfunktionen

Nun benötigen wir noch ein wenig Bedienfunktionalität. Im Einzelnen sind das die Funktionen (x *Spalte*) und (o *Spalte*) , mit denen man Steine der beiden Parteien in das Gitter fallen lassen kann sowie die Funktion (new), um das Gitter zu leeren, um mit einem neuen Spiel zu beginnen

ƒ

```
 1  (defparameter *depth*    7)

 2

 3  (defun x(col)

 4    (assert (<= 1 col 7))

 5    (setf *grid* (drop *grid* +cross+ (1- col)))

 6    (print-grid *grid*)

 7    t)

 8

 9  (defun o(col)

10    (assert (<= 1 col 7))

11    (setf *grid* (drop *grid* +circle+ (1- col)))

12    (print-grid *grid*)

13    t)
```

→*viergewinnt.lisp*

10.4   Die Heuristik

Um mit dem noch folgenden α-β-Algorithmus arbeiten zu können, ist ein Maß erforderlich, dass uns sagt, wie „gut" eine Stellung ist. Dazu muss das Gitter durchforstet werden, wo sich Ketten von Steinen gleicher Farbe befinden und wo unvollständige Ketten sind, die noch zu einer Vierer-Reihe ergänzt werden können. Man nennt so eine Untersuchung manchmal auch *statische Abschätzung*, womit gesagt ist, dass sie den *dynamischen* Anteil des Spiels, also seine tatsächlichen Entwicklungsmöglichkeiten unter Einbezug aller Spielregeln nicht berücksichtigt werden.

Für diese Untersuchung kommt zum Tragen, warum das Symbol o mit 1 und das Symbol X mit 5 codiert wurde: Addiert man nämlich eine Reihe aus vier Steinen, so ergeben sich relevante Werte entsprechend Tab. 10.4.

Tab. 10.4 Bewertungen der Steinesummen

Vierer-Stellung	Summe	Punktzahl
Reihe mit einem O	1	−1
Reihe mit zwei O	2	−9
Reihe mit drei O	3	−99
Reihe mit vier O	4	−1000000
Reihe mit einem X	5	1
Reihe mit zwei X	10	9
Reihe mit vier X	20	99
Reihe mit drei X	15	1000000

Übersetzt in Lisp:

♪

```
1  (defparameter *scores*
2    (vector  0   1   9  99 1000000
3                -1   0   0   0 0
4                -9   0   0   0 0
5               -99   0   0   0 0
6           -1000000))
```

→*viergewinnt.lisp*

Alle anderen Summen bekommen 0 Punkte, da sie bedeuteten, dass an der betreffenden Stelle keine Vierer-Reihe mehr gebaut werden kann, da der Gegner schon eine dafür erforderliche Position besetzt hat (Die Summe 7 entspricht zum Beispiel einem X und zwei O und ist für beide Spieler wertlos).

Es gibt insgesamt 69 Positionen, an denen Vierer-Ketten errichtet werden können: 24 horizontale, 21 vertikale, 12 an fallenden und 12 an steigenden Diagonalen.

Diese Positionen sind nun alle zu prüfen, indem die Werte an den zugehörigen vier Positionen addiert werden und nach Tab. 10.4 (beziehungsweise letzter Quelltextabschnitt) Punkte vergeben werden.

Da wir später noch eine Funktion (wins *grid color*) benötigen werden, die sich ausschließlich darauf beschränkt, festzustellen, ob eine bestimmte Farbe eine Viererreihe hat, schicke ich deren Definition voraus. Die heuristische Funktion selbst ergibt sich dann als Erweiterung hiervon:

♪

```
1  (defparameter *phase*
2    ;; horizontal (dir east)
3    '(((0   1   2   3
4        7   8   9  10
5       14  15  16  17
6       21  22  23  24
7       28  29  30  31
8       35  36  37  38)
9      (0 1 2 3))
10    ;;vertical (dir south)
11    ((0   1   2   3   4   5   6
12       7   8   9  10  11  12  13
13      14  15  16  17  18  19  20)
14     (0 7 14 21))
15    ;;diagonal 1: SO
```

```
16      ((0   1   2   3
17        7   8   9  10
18       14  15  16  17)
19       (0  8 16 24))
20      ;;diagonal 2: SW
21      (( 3   4   5   6
22       10 11 12 13
23       17 18 19 20)
24       (0  6 12 18))))
```

→*viergewinnt.lisp*

ƒ

```
1 (defun wins (grid color)
2   (dolist (phase *phase*)
3     (dolist (start (car phase))
4       (if (= (* 4 color)
5              (reduce #'+ (cadr phase)
6                      :key
7                      (lambda (offset)
8                        (aref grid (+ start offset)))))
9           (return-from wins t)))))
```

→*viergewinnt.lisp*

Die Variable phase durchläuft die vierelementige Liste *PHASE* für horizontale, vertikale und zwei diagonale Lagen (in dieser Reihenfolge). Jeder dieser Einträge besteht aus zwei Teilen: den möglichen Startpositionen in (car phase) und den vier Inkrementen dazu in (cadr phase), die zu den vier zugehörigen Feldern gehören. In Phase 1 sind das die Inkremente $0, 1, 2, 3$, die zu den Feldern nach rechts führen.

Eine innere Schleife (dolist (i (car phase)) durchläuft dann die einzelnen Startpositionen und mit (reduce #'+ (cadr phase) ..) werden die betreffenden vier Steine aufaddiert. Falls diese Summe exakt vier Steinen der nachgefragten Farbe entspricht, verlassen wir die mit (return-from wins t) die Funktion und liefern t zurück. Ansonsten liefert wins den Wert nil.

ƒ

```
1 (defun heuristic (grid color depth)
2   (let ((sum 0))
3     (dolist (phase *phase*
4              (if (= 1 color) sum (- sum)))
```

```
5          (dolist (start (car phase))
6            (let ((z (reduce
7                      #'+ (cadr phase)
8                      :key
9                      (lambda (offset)
10                       (aref grid (+ start offset))))))
11          (if (= z (* 4 color))
12              (return-from heuristic
13                (- (+ 1000000 depth)))
14            (if (= z (* 4 (- 6 color)))
15                (return-from heuristic
16                  (+ 1000000 depth))))
17          (incf sum (aref *scores* z)))))))
```

→*viergewinnt.lisp*

Die Funktion heuristic arbeitet genauso, legt die „Steinesumme" aber in z ab und addiert die zu ihr gehörigen Werte aus scores in der Variablen sum auf. Die Rückgabe erfolgt dann als sum oder (- sum), abhängig davon, ob aus der Perspektive von X oder von O bewertet werden soll.

Außerdem gibt es noch eine Sonderabfrage auf eine Vierer-Reihe, mit der die Bewertung sofort abgebrochen werden kann. Dazu wird return-from verwendet. return-from übernimmt den Namen einer Funktion (hier heuristic) und einen Wert, der hier aus der negierten Summe von depth und 1000000 besteht.[5]

Ausgehend von der Stellung aus 10.2 liefert heuristic nun folgende Bewertung:

*

```
1  (heuristic *grid* 1 0)
```

```
   -4
```

Wirft man nun in die fünfte Spalte noch ein O hinein,

*

```
1  (setf *grid* (drop *grid* 1 4))
```

---

[5]Das hat den Sinn, dass eine Viererreihe, die im nächsten Zug vollendet wird, mehr Punkte bekommt als eine, die erst im übernächsten Zug oder noch später geschlossen wird. Macht man das nicht, dann laviert das Programm zu lange herum: anstatt eine Partie einfach mit Sieg zu beenden, versucht es sonst, unter Aufrechterhaltung der Gewinndrohung noch ein paar weitere Siegstellungen aufzumachen, in der falschen „Annahme", es hätte dann doppelt oder dreifach gewonnen. Der Zusammenhang wird klarer, sobald der Minimax-Algorithmus (Abschn. 10.5) erklärt ist.

```
#(0 0 0 0 0 0 0 0 0 0 0 0 0 0 0 0 0 0 0 0 0 0 0 0 0 5
  0 0 0 0 0 0 5 0 0 0 0 0 0 0 1 1 1 0)
```

entsteht diese Stellung:

⨏

```
ı (print-grid *grid*)
```

```
    -   -   -   -   -   -   -
    -   -   -   -   -   -   -
    -   -   -   -   -   -   -
    -   -   -   X   -   -   -
    -   -   -   X   -   -   -
    -   -   -   O   O   O   -
    1   2   3   4   5   6   7
```

O steht dann in deutlichem Vorteil und bekommt mehr Punkte: ⨏

```
ı (heuristic *grid* 1 0)
```

```
   186
```

```
   186
```

  Tatsächlich hätte O nach diesem Zug bereits das Spiel gewonnen, denn egal, ob X anschließend in Spalte 3 oder 7 wirft, kann O auf jeden Fall seine Reihe zu einer Vierer-Reihe ergänzen. Das allerdings kann die heuristische Funktion nicht erkennen, da sie nur versucht, rein statisch abzuschätzen. Die hierzu erforderliche dynamische Analyse leistet der nun folgende *Minimax-Algorithmus*.

10.5 Der α/β-Algorithmus

Die Spieler eines 2-Personen-Spiels müssen, um zu gewinnen, im Vorhinein überlegen, was für Möglichkeiten sie selbst haben, was für Erwiderungen der Gegner geben kann und was sie selbst wieder tun können. Routinierte Schachspieler sind durchaus in der Lage, 5 oder mehr Halbzüge[6] vorauszuberechnen. Genau das kann auch der sogenannte Minimax-Algorithmus, der hier vorstellet und anschließend in Lisp implementiert wird.

---

[6]Ein Halbzug ist der Zug eines einzelnen Spielers. Zwei Halbzüge bestehend aus Zug und Gegenzug ergeben einen ganzen Zug.

Tab. 10.5 Anzahl der zu
untersuchenden Stellungen bis
20 Halbzüge

Züge	Positionen
1	7
2	56
3	252
4	1260
5	4620
6	18480
7	59815
8	206780
9	605934
10	1869840
11	5038572
12	14164920
13	35459424
14	91871208
15	214864650
16	516936420
17	1134183050
18	2546423880
19	5252058812
20	11031780760

10.5.1 Der Minimax-Algorithmus

Der Minimax-Algorithmus, die Grundlage α/β-Algorithmus, ist nicht schwer zu verstehen: Die möglichen Entwicklungen eines Zweipersonen-Spiels, in dem die Spieler abwechselnd einen Zug ausführen, lässt sich, sofern das Spiel nach endlichen vielen Zügen entschieden ist, ideal als Baum darstellen. Dabei sind die inneren Knoten Spielstellungen und die Endknoten (oder „Blätter") die Endstellungen. Bei einem Spiel wie „Vier Gewinnt" gibt es nur drei Markierungen der Blätter, nämlich den Gewinn von X, den Gewinn von O und unentschieden.

Allerdings will es das Schicksal, dass wir im Computer das Spiel nicht bis zum Ende durchrechnen können ohne ungebührlich lange warten zu müssen. Wenn wir das trotzdem tun, so könnte unser Programm von vorne herein den Gewinn erzwingen.

Grund für die lange Rechenzeit ist die kombinatorische Explosion, derzufolge alleine die Vorausberechnung der ersten 10 Halbzüge schon 2 Millionen Knotenbewertungen erforderlich macht. Anhand Tab. 10.5 lässt sich das starke Wachstum der zu untersuchenden Positionen erkennen.

Abb. 10.2
Minimax-Algorithmus

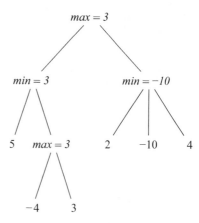

Die Gesamtzahl der Spielstellungen bei Vier Gewinnt beträgt laut einer Arbeit von Stefan Edelkamp und Peter Kissmann[7] 4.531.985.219.092, also rund 4,5 Billionen.

Anstatt alle Stellungen zu untersuchen, muss also stattdessen die Berechnung bei einer bestimmten Tiefe stoppen und kann darum nur einen kleineren Teil des Spielbaumes durchsuchen. Aus genau diesem Grund benötigen wir die oben entwickelte Funktion `heuristic`, mit der diese Stellungen, die keine Endstellungen nach dem Regelwerk des Spiels sondern nur die Blätter des untersuchten Teil des Spielbaums sind, dann bewertet werden.

In Abb. 10.2 ist ein Spielbaum für zwei Spieler *MAX* und *MIN* zu sehen. Dabei ist *MAX* am Zug. Unter den Blättern des Baumes stehen die Bewertungen der Endstellungen. Diese Bewertungen sind *absolute Bewertungen* in dem Sinne, dass der Spieler *MAX* große Werte und der Spieler *MIN* kleine Werte anstrebt.

Die einzigen Werte, die direkt festliegen, sind die Werte der Endstellungen [5, −4, 3, 2, −10, 4]. Um die Werte der inneren Knoten des Baumes und der Wurzel zu bestimmen, müssen diese Werte von den Blättern zur Wurzel hin, also von unten nach oben propagiert werden.

Da *MAX* größere Werte anstrebt, bekommt der Knoten oberhalb der mit −4 und 3 bewerteten Knoten den Wert 3. Aus diesen Stellungen würde nun *MIN* auswählen, wenn er müsste und bewertet die Werte der dritten Ebene folglich mit [5, 3] und [2, −10, 4]. Daraus würde nun wiederum *MIN* aussuchen und findet im linken Zweig dem Wert 3 und im rechten Zweig den Wert −10. Damit steht jetzt der beste Eröffnungszugfür

---

[7]Symbolic Classification of General Two-Player Games, http://www.tzi.de/~edelkamp/publications/conf/ki/EdelkampK08-1.pdf.

Abb. 10.3 Alpha-Schnitt

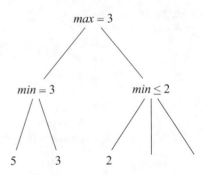

MAX fest: Er sollte den ersten Zug mit dem Wert 3 wählen, womit auch der Wert der Ausgangsstellung mit 3 festliegt.

Dieser Basis-Algorithmus trägt den Namen Minimax-Algorithmus.

10.5.2 α/β-Schnitte

So wie oben beschrieben wird allerdings zuviel gerechnet. Es kann in erheblichem Maß Rechenarbeit eingespart werden. Dazu betrachten wir Abb. 10.3

Hier müssen nicht alle fünf Endstellungen untersucht werden. Die Minimax-Werte des rechten und linken Unterbaumes (und damit die Entscheidung, welchen Zug MAX wählen soll), lassen sich mit weniger Aufwand berechnen. Nach der Berechnung des Wertes 3 für die erste Zugmöglichkeit von MAX wird zuerst der erste Gegenzug von MIN auf die zweite Zugmöglichkeit von Max berechnet und der Wert 2 gefunden. Da aber der Anziehende MAX für den ersten Unterbaum schon den Wert 3 gefunden hat, der zweite Unterbaum aber nicht mehr als 2 liefern wird, hat der Wert der beiden letzten (hier unbewerteten) Blätter keinen Einfluss mehr auf das Rechenergebnis. Daher wird der Spielbaum um zwei Äste beschnitten.

Eine allegorische Erläuterung für Schnitte wäre:

Ich führe Sie in meinen Weinkeller um Ihnen eine Flasche zu schenken. Dabei dürfen Sie ein Weinregal aussuchen und ich aus diesem dann die Flasche. Weil ich geizig bin, bekommen Sie den miesesten Wein aus dem von Ihnen gewählten Regal. Um nun Ihre Regalauswahl zu treffen, beginnen Sie bei Regal Eins und stellen zufrieden fest, dass der schlechteste Wein ein 2010er Châteauneuf-du-Pape ist. Nun machen Sie sich an das zweite Regal und bereits die zweite Flasche schmeckt scheußlich, weil sie Kork hat. Darauf hin müssen Sie sich nicht mehr durch den Rest von Regal Zwei hindurchprobieren, da Sie bei Wahl dieses Regals nichts Besseres als eben diesen korkigen Wein nach Hause tragen würden. Genau diese Überlegung ist ein Alpha-Schnitt.

Der Beta-Schnitt wiederum gehört zu der Situation, in der ich das *Weinregal* bestimme, aus dem Sie sich eine *Flasche* aussuchen sollen. Wenn ich gefunden habe, das das beste aus dem ersten Regal ein Mosel-Saar-Ruwer für €2,99 ist und ich bei der Untersuchung des

Abb. 10.4 Beta-Schnitt

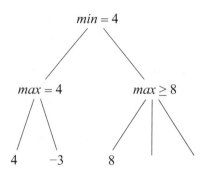

zweiten Regals auf den (korkfreien!) Châteauneuf-du-Pape von 2010 stoße, dann kann ich die Untersuchung abbrechen. Dieses Regal sollte ich nicht aussuchen, denn diese Flasche – oder was noch besseres sich in dem Regal finden könnte – möchte ich behalten (Auch, wenn ich zugeben muss, dass ich den Château Pétrus eine Etage tiefer auch gerne gekostet hätte).

Die Situation (Abb. 10.4) ist gewissermaßen *dual* zum Alpha-Schnitt. In einer Stellung in der *MIN* am Zug ist, wurde der Wert 4 für die erste Zugmöglichkeit ermittelt. Nachdem schon der erste Gegenzug auf die zweite Zugmöglichkeit von *MIN* eine 8 liefert, ist *MIN* klar, dass er diesen Unterbaum nicht anspielen wird, denn er weis, dass *MAX* mindestens 8 in diesem Unterbaum erreicht. Somit ist der Wert des Startknotens gleich dem des linken Unterbaumes, also 4.

10.5.3   Tiefe α/β-Schnitte und das α/β-Suchfenster

Diese beiden genannten Schnitte sind *flache* Schnitte. Mit etwas Überlegung kann man das Wissen um die α- und β- Werte eines Knotens weiter ausnutzen. Angenommen ein MIN-Knoten wird mit dem Wert $\alpha = 6$ untersucht. Zwei Etagen unter diesem Knoten sind wiederum alle Knoten MIN-Knoten. Wird hier nun der Wert eines Knotens mit 10 bestimmt, dann ist klar, dass dieser Wert, wenn er seinen Weg nach oben finden sollte, nicht an dem Wert $\alpha = 6$ zwei Etagen weiter oben vorbeikommen würde. Darum kann er die Bewertung des Wurzel-Knotens nicht beeinflussen. Die Bewertung dieses Knotens und der an ihm hängenden Zweige kann also gestoppt werden. Dies kann am einfachsten erreicht werden, indem der α-Wert eines Knotens zwei Etagen heruntergereicht wird. Mit dem β-Wert kann das Gleiche geschehen.

Dadurch bildet das Intervall $[\alpha, \beta]$ ein Wertefenster, dass sich von oben in die Äste hinein immer weiter zuzieht. Werte außerhalb dieses Intervalls müssen dann jeweils nicht berücksichtigt werden.

Untersuchungen zeigen, dass bei konsequenter Anwendung dieser Schnitte ein Spielbaum mit N Knoten herab auf bis zu $\sqrt{N}$ Knoten zusammengeschnitten werden kann,

1000.000 Knotenbewertungen also bis auf 1000 Knotenbewertungen eingedampft werden können (vgl. Reinefeld 1989). Eine erhebliche Beschleunigung!

In der Praxis muss man sich mit weniger begnügen, denn tatsächlich wird diese Beschleunigung nur erreicht, wenn alle Züge in der richtigen Reihenfolge betrachtet werden - also der Beste zuerst. Den aber versucht ja der Alpha-Beta-Algorithmus erst zu ermitteln. Trotzdem spart man Größenordnungen an Rechenzeit ein, wenn man dafür sorgt, dass zumindest *mutmaßlich* beste Züge zuerst untersucht werden. Ein Vorgehen, das intuitiv übrigens schon jedes Kind beherrscht, auch wenn es das formal nicht erklären kann.

Aus diesem Grund bauen wir die Funktion moves so, dass zentrale Würfe eher betrachtet werden, da diese regelmäßig mehr Möglichkeiten zur Bildung von Viererketten bieten. Die Spalten werden also beginnend mit der Zentralspalte 3 und dann immmer weiter nach außen hin untersucht. Dazu wählen wir die Untersuchungsfeihenfolge (3 4 2 5 1 6 0) anstatt der Kanonischen (0 1 2 3 4 5 6):

```
1  (defun moves (p)
2    (mapcan (lambda (x)
3            (if (= 0 (aref p x))
4                (list x)))
5          '(3 4 2 5 1 6 0)))
```

→*viergewinnt.lisp*

10.5.4 Rekursives Maximieren und Minimieren

Als ersten Schuss wählen wir für die Operationen *Maximieren und Minimieren einer Liste* $[h.R]$ zwei rekursive Funktionen max_0 und min_0 wie im Folgenden gezeigt. Aus Gründen der späteren Erweiterung um α/β-Schnitte wählen wir jetzt schon das Symbol α für den aktuellen Max-Wert und das Symbol β für den aktuellen Min-Wert.

Die Schreibweise

$$[h.R]$$

bezeichnet eine Liste mit dem Kopf (*car*) h und der Restliste (*cdr*) R. Es gilt also

$$[z.[]] = [z] \tag{10.4}$$

$$[x.[y.[z.[]]]] = [x.[y.[z]]] = [x.[y, z]] = [x, y, z] \tag{10.5}$$

Die Schreibweise bietet den Vorteil, dass man sich mit h und R direkt auf das *car* und *cdr* einer Liste beziehen kann und verkürzt die Darstellung.

$$max_0 : \mathbb{L} \times \mathbb{N} \to \mathbb{N} \tag{10.6}$$

$$max_0 : ([\,],\alpha) \mapsto \alpha \tag{10.7}$$

$$max_0 : ([h.R],\alpha) \mapsto \begin{cases} max_0(R,h) & h > \alpha \\ max_0(R,\alpha) & \text{sonst} \end{cases} \tag{10.8}$$

$$min_0 : \mathbb{L} \times \mathbb{N} \to \mathbb{N} \tag{10.9}$$

$$min_0 : ([\,],\beta) \mapsto \beta \tag{10.10}$$

$$min_0 : ([h.R],\beta) \mapsto \begin{cases} min_0(R,h) & h < \beta \\ min_0(R,\beta) & \text{sonst} \end{cases} \tag{10.11}$$

Diese lassen sich auch völlig problemlos in Lisp umschreiben:

```
1  (defun max0 (m alpha)
2  (if (null m)
3       alpha
4       (if (> (car m) alpha)
5           (max0 (cdr m) (car m))
6           (max0 (cdr m) alpha))))
```

MAX0

```
1  (max0 '(2 5 -3 8 6) -1000000)
```

8

Der Wert -1000000 ist der Initialwert für m. Während der Maximierung steht in dieser Variablen immer das aktuelle Maximum.

10.5.5 Erweiterung um β-Schnitt und α-Schnitt

Das ist eine einfache Erweiterung. Hinzu kommt bei MAX der Wert β, um den β-Schnitt zu ermöglichen (jeweils erster Fall) und bei MIN der Wert α für den α-Schnitt.

Mit dem Wert β wird gesagt, dass wir die Rekursion in die Werteliste abbrechen können, sobald ein Wert auftaucht, der β erreicht oder übersteigt. Mit β wird uns aus der darüber liegenden Minimierungsoperation gesagt:

„Ich bin schon mit anderen Zügen bis auf β heruntergekommen. Wenn du jetzt beim Maximieren höher als β kommst, wird das Ergebnis deiner Berechnung aus der Untersuchung herausfallen, weil ich schon eine bessere (kleinere) Alternative kenne."

Das Einzige, was hinzukommt, ist ein weiterer Fall für $\alpha \geq \beta$.

$$max_\beta :([], \beta, \alpha) \mapsto \alpha \tag{10.12}$$

$$max_\beta :([h.R], \beta, \alpha) \mapsto \begin{cases} \alpha & \text{für } \alpha \geq \beta \\ max_\beta(R, \beta, h) & \text{für } h > \alpha \\ max_\beta(R, \beta, \alpha) & \text{sonst} \end{cases} \tag{10.13}$$

Die Entsprechung für den α-Schnitt beim Mininimieren sieht so aus:

$$min_\alpha :([], \beta, \alpha) \mapsto \beta \tag{10.14}$$

$$min_\alpha :([h.R], \alpha, \beta) \mapsto \begin{cases} \beta & \text{für } \alpha \leq \beta \\ min_\alpha(R, \alpha, h) & \text{für } h > \alpha \\ min_\alpha(R, \alpha, \beta) & \text{sonst} \end{cases} \tag{10.15}$$

Bei min_α gilt: innerhalb ist β *keine* Schranke wie α sondern nur das aktuelle Maximum. Diese Benennung ergibt sich aus den Erläuterungen unter 10.5.3.

Dass der β-Schnitt funktioniert, davon können Sie sich direkt am Listener überzeugen:

```
1 (defun maxb (l beta alpha)
2 (if (or (> alpha beta) (null l))
3     alpha
4     (if (> (car l) alpha)
5         (maxb (cdr l) beta (car l))
6         (maxb (cdr l) beta alpha))))
```

MAXB

Wir rufen maxb nun mit den Wert beta = 4 und alpha = $-\infty$, was in unserem Fall am sinnvollsten mit dem Wert most-negative-fixnum angenähert werden kann. Er entspricht bei 32-Bit Implementierungen -2^{29} = $-536.870.912$ und bei 64-bit-implementierungen -2^{62} = $-4.611.686.018.427.387.904$, was ein guter Ersatz für $-\infty$ ist, wenn wir uns mit unseren eigenen Werten etwas davon fern halten.

```
⨎

₁ (maxb '(2 5 -3 8 6) 4 most-negative-fixnum))
```

```
5
```

Wie erwartet, wurde die Rekursion durch die Liste bei Erreichen von 8 abgebrochen und der bis dahin größte Wert 5 geliefert.

10.5.6 Der rekursive Abstieg in den Spielbaum

Diese obige Version namens max_β berechnet nur das Maximum einer Liste von Werten und steigt nicht rekursiv in den Spielbaum hinab. Bei unserer Spielbaumuntersuchung haben wir aber in der Liste M statt Werten nur mögliche Spielerzüge zur Verfügung, deren Bewertung erst noch (durch Rekursion) zu bestimmen ist.

Wir benötigen daher noch einen zusätzlichen technischen Apparat, um über Spielstellungen und Spielzüge sprechen zu können.

- P bezeichnet eine beliebige, legale Spielposition
- $moves(P)$ ist dann die Liste der legalen Züge aus einer Position P
- $drop(P, c, m)$ bezeichnet die Spielposition, die entsteht, wenn der Spielzug m in P ausgeführt wird

In Lisp haben wir dieses bereits unter den Namen `*grid*`, `moves` und `exec` zur Verfügung.

Für den rekursiven Abstieg müssen wir max_β zu einer Funktion aufbohren, die nicht mit einem *Wert* in h rechnet, sondern die Bewertung des *Zuges* in h durch die (rekursive) Bewertung der durch ihn entstehenden Stellung ermittelt. Deshalb ersetzen wir nun h durch einen Wert S („Score"), der aus dem *Abstieg in die nächste Ebene* stammt und den die noch zu definierende Funktion *worst* liefern wird:

$$S = worst(drop(P, h), \alpha, \beta) \tag{10.16}$$

Die neue Funktion heißt max_P und sie maximiert diese Größe S in einer Stellung P für eine Liste von Spielzügen $[h.R]$. Das tiefgestellte P soll andeuten, daß die Stellung P zwar von max_P verwendet wird, sich aber entlang der Rekursion nicht ändert. Es ist also nicht erforderlich, P als Parameter zu führen. P gehört aber als freie Variable zum Berechnungskontext.

$$max_P : ([\,], \beta, \alpha) \mapsto \alpha \tag{10.17}$$

$$max_P : ([h.R], \beta, \alpha) \mapsto \begin{cases} \alpha & \alpha \geq \beta \\ max_P(R, \beta, S) & S > \alpha \\ max_P(R, \beta, \alpha) & \text{sonst} \end{cases} \tag{10.18}$$

Im ersten Fall ist S zwar nicht definiert, wird aber auch nicht benötigt.

Die zur Berechnung von S herangezogene Funktion *worst* realisiert nun den Abstieg sowie den erforderlichen Rekursionsabbruch. Dabei bestimmt sie den „schlimmsten" und damit aus der Perspektive von *MIN* besten Gegenzug:

$$worst : (P, \alpha, \beta) \mapsto \begin{cases} heuristic(P) & P \text{ ist Endstellung} \\ min_P(moves(P), \alpha, \beta) & \text{sonst} \end{cases} \tag{10.19}$$

Wir können im Moment ignorieren, dass zur Bestimmung von S außer dem Schrankenwert α auch noch das aktuelle β übergeben wird. Warum das geschieht, erläutere ich weiter unten.

Und damit schließt sich der Kreis, denn die hier bezogene Funktion min_P ist nichts anderes als das Gegenstück zu max_P. Sie ist völlig identisch aufgebaut und sieht so aus:

$$min_P : ([], \alpha, \beta) \mapsto \beta \tag{10.20}$$

$$min_P : ([h.R], \alpha, \beta) \mapsto \begin{cases} \beta & \beta \leq \alpha \\ min_P(R, \alpha, S) & S < \beta \\ min_P(R, \alpha, \beta) & \text{sonst} \end{cases} \tag{10.21}$$

analog zu Gleichung (10.16) mit

$$S = best(drop(P, h), \beta, \alpha) \tag{10.22}$$

best ist das Pendant zu *worst*:

$$best : (P, \beta, \alpha) \mapsto \begin{cases} heuristic(P) & P \text{ ist Endstellung} \\ max_P(moves(P), \beta, \alpha) & \text{sonst} \end{cases} \tag{10.23}$$

Durch die zwei Funktionenpaare *best*, max_P und *worst*, min_P ist der Alpha-Beta-Algorithmus vollständig beschrieben. Die Bewertung V einer Stellung P ist jetzt gegeben durch:

$$V = best(P, \infty, -\infty) \tag{10.24}$$

Allerdings hat die Darstellung noch zwei kleine Schwächen:

1. *Das Kriterium „Endstellung" ist noch nicht präzisiert.*
   Man könnte dies beliebig aufwendig gestalten. In unserer Vier-Gewinnt-Implementierung werden wir aber einfach eine maximale Suchtiefe setzen und diese zur Erkennung einer Endstellung verwenden.
2. *Es muss sichergestellt werden, dass min_P und max_P sich auf die Position P beziehen dürfen.*
   max_P und min_P verwenden beide P, haben diesen Wert aber nicht als Parameter zur Verfügung. Die Lösung dessen besteht darin, max_P mit (labels((.. als lokale Funktion im Kontext der Funktion *best* zu definieren, die über diesen Wert verfügt, und min_P analog dazu im Kontext der Funktion *worst*.

Übersetzt in COMMON LISP gelangen wir zu folgenden zwei Definitionen:

```lisp
(defun best (p beta alpha height)
  (labels ((maxp (m beta alpha)
             (if (or (>= alpha beta) (null m))
                 alpha
                 (let ((s (worst (drop p (car m))
                                 alpha beta (1- height))))
                   (if (> s alpha)
                       (maxp (cdr m) beta s)
                       (maxp (cdr m) beta alpha))))))
    (if (= height 0)
        (heuristic p)
        (maxp (moves p) beta alpha))))
```

```lisp
(defun worst (p alpha beta height)
  (labels ((minp (m alpha beta)
             (if (or (<= beta alpha) (null m))
                 beta
                 (let ((s (best (drop p (car m))
                                beta alpha (1- height))))
                   (if (<= s beta)
                       (maxp (cdr m) alpha s)
                       (maxp (cdr m) alpha beta))))))
    (if (= height 0)
        (heuristic p)
        (minp (moves p) alpha beta))))
```

10.5.7 Ableitung der Negamax-Darstellung des α/β-Algorithmus

Aufgrund der strukturellen Gleichheit beider Definitionen liegt der Gedanke nahe, diese zu einer Einzigen zusammenzuführen. Den Schlüssel dazu liefert die simple Einsicht, dass für Zahlen $a_1, a_2, .., a_n$ gilt

Theorem 10.1. *(min und max)*

$$-min(a_1, a_2, a_3, \ldots, a_n) = max(-a_1, -a_2, -a_3, .., -a_n)$$

Man erhält also die kleinste Zahl einer Liste von Zahlen indem man bei allen Zahlen das Vorzeichen umdreht, dann das Maximum sucht und von diesem wieder das Vorzeichen umdreht. Da nun die Funktion best maximiert, die Funktion worst minimiert und die Spieler die Auszahlung genau vorzeichenverkehrt vornehmen (Nullsummenspiel!), bietet es sich an, zu versuchen, die Definition von worst so umzubauen, dass sie zur Definition von best *kongruent* wird.

Ob es zulässig ist, dies auch für das Funktionenpaar max_P und min_P zu fordern, weisen wir anhand des Funktionspaares max_β und min_α nach.

Theorem 10.2. *(min_α und max_β)*

$$-min_\alpha(M, \beta, \alpha) = max_\beta(M, -\beta, -\alpha)$$

Beweis.

$$max_\beta([h.R], -\beta, -\alpha) = \begin{cases} -\alpha & \text{für } -\alpha \geq -\beta \\ max_\beta(R, -\beta, -s) & \text{für } -s > -\alpha \\ max_\beta(R, -\beta, -\alpha) & \text{sonst} \end{cases} \quad (10.25)$$

$$= \begin{cases} -\alpha & \text{für } \alpha \leq \beta \\ max_\beta(R, -\beta, -s) & \text{für } s < \alpha \\ max_\beta(R, -\beta, -\alpha) & \text{sonst} \end{cases} \quad (10.26)$$

$$= \begin{cases} -\alpha & \text{für } \alpha \leq \beta \\ -min_\alpha(R, \beta, s) & \text{für } s < \alpha \\ -min_\alpha(R, \beta, \alpha) & \text{sonst} \end{cases} \quad (10.27)$$

$$= -min_\alpha([h.R], \beta, \alpha) \;\square \quad (10.28)$$

Theorem 10.3 *(worst und best).*

$$worst(P, \alpha, \beta) = -best(P, -\beta, -\alpha)$$

Beweis. Diese Beziehung folgt aus obiger Gleichheit auf folgende Art und Weise:

$$worst(P, \alpha, \beta) = \begin{cases} heuristic(P) & P \text{ Endstellung} \\ min_P(moves(P), \alpha, \beta) & \text{sonst} \end{cases} \tag{10.29}$$

$$= \begin{cases} -heuristic(P) & P \text{ Endstellung} \\ -max_P(moves(P), -\alpha, -\beta) & \text{sonst} \end{cases} \tag{10.30}$$

$$= -best(P, -\beta, -\alpha) \; \square \tag{10.31}$$

mit

$$S = -best(drop(P, car[M]), -\beta, -\alpha)$$

falls wir dafür sorgen können, dass *heuristic*(P) das Vorzeichen umdreht, wenn Spielstellungen bewertet werden, in denen der Spieler *MIN* am Zug ist. Diese Forderung ist aber leicht zu erfüllen.

Um zu verstehen, wie die letzte Zeile (10.30) zustandekommt, betrachte man (10.23) und überlege sich, wie die Parameter übergeben werden müssen, damit der Aufruf passt.

10.6 Die Negamax-Funktion in COMMON LISP

Durch diese Äquivalenz schrumpft der Code für den Alpha-Beta-Algorithmus auf die Hälfte zusammen und es bleibt nur die Funktion *best* mit der lokalen Funktion *max$_P$* übrig.

1. Zusätzlich müssen wir allerdings noch den Fall in Betracht ziehen, dass es keinen legalen Zug mehr gibt, also das Gitter voll ist. In diesem Fall liefert die Funktion `drop` keine Nachfolgestellung sondern `nil` zurück. Welche Bewertung dann erfolgen sollte, ist eine Ermessensfrage. Theoretisch müsste die Bewertung 0 für Remis erfolgen. Wir wollen aber, dass das Programm gewinnen „will" und bewerten diesen Fall deswegen als Verlust.
2. In dem Fall, in dem eine Endstellung auftaucht, darf die Analyse nicht weiter vertieft werden, weil es sonst passieren kann, dass die Vollendung einer Viererreihe des einen Spielers gegen die Vollendung einer Viererreihe des anderen Spielers im folgenden Halbzug verrechnet wird und damit eine falsche Bewertung zustandekommt. Um das festzustellen, müssen wir nur unsere Funktion `heuristic` aufrufen, die solche Fälle erkennt und deren Bewertung zurückgeben.
3. Der Parameter β ist innerhalb der Funktion *max$_p$* als gebundene Variable überflüssig und kann deshalb gestrichen werden. Die Funktionen kann diese Variablen als innerhalb der kombinierten Funktion *worst/best* gebundene Variablen mitverwenden.

Wir gelangen damit zu folgender Darstellung:

```
  (defun best/worst (p alpha beta height)
    (labels ((maxp (m alpha)
               (if (or (>= alpha beta) (null m))
                 alpha
                 (let ((s (- (best/worst
                               (drop p (car m))
                               (- beta)
                               (- alpha)
                               (1- height)))))
                   (if (> s alpha)
                       (maxp (cdr m) s)
                       (maxp (cdr m) alpha))))))
      (if (= height 0)
          (heuristic p)
          (maxp (moves p) (- beta) (- alpha)))))
```

Es fehlt noch die Übergabe des besten Zuges und der Umgang mit der Farbe. Die Farbe wird einfach als zusätzlicher Parameter eingeführt. Für den besten Zug benutzen wir die Funktion `values` um ihn zusammen mit der Bewertung als *Mehrfachwert* nach oben zu reichen:

```
  (defun best/worst (p COLOR alpha beta height)
    (labels ((maxp (m BEST-COLUMN alpha)
               (if (or (>= alpha beta) (null m))
                 (VALUES alpha BEST-COLUMN)
                 (let ((s (- (best/worst
                               (drop p COLOR (car m))
                               (- 6 COLOR)
                               (- beta)
                               (- alpha)
                               (1- height)))))
                   (if (> s alpha)
                       (maxp (cdr m) (CAR M) s)
                       (maxp (cdr m) BEST-COLUMN
                             alpha))))))
      (if (wins p (- 6 color))
          (- (+ 1000000 height))
          (if (= height 0)
```

```
18        (heuristic p COLOR HEIGHT)
19        (maxp (moves p) 0 alpha)))))
```

→*viergewinnt.lisp*

Damit ist die „Künstliche Intelligenz" für das Vier-Gewinnt-Programm fertig.

Das alles ist jetzt natürlich ein extremes Beispiel einer umfassenden Voruntersuchung eines Algorithmus. Aber bei funktionaler Programmierung – und davon handelt dieses Buch – liegt so ein Vorgehen nahe und es birgt den Vorteil, zu einer direkt einsetzbaren Implementierung zu gelangen. Viel Code ist gerade bei verwickelten Sachverhalten wie diesem immer schlecht und auch darum ist die ganze Arbeit gerechtfertigt.

Aus der Funktion best/worst bauen wir noch eine Funktion (c *color*), mit der wir Lisp auffordern können, einen Zug auszuführen. Mit dem optionalen Parameter *color* haben wir die Möglichkeit, Lisp zur Berechnung eines Zuges für X (also für den Spieler) zu veranlassen. Per default ist dieser Parameter mit dem Wert +circle+ belegt, da der Computer die 0-Steine spielen soll:

```
1    (defun c (&optional (color +circle+))
2      (setf *positions* 0)
3      (multiple-value-bind (value move)
4          (best/worst *grid* color most-negative-fixnum
5                       most-positive-fixnum *depth*)
6        (format t
7                "~A positions examinated.
8  best move is ~A with score ~A~%~%."
9                *positions* (1+ move) value)
10       (setf *grid* (drop *grid* color move))
11       (print-grid *grid*)
12       (values value move)))
```

→*viergewinnt.lisp*

10.7   Eine Beispielpartie

Das ist schon alles. Ganze 134 Code-Zeilen sind zusammengekommen, um Lisp beizubringen, „Vier Gewinnt" zu spielen.

Beginnen wir also mit einer Partie:

```
1  CL-USER> (new)

   #(0 0 0 0 0 0 0 0 0 0 0 0 0 0 0 0 0 0 0 0 0 0 0 0 0 0 0
     0 0 0 0 0 0 0 0 0 0 0 0 0 0 0)
```

ϟ

ι (print-grid)

```
    -   -   -   -   -   -   -
    -   -   -   -   -   -   -
    -   -   -   -   -   -   -
    -   -   -   -   -   -   -
    -   -   -   -   -   -   -
    -   -   -   -   -   -   -
    1   2   3   4   5   6   7
```

NIL

Da wir als menschliche Spieler viel langsamer kombinieren und deswegen im Nachteil sind, beginnen wir selber mit dem ersten Zug. Diesen setzen wir in die Mitte des Gitters, also an die Position 4.

ϟ

ι (x 4)

```
    -   -   -   -   -   -   -
    -   -   -   -   -   -   -
    -   -   -   -   -   -   -
    -   -   -   -   -   -   -
    -   -   -   -   -   -   -
    -   -   -   X   -   -   -
    1   2   3   4   5   6   7
```

T

Nun soll unser Gegner ziehen. Dafür ist die Funktion c da:

ϟ

ι (c)

```
7948 positions examinated.
best move is 4 with score 12
```

```
    -   -   -   -   -   -   -
    -   -   -   -   -   -   -
    -   -   -   -   -   -   -
```

```
    -   -   -   -   -   -   -
    -   -   -   O   -   -   -
    -   -   -   X   -   -   -
    1   2   3   4   5   6   7
```

12

Die Antwort ist nicht verwunderlich. Die Felder in der Mitte sind besonders ausbaufä-
hig.

⚡

ı (x 5)

```
    -   -   -   -   -   -   -
    -   -   -   -   -   -   -
    -   -   -   -   -   -   -
    -   -   -   -   -   -   -
    -   -   -   O   -   -   -
    -   -   -   X   X   -   -
    1   2   3   4   5   6   7
```

T

Auf diese Weise kann man Anfänger leicht reinlegen. Wenn unser Programm jetzt nicht
in 3 oder 6 wirft, dann hat es verloren. . .

⚡

ı (c)

```
27183 positions examined.
best move is 6 with score 24
```

```
    -   -   -   -   -   -   -
    -   -   -   -   -   -   -
    -   -   -   -   -   -   -
    -   -   -   -   -   -   -
    -   -   -   O   -   -   -
    -   -   -   X   X   O   -
    1   2   3   4   5   6   7
```

24

. . . das war wohl etwas zu leicht.

Bauen wir als jetzt mal etwas nach oben:

↯

ı (x 5)

```
    -   -   -   -   -   -   -
    -   -   -   -   -   -   -
    -   -   -   -   -   -   -
    -   -   -   -   -   -   -
    -   -   -   O   X   -   -
    -   -   -   X   X   O   -
    1   2   3   4   5   6   7
```

    T

Der Zug ist schlüssig, aber nur der Position des Steines und seinen (in der Zukunft liegenden) Anbaumöglichkeiten geschuldet. Denn mit der nach rechts steigenden Diagonalen
aus vier Steinen wird X auf jeden Fall eher fertig als O.

↯

ı (c)

```
15934 positions examined.
best move is 5 with score 42
```

```
    -   -   -   -   -   -   -
    -   -   -   -   -   -   -
    -   -   -   -   -   -   -
    -   -   -   -   O   -   -
    -   -   -   O   X   -   -
    -   -   -   X   X   O   -
    1   2   3   4   5   6   7
```

    42

↯

ı (x 4)

```
    -   -   -   -   -   -   -
    -   -   -   -   -   -   -
    -   -   -   -   -   -   -
```

```
-   -   -   X   O   -   -
-   -   -   O   X   -   -
-   -   -   X   X   O   -
1   2   3   4   5   6   7
```

T

ƒ

ı (c)

```
17604 positions examinated.
best move is 3 with score 81
```

```
-   -   -   -   -   -   -
-   -   -   -   -   -   -
-   -   -   -   -   -   -
-   -   -   X   O   -   -
-   -   -   O   X   -   -
-   -   O   X   X   O   -
1   2   3   4   5   6   7
```

81

ƒ

ı ı(x 3)

```
-   -   -   -   -   -   -
-   -   -   -   -   -   -
-   -   -   -   -   -   -
-   -   -   X   O   -   -
-   -   X   O   X   -   -
-   -   O   X   X   O   -
1   2   3   4   5   6   7
```

T

ϟ

ι (c)

```
10518 positions examined.
best move is 5 with score 158

    -   -   -   -   -   -   -
    -   -   -   -   -   -   -
    -   -   -   -   O   -   -
    -   -   -   X   O   -   -
    -   -   X   O   X   -   -
    -   -   O   X   X   O   -
    1   2   3   4   5   6   7

   158
```

ϟ

ι (x 3)

```
    -   -   -   -   -   -   -
    -   -   -   -   -   -   -
    -   -   -   -   O   -   -
    -   -   X   X   O   -   -
    -   -   X   O   X   -   -
    -   -   O   X   X   O   -
    1   2   3   4   5   6   7

   T
```

ϟ

ι (c)

```
6685 positions examined.
best move is 4 with score 313

    -   -   -   -   -   -   -
    -   -   -   -   -   -   -
    -   -   -   O   O   -   -
    -   -   X   X   O   -   -
    -   -   X   O   X   -   -
    -   -   O   X   X   O   -
    1   2   3   4   5   6   7

   313
```

↯

ι (x 3)

```
      -   -   -   -   -   -   -
      -   -   -   -   -   -   -
      -   -   X   O   O   -   -
      -   -   X   X   O   -   -
      -   -   X   O   X   -   -
      -   -   O   X   X   O   -
      1   2   3   4   5   6   7
```

T

↯

ι (c)

```
6952 positions examinated.
best move is 3 with score 388
```

```
      -   -   -   -   -   -   -
      -   -   O   -   -   -   -
      -   -   X   O   O   -   -
      -   -   X   X   O   -   -
      -   -   X   O   X   -   -
      -   -   O   X   X   O   -
      1   2   3   4   5   6   7
```

388

Das zwingt uns jetzt in Spalte 6.

↯

ι (x 6)

```
      -   -   -   -   -   -   -
      -   -   O   -   -   -   -
      -   -   X   O   O   -   -
      -   -   X   X   O   -   -
      -   -   X   O   X   X   -
      -   -   O   X   X   O   -
      1   2   3   4   5   6   7
```

T

ɟ

₁ (c)


```
5147 positions examined.
best move is 4 with score 1000000


    -   -   -   -   -   -   -
    -   -   O   O   -   -   -
    -   -   X   O   O   -   -
    -   -   X   X   O   -   -
    -   -   X   O   X   X   -
    -   -   O   X   X   O   -
    1   2   3   4   5   6   7
```


1000000

Wir bekommen einen Verlust prognostiziert, der in spätestens 6 Halbzügen stattfinden wird. Das ist die Bedeutung des Bewertungsergebnisses 100000 und der Tatsache, dass dieser Wert zum ersten Mal auftaucht während wir mit einer Analysetiefe von 6 Halbzügen rechnen lassen.

Zunächst müssen wir aber Spalte 3 werfen, um die direkte Falle abzuwenden:

ɟ

₁ (x 3)


```
    -   -   X   -   -   -   -
    -   -   O   O   -   -   -
    -   -   X   O   O   -   -
    -   -   X   X   O   -   -
    -   -   X   O   X   X   -
    -   -   O   X   X   O   -
    1   2   3   4   5   6   7
```


T

ɟ

₁ (c)


```
1671 positions examined.
best move is 5 with score 1000002
```

```
    -   -   X   -   -   -   -
    -   -   O   O   O   -   -
    -   -   X   O   O   -   -
    -   -   X   X   O   -   -
    -   -   X   O   X   X   -
    -   -   O   X   X   O   -
    1   2   3   4   5   6   7
```

1000002

Die Vollendung zweier Reihen liegen nun direkt übereinander. Da ist nichts mehr zu machen. Der nächste Zug ist erstmal erzwungen:

⚡

ı (x 5)

```
    -   -   X   -   X   -   -
    -   -   O   O   O   -   -
    -   -   X   O   O   -   -
    -   -   X   X   O   -   -
    -   -   X   O   X   X   -
    -   -   O   X   X   O   -
    1   2   3   4   5   6   7
```

    T

⚡

ı (c)

543 positions examined.
best move is 6 with score 1000004

```
    -   -   X   -   X   -   -
    -   -   O   O   O   -   -
    -   -   X   O   O   -   -
    -   -   X   X   O   O   -
    -   -   X   O   X   X   -
    -   -   O   X   X   O   -
    1   2   3   4   5   6   7
```

1000004

Wir können aufgeben. Wir müssten Spalte 6 werfen, was ebenfalls mit Spalte 6 und Sieg beantwortet werden würde.

SBCL erzeugt trotz der dynamischen Typisierung von COMMON LISP außerordentlich guten Code. Dadurch kann Lisp in kurzer Zeit sehr tief in den Spielbaum absteigen, sodass der menschliche Gegner kaum Chancen hat, wenn er nicht über sehr viel Erfahrung in diesem Spiel verfügt.

Die Funktion `best/worst`, die den eigentlichen Suchalgorithmus enthält, lässt sich übrigens ohne besondere Modifikation für alle möglichen Zweipersonenspiele verwenden. Als Programmierübung bietet sich eventuell das Spiel *Reversi* an. Aber auch an Schach können Sie sich versuchen.[8]

Barski (2011) beschäftigt sich ausführlich mit der Spieleprogrammierung in COMMON LISP. Auch der α/β-Algorithmus wird darin behandelt.

Wir werden im Abschn. 14.3.2 noch einmal auf Vier Gewinnt zurückkommen und den Minimax-Algorithmus als sogenannten *Hylomorphismus* darstellen.

10.8   Ergebnisse

- Der Basis-Algorithmus zur Spielbaumsuche in Zweipersonen-Nullsummen-Spielen ist der Minimax-Algorithmus. Er arbeitet bereits korrekt, ist aber ineffizient. Um α/β-Schnitte erweitert wird aus diesem der α/β-Algorithmus, der deutlich schneller arbeitet.
- Eine Vereinfachung stellt seine Negamax-Variante dar, die durch Vorzeichenwechsel zwischen den Baumebenen erreicht, dass für den MIN- und den MAX-Spieler kein unterschiedlicher Code erforderlich ist.
- Da der Spielbaum aufgrund seiner Größe nicht bis zu den Endstellungen durchgerechnet werden kann, wird die Analyse in einer vorgegebenen Tiefe abgebrochen und die dort vorliegenden Stellungen heuristisch bewertet.
- Der α/β-Algorithmus ist für alle Zweipersonen-Nullsummenspiele mit voller Information geeignet.

10.9   Übungen

10.1. Für die Heuristik haben wir O mit 1 kodiert und X mit 5, um für Summen aus jeweils 4 Steinen eindeutige Werte zu erhalten, die uns sagen, wieviele X und vieviele O in der betreffenden Reihe sind. Schlagen Sie ein ähnliche Kodierung für das Spiel „Fünf Gewinnt" vor!

---

[8]Ein ordentlich spielendes Schachprogramm können Sie sich von meiner Website unter https://github.com/iqool/chennnai herunterladen. Es ist innerhalb einer einzigen Woche in COMMON LISP entstanden und benutzt CLOS.

10.2. Wie sähe eine Kodierung für „Vier Gewinnt" aus, wenn zu dritt gespielt würde, mit den Steinen X, O und I?

Literatur

Barski, C. (2011). *Land of Lisp*. No Starch Press. Gute und unterhaltsame Einführung in Common Lisp.

Reinefeld, A. (1989). *Spielbaum-Suchverfahren*. Springer. Eingehende Diskussion verschiedener Algorithmen für Zwei-Personen-Spiele.

von Neumann, J. (1928). Zur Theorie der Gesellschaftsspiele. In *Mathematische Annalen, Band 100*, pages 295–320.

Teil III

Algebraische Methodik

In diesem zweiten Aufschlag zur funktionalen Programmierung werden Programmiermuster und deren Kompositionen untersucht. Ausgehend von Abstraktionen, deren Sinn es ist, verwandte, rekursive Verarbeitungsmuster auf ein gemeinsames Muster abzubilden, können auch komplexere Programme durch Komposition erstellt werden. Denn ähnlich den in der objektorientierten Programmierung populären Design-Patterns, die verschiedene Ablauforganisationen umsetzen, kennt die funktionale Programmierung Muster, die durch Dekomposition oder Abstraktion von Programmen zu Tage treten. Die Schwartz'sche Transformation und die Applikative Programmierung bei J.Backus bilden den Auftakt. Nach einer formalen Einführung in die Kategorientheorie erfolgt deren praktische Anwendung. Mit diesem Rüstzeug erfolgt schließlich im Kap. 14 die Darstellung des Minimax-Algorithmus aus Kap. 10 als sogenannter Hylomorphismus. *Im letzten Kapitel wird noch der Y-Kombinator vorgestellt, der Rekursionen gewissermaßen „aus der hohlen Hand" ermöglicht.*

Schwartz'sche Transformation

11

Zusammenfassung

Ein einfaches Beispiel für die algebraische Komposition von Funktionen zu einem nützlichen Programm stellt die Schwartz'sche[1] Transformation *dar, die es in der „Programming Republic of Perl"[2] zu relativer Bekanntheit gebracht hat. Die Transformation selbst war laut Wikipedia ursprünglich ein LISP-Idiom mit dem Namen* decorate-sort-undecorate. *Dieses Kapitel stellt ein einfaches Beispiel der Idee vor, Computerprogramme algebraisch zu erstellen.*

Worum geht es? Will man zum Beispiel ein Array von Strings nach deren Länge sortieren, wie etwa die 114 Suren des Korans, dann würde man in Perl eine Funktion mit zwei Parametern bereitstellen, die zwei Strings übernimmt, deren Länge bestimmt, vergleicht und schließlich −1, 0 oder 1 zurückgibt. Je nachdem, ob der erste String kürzer, länger oder gleich lang wie der zweite String ist. Diese Funktion kann man als Vergleichsoperator zusammen mit dem zu sortierenden Array an eine Sortierfunktion übergeben, die dann ein bezüglich dieser Vergleichsoperation sortiertes Array zurückgibt.

Diese Vorgehensweise hat den Nachteil, dass die Länge einzelner Strings mehr als einmal bestimmmt wird, weil das Ergebnis der Längenbestimmung nicht aufbewahrt, sondern bei jedem Vergleich neu ermittelt wird.

Dem kann man begegnen, indem man ein für alle Mal die Längen aller Strings bestimmt und zusammen mit diesen in einem neuen („dekorierten") Array speichert, dieses anhand dieser Längenangaben sortiert und schließlich aus dem sortierten und „dekorierten" Array

---

[1] Nach Randal L.Schwartz, US-amerikanischer Programmierer, *1961
[2] Scherzhafte Selbstbezeichnung der Perl-Community.

© Springer Fachmedien Wiesbaden 2016
P.M. Krusenotto, *Funktionale Programmierung und Metaprogrammierung,*
DOI 10.1007/978-3-658-13744-1_11

wieder ein „undekoriertes" Array errechnet. Dieses Array ist dann das Ergebnis der Sortierung.

Das „Dekorieren" und „Undekorieren" erledigt man mit der Perl-Funktion map[3] und dazwischen das Sortieren mit sort.

In Perl sieht das so aus:

```
1  @sorted = map  { $_->[0] }                    # remove length
2           sort { $a->[1] <=> $b->[1] }         # numeric comp.
3           map  { [$_, length($_)] }            # string length
4                @unsorted;
```

Es handelt sich bei dieser Anweisung um eine einzige Zuweisung und sie muss von unten nach oben gelesen werden. Beginnend mit dem unsortierten Array @unsorted wird (Zeile 3) mittels map ein Array aus Paaren von String und Länge errechnet, dieses an sort übergeben, das die Länge (erreichbar unter Index 1) zum Vergleich benutzt. Das Ergebnis der Sortierung wird mit map wieder zu einem Array (Zeile 1) von Strings gewandelt und dieses schließlich der Variablen @sorted zugewiesen.

Analog dazu arbeitet die folgende S-Expression in COMMON LISP.

```
1  (mapcar #'cdr
2       (sort
3        (mapcar (lambda (x) (cons (length x) x))
4               '("alpha"  "beta" "gamma" "psi" ))
5        (lambda(a b)  (< (car a) (car b))))))
```

Da in COMMON LISP sort das Sortierungsprädikat als zweites (und nicht wie Perl als erstes) Argument übernimmt, beginnt der Prozess in der 3. Zeile: die zu sortierende Liste wird mit mapcar und der Funktion

```
1  (lambda (x)
2    (cons (length x) x))
```

dekoriert, indem vor jedes einzelne Listenelement mit cons seine Länge angefügt wird. Diese dekorierte Liste wird an sort übergeben und von sort mit dem Prädikat

```
1  (lambda (a b)
2    (< (car a) (car b)))
```

(letzte Zeile) sortiert, das die beiden *cars* der Elemente, nämlich die String-Länge, zu Rate zieht. Anschließend werden mit mapcar und der Funktion #'cdr (1. Zeile) diese Längenangaben wieder weggeworfen. Das Ergebnis ist dann wie erwartet:

```
("psi" "beta" "alpha" "gamma")
```

---

[3] Vergleichbar mit =mapcar=.

Abstrahiert man nun diesen Aufruf nach der Vergleichsfunktion und nennt diese com-
pare sowie nach dem Zugriffsschlüssel und nennt diesen key, dann gelangt man zu
dieser Definition:

✂

```
1  (defun decorate-sort-undecorate (key compare list)
2    (mapcar #'cdr
3          (sort
4            (mapcar (lambda (x)
5                      (cons (funcall key x) x))
6                  list)
7            (lambda (a b)
8              (funcall compare (car a) (car b)))))))
```

DECORATE-SORT-UNDECORATE

Sie ist dann für das obige Beispiel mit den griechischen Buchstaben so aufzurufen:

✂

```
1  (decorate-sort-undecorate
2  #'length
3  #'<
4  '("alpha" "beta" "gamma" "psi" ))
```

("psi" "beta" "alpha" "gamma")

decorate-sort-undecorate ist ein einfaches Beispiel für eine Berechnung, die
mit funktionaler Programmierung in wenigen Zeilen das ausdrückt, was Sie sich woanders
mit einer ganzen Menge Code wortreich zusammmenprogrammieren müssen.

Darstellung mit compose

Das Schema entspricht der Funktionskomposition der Funktionen $d : \mathbb{S}^n \to (\mathbb{S} \times \mathbb{N})^n$
(decorate), $s : (\mathbb{S} \times \mathbb{N})^n \to (\mathbb{S} \times \mathbb{N})^n$ (sort) und $u : (\mathbb{S} \times \mathbb{N})^n \to \mathbb{S}^n$ (undecorate) mit
der Eigenschaft $u \circ d = id_{\mathbb{S}^n}$ zu einer einzigen Funktion S:

$$S = u \circ s \circ d \qquad (11.1)$$

(Fortsetzung)

```
ℓ
1 (funcall
2  (compose (lambda (l) (mapcar #'cdr l))
3            (lambda (l) (sort l (lambda (a b)
4.                                 (< (car a) (car b)))))
5            (lambda (l) (mapcar (lambda (x)
6                                  (cons (length x) x)) l)))
7  '("alpha"  "beta" "gamma" "psi" ))

   ("psi" "beta" "alpha" "gamma")
```

decorate-sort-undecorate hat früh Einzug in die praktische Programmierung gefunden, da dieses Schema einen echten Performance-Vorteil gegenüber dem normalen sort bietet.

Das erklärt sich schnell durch folgenden Versuch, bei dem wir bei jeder Schlüsselbestimmung eine print-Ausgabe machen:

```
ℓ
1 (decorate-sort-undecorate
2  (lambda (x) (print (length x)))
3  #'<
4  '("alpha"  "beta" "gamma" "psi" ))

   5
   4
   5
   3
   ("psi" "beta" "alpha" "gamma")
```

decorate-sort-undecorate bestimmt also wie erwartet jeden Sortierschlüssel genau einmal. Wie verhält es sich nun mit dem normalen sort?

```
ℓ
1 (sort (list "alpha"  "beta" "gamma" "psi" ) #'<
2       :key (lambda (x) (print (length x))))

   4
   5
   3
```

```
5
4
3
5
5
```

`sort` hat also acht mal eine String-Länge bestimmt. Je nachdem, wie komplex die Ermittlung des Sortierschlüssels ist, sollte man also `decorate-sort-undecorate` den Vorzug geben. Als Hinweis mag dienen, dass `sort` bei *n* Elementen etwa

$$k = n \cdot ln(n)$$

Schlüssel bestimmen muss. Bei 1000 Elementen also ungefähr 7000. Das scheint sich auch so fortzusetzen:

```
1  (dolist (k '(10 100 1000 10000))
2    (let ((n 0))
3      (sort (let ((l))
4               (dotimes (i k l)
5                 (push (random 10000000) l)))
6            #'<
7            :key (lambda (x) (incf n) x))
8      (print (list k n)))))
```

```
(10 33)
(100 706)
(1000 10643)
(10000 138563)
```

Das *Cachen* der Textlängen lohnt sich also auf jeden Fall und beschleunigt die Verarbeitung. Die Betrachtungsweise des Sortierens als Funktion ermöglicht es uns, zusammen mit den mit den Funktionen *decorate* und *undecorate* die eine schnellere Sortierfunktion durch Funktionskomposition zusammenzusetzen, ohne dabei die Transparenz des Verfahrens zu beeinträchtigen.

In diesem Buchteil zur algebraischen Methodik werden wir diese Sichtweise auf Prozesse weiter untersuchen.

11.1   Ergebnisse

- Das Beispiel „Schwartz'sche Transformation" zeigt, dass die algebraische Betrachungsweise es gestattet, fachliche und technische Anforderungen an Programme voll zu bedienen und gleichzeitig eine hohe Transparenz der Abläufe zu erzielen.
- In diesem Fall wird durch Caching das Sortieren beschleunigt. Der Programmcode bleibt kompakt und verständlich.
- Man kann das Programm leicht in seine drei Bestandteile zerlegen, denn es liegt nur geringe innere Verzahnung vor.

Applikative Programmierung nach John Backus 12

Zusammenfassung

Die Frage, ob funktionale Programmierung andere Strukturen der Berechnung gestattet, wurde immer wieder gestellt. John Backus, der mit Fortran gewissermaßen das Hochsprachen-Äquivalent des von Neumann-Rechners geschaffen hat, hat sich auch die Frage gestellt, ob der Von-Neumannsche Flaschenhals *eine notwendige Bürde elektronischer Berechnug darstellt oder durch eine andere Fassung des Begriffs Berechnung ausgeklammert werden kann. Der Von-Neumannsche Flaschenhals ist der Datenbus des Computers. Er verbindet CPU und Speicher. Über ihn müssen sowohl die Programmbefehle vom Speicher in die CPU, als auch die mit diesen bearbeiteten Daten zwischen CPU und Speicher hin- und hertransportiert werden. Dies zwingt dem Programm eine strenge Serialisierung auf und ist von erheblicher Bedeutung bei Performance-Fragen. Speicherorientierte Programmiersprachen wie Fortran übernehmen diese Verbeitungsweise, die dadurch gekennzeichnet ist, dass die Zuweisung die wichtigste Programm-Operation ist. Fragt man sich, wie Algorithmen stärker parallelisiert werden können, so liegen Ansätze wie der hier beschriebene relativ nahe. Die* Algebra der Programme, *die Backus dabei entwickelt hat, ist Gegenstand dieses Kapitels.*

In der Publikation *Can Programming Be Liberated from the von Neumann Style? – A Functional Style and Its Algebra of Programs* (Backus 1977) diskutiert der Fortran-Vater Backus[1] die Möglichkeit, durch andere Programmstrukturen den sogenannten *von-Neumannschen Flaschenhals* loszuwerden. Dazu konstruiert er Programme als Komposita einstelliger Funktionen.

---

[1] US-amerikanischer Informatiker, †2007

© Springer Fachmedien Wiesbaden 2016
P.M. Krusenotto, *Funktionale Programmierung und Metaprogrammierung*,
DOI 10.1007/978-3-658-13744-1_12

Das folgende, nach COMMON LISP übersetzte und aus dieser Publikation stammende
Beispiel bestimmt das Skalarprodukt zweier Vektoren. Dabei wird mit compose aus drei
Funktionen die eigentliche Applikationsfunktion zusammengesetzt. Hintergrund Backus'
Überlegung ist, auf explizite Schleifen zu verzichten, um möglichst viel parallel rechnen zu können. Es empfiehlt sich sehr, sich diese Funktionsdefinitionen im Einzelnen
genau anzusehen, da einige raffinierte Verwendungsarten von Lisp-Funktionalen darin
vorkommen. Insbesondere sollten Sie die Definitionen von transpose, insert und
alpha-alpha zu verstehen suchen.

```
1   (use-package :alexandria)  ; Wir brauchen CURRY und COMPOSE
2
3   (defun transpose (x)
4     (apply #'mapcar (cons 'list x)))
5
6   (defun insert (op)
7     (curry #'apply op))
8
9   (defun alpha-alpha (op)
10    (curry #'mapcar (insert op)))
11
12  (defparameter inner-product
13    (compose (insert #'+)
14             (alpha-alpha #'*)
15             #'transpose))
16
17  (funcall inner-product '((1 2 3) (4 5 6)))
```

    32

TRANSPOSE bestimmt aus zwei Vektoren eine Liste von Wertepaaren. (alpha-alpha #'*) multipliziert paarweise und (insert #'+) setzt vor diese Ergebnisse ein
Pluszeichen und wertet diesen Ausdruck dann aus.

$$transpose([[1, 2, 3], [4, 5, 6]]) = [[1, 4], [2, 5], [3, 6]] \tag{12.1}$$

$$\alpha\alpha_*([[1, 4], [2, 5], [3, 6]]) = [4, 10, 18] \tag{12.2}$$

$$insert_+([4, 10, 18]) = 36 \tag{12.3}$$

Entscheidend an dieser Konstruktion ist, dass entlang dieser Funktionenkette nur jeweils ein einzelnes, strukturiertes Objekt weitergereicht wird. Explizite Schleifen gibt es
nicht, sodass die Verarbeitung parallel erfolgen könnte.

Aber hier sind natürlich einige Bemerkungen angebracht. Es ist zwar sehr elegant, wie diese Art der Programmierung völlig schmerzfrei in COMMON LISP dargestellt werden kann. Trotzdem strapaziert solcher Code enorm das Anschauungsvermögen und ist eher von theoretischem Interesse, auch wenn sich durchaus eine CPU konstruieren ließe, die derartige, parallele Operationen direkt unterstützt.

Backus' Papier fand geteiltes Echo und böse Zungen warfen ihm vor, sich mit diesem Entwurf eines neuen Programmiermodells nur für die Entwicklung der Sprache Fortran entschuldigen zu wollen. Spätere Konzepte haben Backus sehr konsequente Ideen aufgegriffen und weiterentwickelt. Was bei Backus noch nicht vorkommt, ist das Konzept der Morphismen, um die es im folgenden Kapitel geht.

Literatur

Backus, J. (1977). Can programming be liberted from the von neumann style? http://web.stanford. edu/class/cs242/readings/backus.pdf. Zugriff: 2.April 2016.

Kategorientheorie

13

Zusammenfassung

Die Kategorientheorie bietet interessante Möglichkeiten, Datenstrukturen mit Ab-laufstrukturen zu verbinden. Sie ist in voller Allgemeinheit auch für mathematische Begriffe relativ abstrakt, was ihr die Bezeichnung abstract nonsense *beziehungsweise* allgemeiner Unsinn *eingebracht hat. Entstanden ist sie in den 1940er-Jahren. Den Weg in die Informatik hat sie aber erst 40 Jahre später gefunden. Heute ist sie dort nahezu unverzichtbar. Das gilt besonders für die funktionale Programmierung, da die Kategorientheorie im Wesentlichen eine* Algebra der Funktionen *ist. Außerdem bedient die Kategorientheorie eine der Sichtweisen besonders gut, die Informatiker zu den Tugenden zählen, nämlich die* Kapselung, *also den Umgang mit komplexen Strukturen ohne eine bestimmte innere Beschaffenheit zu unterstellen. John McCarthy hat einmal den Begriff „pornographische Programmierung" für solche Programmierung geprägt, bei der dieses Prinzip verletzt wird und ein Leser mehr sehen kann, als gesehen werden muss (McCarthy 1979). In der Entwicklung von Software galt es seit jeher als erstrebenswert, so zu arbeiten, dass von inneren Einzelheiten abgesehen werden kann. Denn ein höheres Maß an Abstraktion bedeutet ein höheres Maß an Allgemein-gültigkeit. Der Kategorientheorie versteht dieses Ansinnnen sogar als Prinzip, sodass es nicht verwundert, dass viele Forscherinnen und Forscher auf diesem Gebiet aus der Informatik kommen. Datenstrukturen und Ablaufstrukturen sind das Ying und Yang in der Informatik. Beide müssen zueinander passen und sind aufeinander bezogen. Dennoch sind sie völlig verschiedener Natur. Wie die Kategorientheorie eine direkte Verbindung zwischen beiden Konzepten schafft, ist Gegenstand dieses Kapitels. Es werden elementare Grundbegriffe der Kategorientheorie Objekt, Morphismus, Funktor, Produkt, Koprodukt, F-Algebra und F-Koalgebra und weitere soweit vorgestellt, dass die wichtigen Rekursionsstrukturen aus diesen abgeleitet werden können.*

© Springer Fachmedien Wiesbaden 2016
P.M. Krusenotto, *Funktionale Programmierung und Metaprogrammierung,*
DOI 10.1007/978-3-658-13744-1_13

In der Kategorientheorie ist die Zahl der Idiosynkrasien relativ groß, sodass sie zunächst verwirren kann. Es kommt hinzu, dass der Begriffsapparat zu anderen Bereichen der Mathematik Überschneidungen hat und es schnell passiert ist, dass man Bedeutungen aus diesen Bereichen ungewollt fälschlich übernommen hat. Darum erfolgt die Einführung im Folgenden anhand von Strukturen in COMMON LISP. Ich versuche, jedes angesprochene Theorem direkt mit einem Lisp-Beispiel zu untermauern, damit es besser verdaulich wird. Zugunsten dieser praktischen Beispiele verzichtet diese Darstellung auf einige sonst übliche Formalien. Unter den Literturhinweisen am Ende des Kapitels finden sich Hinweise auf weiterführende und vollständigere Literatur.

Es bleibt noch zu erwähnen, dass die Lektüre dieses Kapitels zumindest nicht zwingend für die Arbeit mit funktionaler Programmierung oder COMMON LISP *erforderlich ist.* Es ist ohne Weiteres möglich, direkt mit Kap. 14 fortzufahren, in dem die kategorientheoretischen Rekursionsstrukturen informell einführt werden.

Andererseits ist es äußerst spannend, zu sehen, dass viele Themen und Verfahren der funktionalen Programmierung sich sehr elegant aus kategorientheoretischen Betrachtungen ergeben. Dabei bekommt man eine neue Sicht auf Ablauf- und Datenstrukturen. In diesem Sinne ist diese Einführung als eine Ergänzung zu sehen.

13.1   Kategorien

Kategorien bestehen aus einer Klasse[1] von *Objekten* $(A, B, C, \ldots)$ und einer Menge von *Morphismen* oder *Pfeilen* $f : A \to B$, die Objekte aufeinander abbilden. Insbesondere gehört zu jedem Objekt ein *Identitätsmorphismus*, der bei einem Objekt A mit 1_A bezeichnet wird und der dieses auf sich selbst abbildet. Morphismen berühren nicht die innere Struktur der Objekte, sondern lassen diese unangetastet.

Gehören zwei Morphismen $f : A \to B$ und $g : B \to C$ zu einer Kategorie, dann gehört auch deren Verknüpfung $g \circ f : A \to C$ dazu. Die Menge der Morphismen ist also abgeschlosssen unter der Verknüpfung $\circ$.

Sind die Objekte $A, B, C, \ldots$ Mengen, dann sind die Pfeile gewöhnliche Funktionen, die zwischen diesen abbilden und die Operation $\circ$ ist die übliche Funktionsverkettung. Wir sprechen dann von der Kategorie *Set*, die alle Mengen als Objekte enthält.

Was ist nun der Nährwert einer solchen Anordnung? Die Kategerientheorie erklärt keine bestimmten Objekte. Sie erklärt diese genausowenig, wie die Spezifikation einer Programmiersprache einen Music-Player oder irgendein in dieser Progammiersprache

---

[1] In unserem Kontext könnte man Menge sagen. Zu den echten Klassen, die keine Mengen sind, gehören Dinge wie die *Russelsche Klasse*: Sie ist die *Klasse aller Klassen, die sich nicht selbst enthalten* und sie kann nicht widerspruchsfrei als Menge verstanden werden („Der Barbier von Sevilla rasiert alle Männer, die sich nicht selbst rasieren. Rasiert dieser Barbier sich selbst¿"). Da hier solche Konstruktionen nicht vorkommen, kann der Begriff Klasse hier wie der Begriff Menge verwendet werden.

geschriebenes Anwendungsprogramm erklärt. Es ist sogar wahrscheinlich, dass der Designer der Progammiersprache überhaupt nichts von Music-Playern versteht. Die Kategorientheorie ist genauso nichts weiter als eine Sprache, die mathematische Phänomene beschreibt.

Mit dieser kann man mathematische Zusammenhänge ausdrücken und zu anderen in Beziehung setzen. Auf diese Art und Weise kann man Aussagen, die in der einen Welt gelten, auf Aussagen, die in einer anderen Welt gelten, abbilden.

13.2   Die Kategorie $\mathcal{L}$ der Listen

Die Kategorie der Listen $\mathcal{L}$ sind ein praktisches Beispiel für eine einfache Kategorie. Sie enthält genau ein Objekt, die (prinzipiell unendliche) Menge möglicher Listen. Diese Menge wird mit $\mathbb{L}$ bezeichnet.

In der Kategorientheorie wird dieser Umstand als

$$Ob(\mathcal{L}) = (\mathbb{L})$$

oder

$$\|\mathcal{L}\| = (\mathbb{L})$$

notiert. Die Menge $\mathbb{L}$ ist also das einzige Objekt von $\mathcal{L}$.

$\mathbb{L}$ entsteht rekursiv mit der Funktion $cons : \mathbb{U} \times \mathbb{L} \to \mathbb{L}$ aus der leeren Liste [] und der Menge der Datenobjekte $\mathbb{U}$, deren Beschaffenheit hier explizit gegenstandslos ist.

Die Funktion $cdr : \mathbb{L} \to \mathbb{L}$ ist eine Abbildung der Menge der Listen $\mathbb{L}$ auf sich selbst, denn cdr übernimmt genau eine Liste und liefert auch eine Liste zurück. Eine solche Abbildung ist ein *Morphismus* mit *Domain* $\mathbb{L}$ und *Codomain* $\mathbb{L}$. Weil hier Domain und Codomain identisch sind, ist cdr auch *Endomorphismus*.

Zu den Endomorphismen gehört beispielsweise auch die Lisp-Funktion `reverse` mit Domain und Codomain $\mathbb{L}$, die jeder Liste ihre Umkehrung zuordnet oder die Funktion `last`, die jede Liste auf diejenige einelementige Liste abbildet, die nur aus deren letztem Element besteht.

Für Morphismen definieren wir die zweistellige Operation $\circ$ entsprechend der COMMON-LISP-Funktion `compose`.[2] Sie bildet zwei Funktionen $f : X \to Y$ und $g : Y \to Z$ auf die Funktion $(g \circ f) : X \to Z$ ab. Diese Funktionskomposition soll assoziativ sein, das heißt, es gilt $(h \circ g) \circ f = h \circ (g \circ f)$.

---

[2]Beziehungsweise `multiple-value-compose`. Beide im Paket `alexandria` enthalten.

Ein Konsolenbeispiel: in Lisp gibt es die Funktionen cdr, last [3] und reverse, die den Morphismen

$$cdr : \mathbb{L} \to \mathbb{L} \tag{13.1}$$

$$[a \, . \, D] \mapsto D \tag{13.2}$$

$$last : \mathbb{L} \to \mathbb{L} \tag{13.3}$$

$$[a] \mapsto [a] \tag{13.4}$$

$$[a \, . \, D] \mapsto last(D) \tag{13.5}$$

$$reverse : \mathbb{L} \to \mathbb{L} \tag{13.6}$$

$$[\,] \mapsto [\,] \tag{13.7}$$

$$[a \, . \, D] \mapsto append(reverse(D), [a]) \qquad \text{auch für } D = [\,] \tag{13.8}$$

etwa entsprechen.[4] Die Assoziatiativität der Morphismenkomposition behauptet nun, dass

$$last \circ (reverse \circ cdr)$$

dieselbe Funktion ist wie

$$(last \circ reverse) \circ cdr$$

und deswegen auch als

$$last \circ reverse \circ cdr$$

geschrieben werden darf. Gemeint ist damit, dass folgende Lisp-Aufrufe dasselbe Ergebnis liefern müssen:

```
1  (funcall (compose (compose #'last #'reverse) #'cdr)
2             '(1 2 3 4 5 6 7))

   (2)
```

---

[3] last berechnet aus einer Liste diejenige einelementige Liste, die nur aus deren letztem Element besteht; nicht das letzte Element.

[4] In COMMON LISP sind cdr und last aus pragmatischen Gründen auch für das Argument nil definiert und liefern nil.

```
1 (funcall (compose #'last (compose  #'reverse #'cdr))
2          '(1 2 3 4 5 6 7))
```

    (2)

```
1 (funcall (compose #'last #'reverse #'cdr)
2          '(1 2 3 4 5 6 7))
```

    (2)

Mit dieser Listener-Berechnung ist zwar kein Beweis erbracht, aber die Assoziativität wird immerhin glaubhaft.

Neben der Assoziativität benötigen wir einen besonderen Endomorphismus namens $1_\mathbb{L}$, der jede Liste auf sich selbst abbildet. Er heißt in COMMON LISP identity und seine wichtigste Eigenschaft ist, dass für alle Morphismen f gelten muss:

$$f \circ 1_\mathbb{L} = 1_\mathbb{L} \circ f = f \tag{13.9}$$

```
1 (funcall (compose #'identity #'sqrt) 2)
```

    1.4142135

```
1 (funcall (compose #'sqrt #'identity) 2)
```

    1.4142135

Definition 13.1. (Kategorie)
Ein solche Disposition, bestehend aus

- einer Klasse von Objekten $Ob(\mathcal{C}) = (A, B, C, ..)$,
- einer Menge von Morphismen $Hom(\mathcal{C}) = \{f, g, h, ..\}$ oder $Mor_\mathcal{C}(X, Y)$ mit $X, Y \in Ob(\mathcal{C})$ zwischen diesen,

- darunter Identitäts-Morpismen $1_A : A \to A$, $1_B : B \to B$, $1_C : C \to C$,.. für jedes Objekt
- und einer assoziativen Operation $\circ$ zur Komposition dieser Morphismen unter der die Menge $Hom(\mathcal{C})$ abgeschlossen ist.

heißt *Kategorie* mit Namen $\mathcal{C}$.

Für einen Morphismus $h : A \to B \in Hom(\mathcal{C})$ schreibt man auch $Dom(f)$ für den Domain A von f und $Cod(f)$ für den Codomain B von f.

Ein einfaches Beispiel einer Kategorie ist die Kategorie **PoSet** (1,10) der Zahlen $\{1,..,10\}$, auf der eine Relation $\leq$ definiert ist. Die Morphismen sind die Paare (x, y) mit $x \leq y$. Da $x \leq x$ für alle x gilt, ist der Identitätsmorphismus für jede Zahl vorhanden. Da von der Zahl 1 ein Pfeil zu jeder anderen Zahl einschließlich sich selbst geht, heißt 1 *initiales Objekt*. 10 heißt *finales Objekt*, da von jeder anderen Zahl ein Pfeil bei der 10 ankommt.

Die oben beschriebene Kategorie $\mathcal{L}$ der Listen hat nur ein Objekt, nämlich die Menge der Listen $\mathbb{L}$, die zwangsläufig Domain und Codomain aller Morphismen von $\mathcal{L}$ ist. Sie enthält darum auch nur eine Identitätsabbildung $1_\mathbb{L}$.[5] $\mathcal{L}$ heißt darum auch *kleine Kategorie* oder *Monoid*, da alle Morphismen von $\mathbb{L}$ nach $\mathbb{L}$ gehen und kein Morphismus aus $\mathbb{L}$ herausführen kann. So erklärt sich der Name.

Das Wortmonoid

Das *Wortmonoid* $\mathcal{W}$ ist ein besonders intuitives Beispiel für ein Monoid. Wie schon unter in Kap. 4 erwähnt, bilden die Strings mit der Konkatenation und dem Leerstring („") zusammen ein Monoid, was naiv gesagt nur bedeutet, dass man Wörter aneinanderhängen kann und dadurch wieder ein Wort entsteht. Das ist der Sinn des Begriffs Monoid an dieser Stelle, dass wir immer auf das Objekt W, also die Menge der Wörter, zurückfallen.

Das Wortmonoid als Kategorie ist wie folgt beschaffen: das Objekt $\mathbb{W}$ ist die Menge aller Zeichenketten, die man aus einem gegebenen Grundalphabet bilden kann, einschließlich dem *leeren Wort*, das auch ϵ heißt. (Oft wird diese Menge Σ^* genannt. Wobei Σ das Grundalphabet ist.)

Zu jedem Wort w gibt es eine Funktion, die ein Wort auf dasjenige Wort abbildet, das entsteht, wenn man w an dieses Wort anhängt. Wir nennen diese Funktion Δ_w. Für jedes Wort v und das leere Wort ε gilt dann $v = \Delta_v(\varepsilon)$. Hat man ein Δ_a und ein Δ_b, dann entsteht durch Funktionskomposition $\Delta_a \circ \Delta_b = \Delta_{ab}$.

(Fortsetzung)

---

[5]In COMMON LISP heißt diese `identity`.

Die Wörter aus Σ^* sind nun die Δ-Funktionen und die Verknüpfung der Wörter geschieht durch die Funktionskomposition.

Man kann an diesem Beispiel etwas Entscheidendes lernen:

In der Kategorientheorie geht es um die Morphismen. Die Objekte sind meistens egal.

Die Kategorie $\mathcal{N}$ mit der Menge $\mathbb{N}$ der natürlichen Zahlen als einzigem Objekt zusammen mit der Operation $+$ ist ein weiteres Beispiel eines Monoids. Es kennt für die Zahlen die Morphismen $+_1 : n \mapsto n + 1$, $+_2 : n \mapsto n + 2$ et cetera und die identische Abbildung $1_{\mathbb{N}} : n \mapsto n$. Die Komposition zweier solcher Morphismen führt zu einem Ergebnis-Morphismus nach der Regel $+_n \circ +_m = +_{(n+m)}$.

Entsprechend der Funktionskomposition ist die Addition assoziativ.

13.3 Funktoren

Wie oben beschrieben ist mit Kategorien noch nicht allzuviel anzufangen. Wir brauchen Mittel, um verschiedene Kategorien miteinander zu verbinden. Insbesondere benötigen wir Mittel, um Morpismen aufeinander zu beziehen.

Ein *Funktor* bildet von einer Kategorie $\mathcal{C}$ in eine Kategorie $\mathcal{D}$ ab. Dabei werden alle genannten Eigenschaften einer Kategorie (Objekte, Morphismen, Identität und Komposition) nach $\mathcal{D}$ übertragen. Das bedeutet:

- (Objekte) Falls A Objekt von $\mathcal{C}$ ist, dann ist $F(A)$ Objekt von $\mathcal{D}$.
- (Morphismen) Ist f Morphismus in $\mathcal{C}$ von A nach B, dann ist $F(f)$ Morphismus von $F(A)$ nach $F(B)$ in $\mathcal{C}$
- (Identität) Ist 1_A Morphismus von Objekt A auf sich selbst, dann ist $F(1_A)$ Morphismus von $F(A)$ auf sich selbst.
- (Komposition) [Das ist die interessanteste Eigenschaft!] sind $f : A \to B$ und $g : B \to C$ Morphismen von $\mathcal{C}$ und $\circ_{\mathcal{C}}$ die Komposition in $\mathcal{C}$ sowie $\circ_{\mathcal{D}}$ die Komposition in $\mathcal{D}$, dann muss gelten $F(g \circ_{\mathcal{C}} f) = F(g) \circ_{\mathcal{D}} F(f)$. Fügt man also zwei Morphismen in der Domain-Kategorie von F zusammen, denn bedeutet das dasselbe, wie wenn man die durch F abgebildeteten Morphismen in der Codomain-Kategorie zusammenfügt.

In der Kategorientheorie wird die Identität von Morphismen oder ihren Kompositionen als sogenannte *kommutative Diagramme* dargestellt. Sie bestehen aus Pfeilen und Objekten. Abb. 13.1 stellt einen Funktor dar. Die Interpretation eines kommutativen Diagramms ist diese: *Gibt es von einem Objekt mehrere Wege zu einem anderen, so muss die Komposition der betreffenden Morphismen identisch sein.* Man sagt dann, *das Diagramm kommutiert*. Die dazugehörige Untersuchung trägt den schönen Namen *Diagrammjagd*.

Abb. 13.1 Funktor

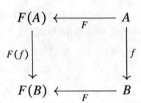

So kommt man in Abb. 13.1 von A nach $F(B)$ über zwei verschiedene Wege. Daher muss gelten:

$$F(f) \circ F = F \circ f \qquad\qquad (13.10)$$

Ein sinnfälliger Funktor bei Lisp ist zum Beispiel die Funktion

```lisp
1  (defun asterisk (f)
2    (lambda (l)
3      (mapcar f l)))
```

```
ASTERISK
```

die aus einer beliebigen Funktion f, die für einen Datentyp A definiert ist, eine Funktion f^* konstruiert, die für eine „Liste von Daten von Typ A" definiert ist. Dieser Datentyp heißt dann A^*.

```lisp
1  (funcall (asterisk #'1+) '(10 100 1000))
```

```
(11 101 1001)
```

Ein Funktor ist mit der Komposition von Morphismen verträglich. Das heißt, wenn F Funktor ist mit Domain $\mathcal{C}$ und Codomain $\mathcal{D}$ und f und g Morphismen in Kategorie $\mathcal{C}$, dann muss

$$F(f \circ g) = F(f) \circ F(g)$$

gelten. Man beachte, dass das Gleichheitszeichen die Identität zweier Funktionen fordert und $F(f)$ und $F(g)$ Funktionen sind, der Funktor F also Funktionen liefert.

Für unser Beispiel mit dem Funktor * bedeutet dies, dass gelten muss:

$$(f \circ g)^* = f^* \circ g^*$$

Dass dies tatsächlich für asterisk gilt, kann man sich leicht an einem Rechenbeispiel verdeutlichen:

```
1 (defun 2* (x) (* 2 x))

  2*
```

```
1 (funcall (asterisk (compose #'1+ #'2*))
2          '(3 5 10))

  (7 11 21)
```

```
1 (funcall (compose (asterisk #'1+)
2                    (asterisk #'2*))
3          '(3 5 10))

  (7 11 21)
```

Der Funktor asterisk ist aber so noch nicht vollständig, denn wie oben verlangt, soll dieser nicht nur Morphismen von der Kategorie der Zahlen $\mathcal{N}$ in die Kategorie der Zahlenlisten $\mathcal{N}^*$ übersetzen, sondern auch deren Objekte, also die Zahlen selbst. Es muss also auch gelten $* : 31 \rightarrow [31]$ und $*:2 \rightarrow [2]$ et cetera. Um diese Abbildung ebenfalls zu realisieren, verwenden wir functionp, das uns verrät, ob das übergebene Objekt eine Funktion ist. Je nachdem liefert asterisk dann eine Liste oder eine Funktion für Listen.

```
1 (defun asterisk (f)
2   (if (functionp f)
3       (lambda (l) (mapcar f l))
4       (list f)))
```

ASTERISK

Damit ist folgende Berechnung formulierbar, die die Übertragung von $\mathcal{N}$ nach $\mathcal{L}$ veranschaulicht.

Wir übertragen die Funktion 1+ in die Welt der Listen und ebenfalls die Zahl 5. Die mit asterisk übertragene Funktion kann nun auf die ebenfalls mit asterisk übertragene Zahl angewendet werden.

```
⨎

ı (funcall (asterisk #'1+) (asterisk 5))
```

```
(6)
```

Das Ergebnis ist identisch mit der Berechnung von $(1 + 5)$ mit anschließender Übertragung:

```
⨎

ı (asterisk (funcall #'1+ 5))
```

```
(6)
```

Wir überprüfen ebenfalls noch Eigenschaft 13.10 mit zwei Lisp-Anfragen. Dabei soll F der Funktor asterisk sein und f die Funktion sqrt.

Linke Seite:

```
⨎

ı (funcall (compose (asterisk #'sqrt) #'asterisk) 8)
```

```
(2.828427)
```

Rechte Seite:

```
⨎

ı (funcall (compose #'asterisk #'sqrt) 8)
```

```
(2.828427)
```

Wir erhalten beide Male die Einelementige Liste mit der Wurzel aus 8. Also ist asterisk glaubhaft ein Funktor, der von der *Kategorie der Datenobjekte* in die *Kategorie der Listen von Datenobjekten* übersetzen kann. Der formale Beweis befindet sich unter Lemma 14.2.

Definition 13.2. (Funktor)

Seien $\mathcal{C}, \mathcal{D}$ Kategorien. X,Y,Z seien Objekte von $\mathcal{C}$. Ein Funktor $F : \mathcal{C} \to \mathcal{D}$ bildet sowohl die Objekte als auch die Morphismen von $\mathcal{C}$ auf $\mathcal{D}$ ab. Es gilt also $F : Ob(\mathcal{C}) \to Ob(\mathcal{D})$.

Außerdem bildet F Morphismen von $\mathcal{C}$ auf solche von $\mathcal{D}$ ab. Die Morphismen f, g von $\mathcal{C}$ mit $f : X \to Y$ und $g : Y \to Z$ werden von F auf die Morphismen $F(f) : F(X) \to F(Y)$ und $F(g) : F(Y) \to F(Z)$ von $\mathcal{D}$ so abgebildet, dass gilt:

$$F(g) \circ F(f) = F(g \circ f)$$

13.4   Binäres Produkt und binäres Koprodukt

Zwei gegebenen Objekten einer Kategorie lässt sich ein Produkt zuordnen.

Die Karten eines Bridge-Spiels sind zum Beispiel das kartesische Produkt aus der Menge

$$R = \{Ace, 2, 3, 4, 5, 6, 7, 8, 9, 10, Jack, Queen, King\}$$

der Kartenränge und der Menge

$$C = \{\clubsuit, \spadesuit, \heartsuit, \diamondsuit\}$$

der Kartenfarben. Jede Kombination aus Rang und Farbe ergibt genau eine Karte. Die Menge der Bridgekarten wird dann $C \times R$ geschrieben.

Das ist die naive Lesart. Sie ist auch jedem Datenbankadministrator vertraut, der jemals SELECT * FORM PERSON, ARBEITGEBER oder Ähnliches bei einer SQL-Datenbank angefragt hat. Bei dieser Anfrage werden alle möglichen Paare aller Datensätze der Tabelle PERSON und aller Datensätze der Tabelle ARBEITGEBER ausgegeben. Bei umfangreichen Datenbanken kann das Ergebnis sehr groß werden, sodass die Anfrage sehr viel Verabeitungszeit kostet. Dieses Gebilde heißt *Produkt* oder *kartesisches Produkt*.

Die wichtigste Eigenschaft eines Produktes $A \times B$ besteht darin, dass es zwei Morphismen $p_1 : A \times B \to A$ und $p_2 : A \times B \to B$ gibt, die dem Produkt die Komponenten zuordnen, aus denen es zusammengesetzt ist. Im Falle der Bridgekarten ordnen diese einer Spielkarte ihren Rang und ihre Farbe zu: $r : C \times R \to R, f : C \times R \to C$.

Eine solche Abbildung nennt man *Projektion* und mit dieser ist es möglich, den Begriff Produkt kategorientheoretisch zu fassen:

Definition 13.3. (binäres Produkt, Multimorphismus)

Es seien A und B Objekte in Kategorie C. Das Produkt $A \times B$ ist gegeben durch zwei Morphismen $p_1 : A \times B \to A$ und $p_2 : A \times B \to B$, die folgende Eigenschaft erfüllen: für jedes Objekt Z und zwei Morphismen $f : Z \to A$ und $g : Z \to B$ gibt es einen Morphismus $\langle f, g \rangle : Z \to A \times B$ mit $f = p_1 \circ \langle f, g \rangle$ und $g = p_2 \circ \langle f, g \rangle$. $\langle f, g \rangle$ heißt dann *Multimorphismus*.

Der Zusammenhang ist aus Abb. 13.2 ersichtlich.

Abb. 13.2 Binäres Produkt und Multimorphismus

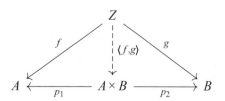

Abb. 13.3 Binäres Koprodukt und Polymorphismus

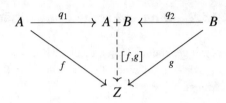

Was an dieser Definition zunächst verwirrt, ist das Objekt Z und seine Bedeutung. Z ist ein beliebiges Objekt, von dem ausgehend es Morphismen nach A und B gibt. Im Beispiel der Bridgekarten könnte Z eine Menge von Zahlen sein, wobei jede Zahl für eine Karte stünde. Jeder Zahl wird über f eine Farbe aus C zugeordnet und über r ein Rang aus R. Verlangt wird nun, dass dadurch ein *Multimorphismus* $\langle f, r \rangle$ definiert ist,[6] der jeder Zahl eine Karte aus $F \times C$ zuordnet und zwar so, dass die beiden Projektionsfunktionen von dieser Karte genau die Farbe und den Rang ermitteln, der direkt mit den Funktionen f und r aus der ursprünglichen Zahl ermittelt wird.

Jetzt ist auch klar, warum verlangt wird, dass dies für jedes Z gelten muss: Die Beschaffenheit von Z ist für diese Betrachtung vollkommen gegenstandslos. Weder, ob Z aus Zahlen oder Buchstaben besteht, noch ob diese Menge 1,100 oder 1000 Elemente enthält, ist von Bedeutung. Wichtig allein ist der Umstand, dass jedem Element von Z eine Farbe und ein Rang zugeordnet wird.

In der Kategorientheorie lässt sich zu jedem kommutativen Diagramm eine zu diesem *duales* kommutatives Diagramm bilden, indem man alle Pfeile umdreht.

Aus dem binären Produkt entsteht so das *binäre Koprodukt* nach Abb. 13.3

Definition 13.4. (binäres Koprodukt, Polymorphismus oder Ko-Multimorphismus)
Es seien A und B Objekte in Kategorie $\mathcal{C}$. Das *Koprodukt $A + B$* ist gegeben durch zwei Morphismen $q_1 : A \rightarrow A + B \; q_2 : B \rightarrow A + B$, die folgende Eigenschaft erfüllen: Für jedes Objekt Z und zwei Morphismen $f : A \rightarrow Z$ und $g : B \rightarrow Z$ gibt es einen Morphismus $[f, g]$ mit $f = [f, g] \circ q_1$ und $g = [f, g] \circ q_2$. $[f, g]$ heißt dann *(binärer) Polymorphismus* oder *(binärer) Ko-Multimorphismus*.

Das Koprodukt ist etwas völlig anderes als das Produkt. Es entspricht bei Mengen deren *disjunkter Vereinigung*. Bei elementefremden Mengen A und B ist diese durch die normale Vereinigung $A \cup B$ gegeben (Falls das nicht der Fall ist, muss man die Elemente *taggen*, also ihre Herkunft markieren, damit ein $x \in A$ von einem $x \in B$ unterschieden werden kann). Die disjunkte Vereinigung der (elementefremden) Mengen C und F ist zum Beispiel

$$R + C = \{Ace, 2, 3, 4, 5, 6, 7, 8, 9, 10, Jack, Queen, King, \clubsuit, \spadesuit, \heartsuit, \diamondsuit\}$$

---

[6]Die Literatur gibt dieser Abbildung meist keinen eigenen Namen.

Eine besondere Konstruktion ist nun der Polymorphismus[7] $[f,g] : A + B \to Z$. Er ist dual[8] zum Multimorphismus $\langle f,g \rangle : Z \to A \times B$. Sein Domain ist die disjunkte Vereinigung von $Dom(f)$ und $Dom(g)$. Er kommt daher mit A wie aus B gleichermaßen zurecht, indem er auf A den Morphismus f und auf B den Morphismus g anwendet. In Bezug auf Mengen A und B heißt das, dass $[f,g]$ die „passende" der beiden Funktion auswählt, je nachdem ob ein Element aus A oder B stammt. Wir werden noch sehen, dass diese Konstruktion die Fallunterscheidungen aus der Programmierung nachbildet.

$$[f,g] : A + B \to Z \tag{13.11}$$

$$[f,g] : x \mapsto \begin{cases} f(x) & x \in A \\ g(x) & x \in B \end{cases} \tag{13.12}$$

13.5 Produktmorphismus und Ko-Produktmorphismus

Existieren zwei Morphismen $f : X \to A$ und $g : Y \to B$, dann gibt es auch einen intuitiv sehr einfach verständlichen Morphismus $(f \times g) : X \times Y \to A \times B$, der f und g gewissermaßen „parallelisiert".

Dazu ersetzen wir Z in Abb. 13.2 durch $X \times Y$ und und legen auf den beiden Wegen von dort nach A und B noch die Zwischenstationen X und Y ein, wie Abb. 13.4 zeigt.

Man sieht vergleichend mit Abb. 13.2 ganz direkt, dass gilt:

$$f \times g = \langle f \circ q_1, f \circ q_2 \rangle \tag{13.13}$$

Abb. 13.4 Produkt-
morphismus

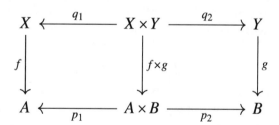

---

[7]Die Literatur benennt diesen Morphismus zumeist nicht besonders. Konzeptionell entspricht er dem Polymorphismus in der objektorientierten Programmierung: Ein Element eines Objektes der Kategorie (Dieses Objekt heisst in der OOP Klasse), anhand dessen eine Morphismenauswahl (OOP: Methodenauswahl) erfolgen soll, liegt im Domain einer der Morphismen das Polymorphismus. Der Polymorphismus $[f_1, ..., f_n]$ wählt diesen Morphismus aus $f_1, ..., f_n$ aus und wendet diesen auf das Element (OOP: Objekt) an.

[8]DEFINITION NOT FOUND.

Abb. 13.5 Ko-
Produktmorphismus

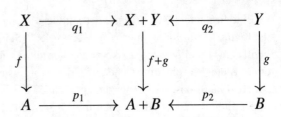

Definition 13.5. (Produktmorphismus) Seien $f : X \to A$ und $g : Y \to B$ Morphismen. Seien ferner $q_1 : X \times Y \to X$, $q_2 : X \times Y \to Y$, $p_1 : A \times B \to A$ und $p_2 : A \times B \to B$ Projektionen. Dann ist durch die Beziehungen $f \times q_1 = p_1 \times (f \times g)$ und $f \times q_2 = p_2 \times (f \times g)$ der Produktmorphismus $f \times g : X \times Y \to A \times B$ gegeben und es gilt $(f \times g) : (x, y) \mapsto (a, b)$ mit $f(x) = a$ und $g(y) = b$.

Man sieht vergleichend mit Abb. 13.2 völlig direkt, dass gilt:

$$f \times g = \langle f \circ q_1, f \circ q_2 \rangle \qquad (13.14)$$

Das zum Produktmorphismus duale Konzept ist der Ko-Produktmorphismus. Er hat das kommutative Diagramm nach Abb. 13.5.

Vergleich man dieses Diagramm mit Abb. 13.3 sieht man, dass analog zu Gl. 13.14 gelten muss:

$$f + g = [p_1 \circ f, p_2 \circ g] \qquad (13.15)$$

Definition 13.6. (Ko-Produktmorphismus) Seien $f : X \to A$ und $g : Y \to B$ Morphismen. Seien ferner $q_1 : X \to X \times Y$, $q_2 : Y \to X \times Y$, $p_1 : A \to A \times B$ und $p_2 : B \to A \times B$ Morphismen. Dann ist durch die Beziehungen $(f + g) \circ q_1 = p_1 \circ f$ und $(f + g) \circ q_1 = p_1 \circ f$ der Ko-Produktmorphismus $f + g : X + Y \to A + B$ gegeben und es gilt $f + g : z \mapsto a$, falls $x \in X$ und $g(z) = b$ mit $a \in A$ und $b \in B$

Der Produktmorphismus $f \times g$ berechnet also die beiden Morphismen parallel, während der Ko-Produktmorphismus $f + g$ beide Morphismen alternativ bestimmt, je nachdem ob das Argument aus X oder Y stammt. Der Unterschied zum Polymorphismus ist der, dass der Polymorphismus in beiden Fällen in den gleichen Codomain abgebildet wird, was beim Ko-Produktmorphismus nicht der Fall sein muss.

13.6 *F*-Algebra, initiale/finale *F*-Algebra/*F*-Koalgebra und *F*-Algebra-Homomorphismus

Definition 13.7. (*F*-Algebra) Es sei $F : \mathcal{C} \to \mathcal{C}$ ein Endofunktor. Eine *F*-Algebra ist ein Paar (A, α) wobei A ein Objekt von $\mathcal{C}$ ist und $\alpha : F(A) \to A$ ein Morphismus von $\mathcal{C}$.

Abb. 13.6 *F*-Addition

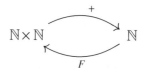

Versuchen wir die Addition natürlicher Zahlen als *F*-Algebra zu konstruieren: Als unseren Endofunktor wählen wir *F* mit $F(A) = A \times A$, der jede Menge *A* auf das Quadrat der Menge abbildet. Dieser kann die Menge der natürlichen Zahlen $\mathbb{N}$ auf die Menge $\mathbb{N} \times \mathbb{N}$ der Paare natürlicher Zahlen abbilden. Auf dieser ist die Funktion $+ : \mathbb{N} \times \mathbb{N} \to \mathbb{N}$ definiert. Unsere Algebra lautet dann $(\mathbb{N}, +)$. Abb. 13.6 veranschaulicht den Zusammenhang:

Wir sehen, dass der Funktor aus einer Menge $\mathbb{N}$ das Mengenprodukt $\mathbb{N} \times \mathbb{N}$ „macht", dessen Elemente Zahlenpaare sind und der Morphismus $+$ aus Zahlenpaaren wiederum Zahlen.

F-Algebren lassen sich aufeinander abbilden. Das geschieht bei gegebenem Funktor *F* innerhalb der Kategorie **Alg** (F) der über diesem definierten Algebren. Innerhalb dieser Kategorie stellen die *F*-Algebren (A, α) die Objekte und die Homomorphismen $h : (A, \alpha) \to (B, \beta)$ die Morphismen.

Wir werden noch sehen, dass sich das Aufmultiplizieren einer Zahlenliste für $F : A \to 1 + \mathbb{N} \times A$ als *F*-Algebra-Homomorphismus von der *F*-Algebra $(\mathbb{L}, [I_{[]}, cons])$ der (LISP-) Listen in die *F*-Algebra $(\mathbb{N}, [I_1, \cdot])$ der Zahlen und ihrer Produkte darstellen lässt.

Dual zur *F*-Algebra ist die F-Koalgebra. Sie bildet im Gegensatz zur *F*-Algebra in der selben Richtung ab wie der Funktor *F*, über dem sie definiert ist:

Definition 13.8. (*F*-Koalgebra)

Es sei $F : \mathcal{C} \to \mathcal{C}$ ein Endofunktor. Eine *F*-Koalgebra ist ein Paar (A, α) wobei *A* ein Objekt von $\mathcal{C}$ ist und $\alpha : A \to F(A)$ ein Morphismus von $\mathcal{C}$.

Ist also (A, α) eine *F*-Algebra, dann ist ihre Umkehrung $(F(A), \alpha^{-1})$, falls sie existiert, eine *F*-Koalgebra.

Definition 13.9. (initiale *F*-Algebra)

Eine *F*-Algebra (A, α) heißt *initial*, falls es für jede Algebra (B, β) in der Kategorie **Alg** (F) genau einen Morphismus $h : (A, \alpha) \to (B, \beta)$ gibt.

Die Algebra der Listen ist zum Beispiel initial, was, salopp gesagt, bedeutet, dass man mit Listen von Objekten alles Mögliche machen kann (multiplizieren, umdrehen,..). Dabei besagt „machen kann" just, dass es für alle diese Operationen einen Morphismus gibt.

Definition 13.10. (finale F-Algebra)

Eine *F*-Algebra (B, β) heißt *final*, falls es für jede Algebra (A, α) in der Kategorie *Alg* (F) genau einen Morphismus $h : (A, \alpha) \to (B, \beta)$ gibt.

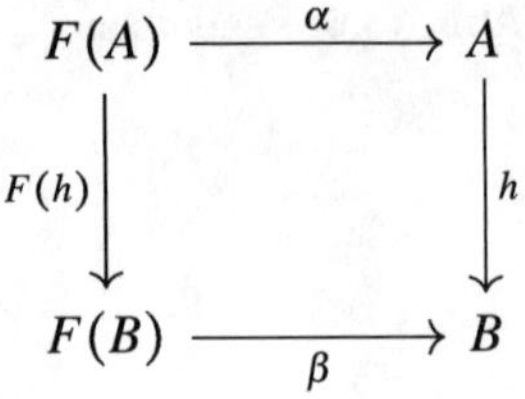

Abb. 13.7 *F*-Algebra-
Homomorphismus

$$F(A) \xrightarrow{\ \alpha\ } A$$

$$F(h)\Big\downarrow \qquad\qquad \Big\downarrow h$$

$$F(B) \xrightarrow[\ \beta\ ]{} B$$

Definition 13.11. (*F*-Algebra-Homomorphismus)

Sei $\mathcal{C}$ eine Kategorie und $F : \mathcal{C} \to \mathcal{C}$ Endofunktor, dann ist eine Abbildung $h : A \to B$ ein *F*-Algebra-Homomorphismus, wenn das Abb. 13.7 kommutiert.

Daraus kann man ablesen, dass folgende Gleichheit gelten muss:

$$h \circ \alpha = \beta \circ F(h) \qquad\qquad (13.16)$$

Im folgendem Abschnitt werden wir wichtige *F*-Algebra-Homonmorphismen untersuchen, die uns ziemlich direkt wieder in die Welt der Computerprogrammierung hineinführen. Das Überraschende dabei wird sein, dass sich aus den völlig statisch gedachten kommutativen Diagrammen durch simple algebraische Umformungen funktionierende Computerprogramme ergeben.

13.7 Katamorphismen

Definition 13.12. (Katamorphismus) Ein Katamorphismus $(\!|\beta|\!) : (A, in) \to (B, \beta)$ ist der eindeutige *F*-Algebra-Homomorphismus von der initialen *F*-Algebra (A, in) in die *F*-Algebra (B, β), sodass das Diagramm Abb. 13.8 kommutiert.

Das ist genau dann der Fall, wenn gilt:

$$(\!|\beta|\!) \circ in = \beta \circ F((\!|\beta|\!)) \qquad\qquad (13.17)$$

Durch die Definition des Katamorphismus ist eine rekursive Berechnungsvorschrift für diesen gegeben. Um diese auszurechnen, muss man die Gleichung nach $(\!|\beta|\!)$ auflösen. Dazu braucht man die Umkehrabbildung in^{-1} von in, denn dann kann man schreiben:

$$(\!|\beta|\!) \circ in \circ in^{-1} = \beta \circ F((\!|\beta|\!)) \circ in^{-1} \qquad\qquad (13.18)$$

$$(\!|\beta|\!) \circ 1_B = \beta \circ F((\!|\beta|\!)) \circ in^{-1} \qquad\qquad (13.19)$$

$$(\!|\beta|\!) = \beta \circ F((\!|\beta|\!)) \circ in^{-1} \qquad\qquad (13.20)$$

Abb. 13.8 Katamorphismus

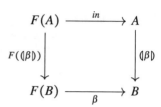

An einem konkreteren Beispiel werden wir dies durchführen: Es soll eine Liste natürlicher Zahlen aufmultipliziert werden. Wir wählen zur Konstruktion der Liste die initiale Algebra $(\mathbb{L}, [I_{[]}, cons])$. Sie konstruiert die Menge $\mathbb{L}$ der Listen unter Verwendung des Koproduktes $[I_{[]}, cons]$ der Morphismen $I_{[]} : 1 \mapsto []$ und $cons : \mathbb{N} \times \mathbb{L} \to \mathbb{L}$. Damit ist gesagt, dass eine Liste entweder als leere Liste $[]$ aus der Zahl 1 im Domain und der Abbildung $1_{[]} : 1 \to []$ entstehen kann oder durch $cons$ aus einer Zahl und einer (eventuell leeren) Zahlenliste zusammengesetzt wird.

Der Domain von $[I_{[]}, cons]$ ist $1 + \mathbb{N} \times \mathbb{L}$. Sein Codomain ist $\mathbb{L}$. Der Funktor F soll nun $\mathbb{L}$ auf $1 + \mathbb{N} \times \mathbb{L}$ abbilden (vgl Abb. 13.8) und $\mathbb{N}$ auf $1 + \mathbb{N} \times \mathbb{N}$. Also gilt $F(A) = 1 + \mathbb{N} \times A$ für alle A.

Wenden wir uns nun der unteren Zuordnung zu. Sie ist der Abbildung im oberen Bildteil ähnlich. Es wird aus dem Domain $1 + \mathbb{N} \times \mathbb{N}$ auf den Domain $\mathbb{N}$ abgebildet. Anders als oben agiert als initiales Element nicht $[]$ sondern die Zahl 1 und statt $cons$ die zweistellige Multiplikations-Funktion $\cdot$.

$$(\!|I_1, \cdot|\!) \circ [I_{[]}, cons] = [I_1, \cdot] \circ (1_1 + 1_{\mathbb{N}} \times (\!|I_1, \cdot|\!)) \tag{13.21}$$

Um den Katamorphismus $(\!|I_1, \cdot|\!)$ algebraisch zu bestimmen, müssen wir den Faktor $[I_{[]}, cons]$ auf der linken Seite eleminieren, indem wir eine Umkehrfunktion dazu finden. Die Umkehrfunktion zu $cons$ ist der Multimorphismus $\langle car, cdr \rangle$. Die zum Morphismus $I_{[]}$ ist I_1.

$$(\!|I_1, \cdot|\!) \circ [I_{[]}, cons] \circ [I_1, \langle car, cdr \rangle] = [I_1, \cdot] \circ (1_1 + 1_{\mathbb{N}} \times (\!|I_1, \cdot|\!)) \circ [I_1, \langle car, cdr \rangle] \tag{13.22}$$

$$(\!|I_1, \cdot|\!) = [I_1, \cdot] \circ (1_1 + 1_{\mathbb{N}} \times (\!|I_1, \cdot|\!)) \circ [I_1, \langle car, cdr \rangle] \tag{13.23}$$

Die Interpretation der Gleichung verlangt die Behandlung von zwei Fällen: Der erste Fall ist $[]$ und wird von Morphismen verarbeitet, die vor den Kommata beziehungsweise vor dem Pluszeichen stehen, also $I_1, 1_1$ und I_1. Die Cons-Zellen werden von den nach den Kommata beziehungsweise nach dem Pluszeichen stehenden Morphismen verarbeitet, also von $\cdot$, $1_{\mathbb{N}} \times (\!|I_1, \cdot|\!)$ und $\langle car, cdr \rangle$.

Geht man nun die Gl. 13.23 von *rechts nach links* durch, so erhält man für $(\!|I_1, \cdot|\!)$ einen Morphismus, der [] auf 1 abbildet, denn

$$I_1 \circ 1_1 \circ I_1 = I_1 \tag{13.24}$$

Für Cons-Zellen ergibt sich hingegen folgende Berechnungsvorschrift:

$$\cdot \circ (1_{\mathbb{N}} \times (\!|I_1, \cdot|\!)) \circ \langle car, cdr \rangle \tag{13.25}$$

Diese werden also durch $\langle car, cdr \rangle$ in ihren *car*- und *cdr*-Teil zerlegt, der *cdr*-Teil wird dann als Argument an den Katamorphismus $(\!|I_1, \cdot|\!)$ übergeben (Rekursion), während der *car*-Teil durch $1_{\mathbb{N}}$ auf sich selbst abgebildet wird. Die letzte Operation ist schließlich $\cdot$, die den *car*-Teil mit dem Rekursionsergebnis multipliziert.

Alles in allem gelangen wir zu der folgenden Berechnungsvorschrift:

```
⚡
1  (defun times (l)
2    (if (null l)
3       1
4       (* (car l) (times (cdr l))))))

   TIMES
```

```
⚡
1  (times '(1 2 3 4 5 6 7))

   5040
```

Es macht an dieser Stelle Sinn, kurz innezuhalten und sich zu überlegen, welcher Weg zu diesem (zugegebenermaßen trivialen) Codestück geführt hat:

Ausgehend von dem Konzept Kategorie, das wir später verwendet haben, um sowohl eine *F-Algebra der Listen* $[I_{[]}, cons]$, als auch eine der *Zahlen und ihrer Produkte* $[I_1, \cdot]$ zu modellieren, haben wir verschiedene Konzepte zum Verbinden von Objekten und Abbildungen aufgestellt. Dann wurde das Konzept des *F*-Algebra-Homomorphismus eingeführt, der von einer Algebra in eine andere übersetzen kann. Diese Übersetzung macht es möglich, die Algebra der Listen auf die der Zahlen abzubilden. Die Katerientheorie lieferte dann eine Gleichung, die innerhalb dieser Abbildung Gültigkeit haben muss.

Das ist eine völlig andere Vorgehensweise, als sonst in der Programmierung angewendet wird. Der etablierte Weg besteht darin, zu einem gegebenen Problem eine Lösung gewissermaßen zu „erfinden". Dabei kommt der Mensch ins Spiel, der dazu seine Genialität beisteuert, die eine Art Gott-Funktion ist, die selbst nicht die Frage beantworten kann, wie sie die Lösung findet.

Der hier aufgezeigte Weg erfordert keine Genialität. Er könnte von der Spezifikation der Aufgabe „Addiere alle Elemente einer Liste" bis zu der Lisp-Funktion `times` vollständig durch ein geeignetes Computer-Algebra-System abgewickelt werden. All' dies steckt zwar noch in den Kinderschuhen, könnte aber schon binnen einiger Jahrzehnte in der Praxis ankommen.

13.8 Anamorphismen

Das duale Konzept zum Katamorphismus ist der *Anamorphismus*. Er ergibt sich aus diesem durch das Umdrehen aller Pfeile, sodass aus dem kommutativen Diagramm Abb. 13.8 das in Abb. 13.9 gezeigte kommutative Diagramm wird.

Dabei werden alle Konzepte in ihre dualen Konzepte überführt. Es wird also

- aus der ursprünglichen initialen F-Algebra (β, in) eine finale F-Koalgebra (α, fin)
- aus dem Katamorphismus $(\!|\beta|\!)$ der Anamorphismus $[\![\alpha]\!]$

Schließlich spiegeln wir das Diagramm noch und erhalten nach Umbenenennung der Objekte das Diagramm nach Abb. 13.10.

Abb. 13.9 oder Abb. 13.10 entnehmen wir die folgende Kommutation.

$$fin \circ [\![\alpha]\!] = F([\![\alpha]\!]) \circ \alpha \tag{13.26}$$

Sofern die Umkehrfunktion fin^{-1} von fin existiert, kann man wie folgt zu einer Rekursionsgleichung für $[\![\alpha]\!]$ gelangen. Das Vorgehen ist vollkommen analog zum Weg von Gl.13.17 zu Gl.13.20:

$$fin \circ [\![\alpha]\!] = F([\![\alpha]\!]) \circ \alpha \tag{13.27}$$

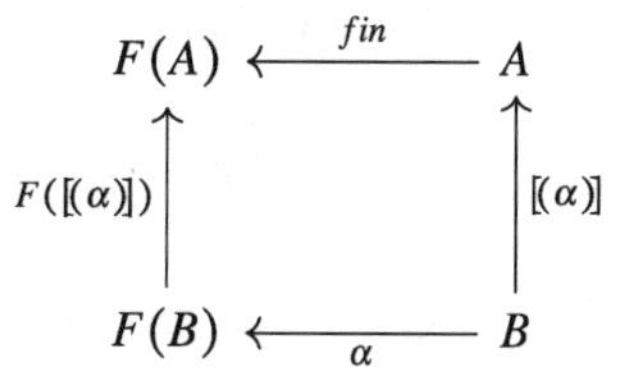

Abb. 13.9 Anamorphismus

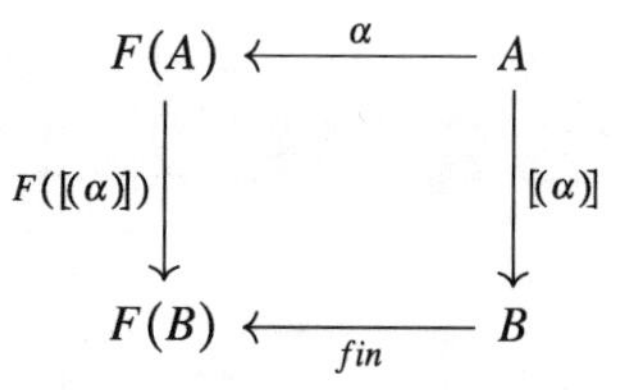

Abb. 13.10 Anamorphismus, vertikal gespiegelt und umbenannt

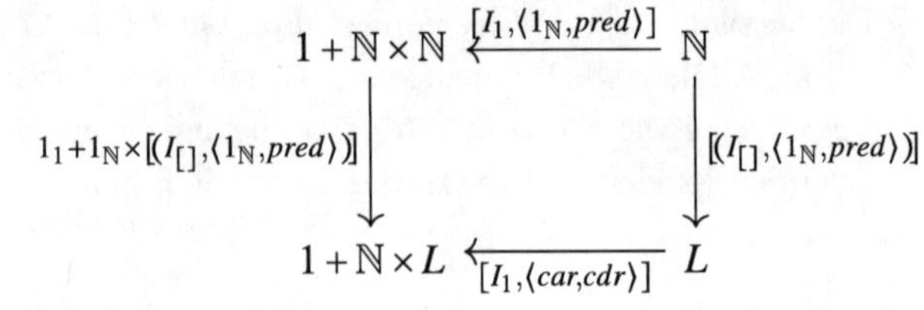

Abb. 13.11 Anamorphismus
zur Erstellung einer Liste der
ersten n natürlichen Zahlen

$$1 + \mathbb{N} \times \mathbb{N} \xleftarrow{[I_1, \langle 1_{\mathbb{N}}, pred \rangle]} \mathbb{N}$$

$$\Big\downarrow {\scriptstyle 1_1 + 1_{\mathbb{N}} \times [\![(I_{[]}, \langle 1_{\mathbb{N}}, pred \rangle)]\!]} \qquad\qquad \Big\downarrow {\scriptstyle [\![(I_{[]}, \langle 1_{\mathbb{N}}, pred \rangle)]\!]}$$

$$1 + \mathbb{N} \times L \xleftarrow{[I_1, \langle car, cdr \rangle]} L$$

$$fin^{-1} \circ fin \circ [\![\alpha]\!] = fin^{-1} \circ F([\![\alpha]\!]) \circ \alpha \tag{13.28}$$

$$1_A \circ [\![\alpha]\!] = fin^{-1} \circ F([\![\alpha]\!]) \circ \alpha \tag{13.29}$$

$$[\![\alpha]\!] = fin^{-1} \circ F([\![\alpha]\!]) \circ \alpha \tag{13.30}$$

Ein simples Anwendungsbeispiel für einen Anamorphismus ist die Erstellung einer Liste der ersten n Zahlen. Dazu betrachten wir das Diagramm Abb. 13.11.

Das Diagramm erklärt sich wie folgt:

- Rechter Pfeil: Das ist der Anamorphismus selbst. Er liefert zu jeder Zahl aus $\mathbb{N}$ eine Liste aus L.
- Oberer Pfeil: Die Funktion *pred* ist definiert für jede natürliche Zahl $n > 0$ und liefert deren Vorgänger, sodass der Morphismus $\langle 1_{\mathbb{N}}, pred \rangle$ jede Zahl $n > 0$ auf das Paar $(n, \text{n-1})$ abbildet. Die Zahl 0 wird durch den Morphismus $[I_1, \langle 1_{\mathbb{N}}, pred \rangle]$ schließlich auf die Zahl 1 abgebildet, sodaß der Codomain (obere linke Ecke) die disjunkte Vereinigung der Mengen $\{1\}$ und $\mathbb{N} \times \mathbb{N}$, also $1 + \mathbb{N} \times \mathbb{N}$ ist.
- Linker Pfeil: Dies ist der durch den Funktor $F : h \rightarrow 1_1 + 1_{\mathbb{N}} \times h$ transformierte Anamorphismus.
- Unterer Pfeil: Er zerlegt über $\langle car, cdr \rangle$ jede cons-Zelle[9] in ein Paar das aus aus der ersten Zahl und der verbleibenden Restliste besteht. Damit bildet $\langle car, cdr \rangle$ in den Domain $\mathbb{N} \times \mathbb{L}$ ab. [] wird schließlich über I_1 in die Menge $\{1\}$ abgebildet. Die Umkehrfunktion hierzu ist $[I_{[]}, cons]$, die schon in Katamorphismus-Beispiel Abb. 13.12 vorkam.

Aus dem Diagramm lesen wir daher folgende Beziehung ab:

$$[I_1, \langle car, cdr \rangle] \circ [\![(I_{[]}, \langle 1_{\mathbb{N}}, pred \rangle)]\!] = 1_1 + 1_{\mathbb{N}} \times [\![(I_{[]}, \langle 1_{\mathbb{N}}, pred \rangle)]\!] \circ [I_1, \langle 1_{\mathbb{N}}, pred \rangle] \tag{13.31}$$

Die Verkettung beider Seiten von links mit der Umkehrfunktion $[I_{[]}, cons]$ von $[I_1, \langle car, cdr \rangle]$ liefert schließlich die Rekursionsgleichung:

---

[9]Jede von [] verschiedene Liste.

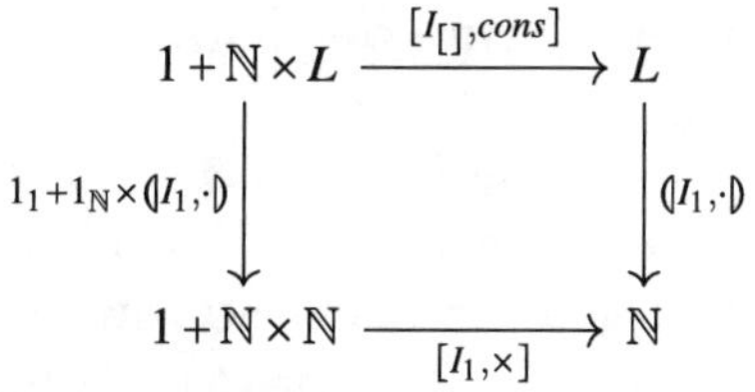

Abb. 13.12 Katamorphismus
zur Multiplikation einer
Zahlenliste

$$1 + \mathbb{N} \times L \xrightarrow{\;[I_{[]}, cons]\;} L$$

$$1_1 + 1_{\mathbb{N}} \times \langle\!\langle I_1, \cdot \rangle\!\rangle \Big\downarrow \qquad\qquad \Big\downarrow \langle\!\langle I_1, \cdot \rangle\!\rangle$$

$$1 + \mathbb{N} \times \mathbb{N} \xrightarrow[\;[I_1, \times]\;]{} \mathbb{N}$$

$$(\! [I_{[]}, \langle 1_{\mathbb{N}}, pred \rangle] \!) = [I_{[]}, cons] \circ 1_1 + 1_{\mathbb{N}} \times (\! [I_{[]}, \langle 1_{\mathbb{N}}, pred \rangle] \!) \circ [I_1, \langle 1_{\mathbb{N}}, pred \rangle] \qquad (13.32)$$

Zur Übersetzung in ausführbaren Programmcode müssen zwei Fälle betrachtet werden:

1. Die Zahl 0 wird über die Kette

$$0 \to [\,] \to [\,] \to [\,]$$

   auf $[\,]$ abgebildet.

2. Nennen wir den Anamorphismus h, dann folgen alle anderen Zahlen der Verarbeitungskette

$$n \to (n, n - 1) \to (n, h(n - 1)) \to cons(n, h(n - 1))$$

In COMMON LISP heißt die zu h identische Funktion `numbers` dann:

```
1 (defun numbers(n)
2   (if (= n 0)
3       nil
4       (cons n (numbers (1- n))))))
```

NUMBERS

```
1 (numbers 7)
```

(7 6 5 4 3 2 1)

13.9   Hylomorphismen

Definition 13.13. (Hylomorphismus)

Sei $[\![\alpha]\!]$ ein Anamorphismus in eine finale F-Koalgebra $fin : A \to F(A)$ und $(\![\beta]\!)$ ein Katamorphismus aus einer initialen F-Algebra $in : F(A) \to A$. Gilt ferner $fin \circ in = 1_{F(Y)}$ und $in \circ fin = 1_Y$, dann heißt $[[\beta, \alpha]] = (\![\beta]\!) \circ [\![\alpha]\!]$ *Hylomorphismus* über β und α.

Der Hylomorphismus ist ein Anamorphismus, der eine Struktur, zum Beispiel eine Liste, erzeugt, mit anschließendem Katamorphismus, der diese wieder verrechnet.

Setzt man die kommutativen Diagramme von Anamorphismus und Katamorphismus zusammen, dann ergibt sich ein kommutatives Diagramm nach Abb. 13.13.

Voraussetzung dafür ist, dass die finale F-Koalgebra des Anamorphismus die Umkehralgebra der initialen F-Algebra des Katamorphismus ist. In unserem Fall handelt es sich um die $(A \to 1 + A \times \mathbb{L})$-Algebra $(\mathbb{L}, [I_{[]}, cons])$ und die $(A \to 1 + A \times \mathbb{L})$-Koalgebra $(\mathbb{L}, [I_x, \langle car, cdr \rangle])$ (mit $x \in A$).

Der in Abb. 13.13 rechte, mit $[[\beta, \alpha]]$ bezeichnete Bogen ist der Hylomorphismus von A nach B. Im Diagramm ist ebenfalls zu sehen, dass dieser mit $(\![\beta]\!) \circ [\![\alpha]\!]$ identisch ist. Schließlich sehen wir auch, dass gilt:

$$[[\beta, \alpha]] = \beta \circ F([[\beta, \alpha]]) \circ \alpha \qquad (13.33)$$

Gegenüber der Berechnung als Aufeinanderfolge von Ana- und Katamorphismus spart man sich den Umweg über die Morphismen *in* und *fin*. Dazu betrachten wir Abb. 13.14, die aus dem Anamorphismus Abb. 13.11 und dem Katamorphismus Abb. 13.12 zusammengesetzt ist. Dort wird die Umwegschleife über $[I_{[]}, cons]$ und $[I_1, \langle car, cdr \rangle]$ eingespart, also die Erzeugung und Zerlegung einer Liste. Diese Optimierung begegnet uns in Theorem 14.3 ebenfalls.

Gleichung 13.33 kann ohne komutatives Diagramm auch folgendermaßen abgeleitet werden: Aus den Gleichungen der kommutativen Diagramme von Ana- und Katamorphismus

Abb. 13.13 Hylomorphismus

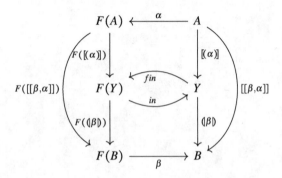

Abb. 13.14 Hylomorphismus
zur Berechnung der Fakultät

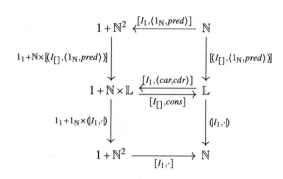

$$[\![\alpha]\!] = fin^{-1} \circ F([\![\alpha]\!]) \circ \alpha \tag{13.34}$$

$$(\![\beta]\!) = \beta \circ F((\![\beta]\!)) \circ in^{-1} \tag{13.35}$$

ergibt sich aufgrund der Definition der folgende Zusammenhang:

$$(\![\beta]\!) \circ [\![\alpha]\!] = [\![\beta,\alpha]\!] = \beta \circ F((\![\beta]\!)) \circ in^{-1} \circ fin^{-1} \circ F([\![\alpha]\!]) \circ \alpha \tag{13.36}$$

Da $(g \circ f)^{-1} = f^{-1} \circ g^{-1}$ gilt (man beachte die Vertauschung von f und g !), darf so weiter gerechnet werden:

$$(\![\beta]\!) \circ [\![\alpha]\!] = [\![\beta,\alpha]\!] = \beta \circ F((\![\beta]\!)) \circ fin \circ in \circ F([\![\alpha]\!]) \circ \alpha \tag{13.37}$$

$$[\![\beta,\alpha]\!] = \beta \circ F((\![\beta]\!)) \circ F([\![\alpha]\!]) \circ \alpha \tag{13.38}$$

$$[\![\beta,\alpha]\!] = \beta \circ F((\![\beta]\!) \circ [\![\alpha]\!]) \circ \alpha \tag{13.39}$$

$$[\![\beta,\alpha]\!] = \beta \circ F([\![\beta,\alpha]\!]) \circ \alpha \tag{13.40}$$

Zum Abschluss dieses Kapitels die Ableitung des Programms zur Fakultätsbestimmung anhand der Gl. 13.40 des Hylomorphismus. Wir haben die F-Koalgebra $(\mathbb{N}, \alpha)$ mit

$$F : A \to 1 \times \mathbb{N} \times A$$

$$\alpha = [I_{[]}, \langle 1_{\mathbb{N}}, pred \rangle]$$

und

$$\beta = [I_1, \cdot].$$

Einsetzen in die Hylomorphismus-Gleichung 13.40

$$[[\beta, \alpha]] = \beta \circ F([[\beta, \alpha]]) \circ \alpha$$

ergibt dann das Programm zur Berechnung der Fakultät.

$$! = [I_1, \cdot] \circ [I_1 + 1_{\mathbb{N}} \times !] \circ [I_{[]}, \langle 1_{\mathbb{N}}, pred \rangle] \tag{13.41}$$

Diese Gleichung für die Fakultätsfunktion ist die algebraische Darstellung eines Computerprogramms zur Berechnung der Fakultät.

Sie kann analog zum Vorgehen in Abschn. 13.8 interpretiert werden. Es sind (wiederum von rechts nach links) folgende Verarbeitungsketten entnehmbar:

$$0 \to 1 \to 1 \to 1$$

und

$$n \in \mathbb{N} \to (n, n-1) \to (n, (n-1)!) \to n \cdot (n-1)!$$

Beide Verarbeitungsketten zusammengenommen ergaben dann folgender Funktionsdefinition der Fakultät in Lisp:

```
1  (defun fac (n)
2    (if (= n 0)
3        1
4        (* n (fac (1- n))))))
```

13.10 Ergebnisse

Was wir hier gesehen haben, ist das algebraische „Ausrechnen" eines Computerprogramms zur Fakultätsberechnung aus der mathematischen Definition der Fakultät. Wir haben auch die Unnötigkeit des Speicherverbrauchs beweisen, der entsteht, wenn man zuerst eine Zahlenliste „anamorphistisch" erstellt um sie dann „katamorphistisch" zu multiplizieren. Durch Komposition beider Funktionen entsteht der Hylomorphismus, bei dem diese Speicherverschwendung algebraisch weggerechnet werden kann. Wie leistungsfähig Hylomorphismen in der Praxis sind, ist Gegenstand des nächsten Kapitels.

Im Allgemeinen ist eine solche Vorgehensweise vielleicht aufwendig, aber sie hat den Vorteil, automatisierbar zu sein. Das bedeutet, wir haben einen Zusammenhang zwischen einer Anforderung und einem Computerprogramm, der vorher nur *intuitiv* klar war, auf

Tab. 13.1 Schreibweisen für Objekte

Bezeichnung	Hom	Bedeutung, (wenn A und B Mengen sind)
Menge, Objekt	A	Objekt oder Menge mit Namen A
Singleton-Menge	1	Menge mit einem einzigen Element.
binäres Produkt	$A \times B$	Paare (x,y) mit $x \in A$ und $y \in B$
binäres Koprodukt	$A + B$	Alle x mit $x \in A$ oder $x \in B$

Tab. 13.2 Schreibweisen für Morphismen

Bezeichnung	Hom	Domain	Codomain	berechnet
konstante Funktion	I_z	Z für $z \in Z$	Z für $z \in Z$	z
Identität auf A	1_A	A	A	x für alle x aus A
Produktmorphismus	$f \times g$	$Dom(f) \times Dom(g)$	$Cod(f) \times Cod(g)$	das Paar $(f(x), g(y))$
Ko-Produktmorphismus	$f + g$	$Dom(f) + Dom(g)$	$Cod(f) + Cod(g)$	$f(z)$ wenn $z \in Dom(f)$ $g(z)$ wenn $z \in Dom(g)$
(binärer) Multimorphismus	$\langle f, g \rangle$	$Dom(f) = Dom(g)$	$Cod(f) \times Cod(g)$	das Paar $(f(x), g(x))$
(binärer) Polymorphismus	$[f, g]$	$Dom(f) + Dom(g)$	$Cod(f) = Cod(g)$	$f(x)$ wenn $x \in Dom(f)$ $g(x)$ wenn $x \in Dom(g)$
Katamorphismus	$(\!\| \beta \|\!)$	(X, in)	(B, β)	S. 13.7
Anamorphismus	$[\!(\alpha)\!]$	(A, α)	(X, fin)	S. 13.8
Hylomorphismus	$[[\beta, \alpha]]$	(A, α)	(B, β)	S. 13.9

Regeln heruntergebrochen, die man sogar programmieren könnte. Gleichzeitig haben wir die Korrektheit des intuitiv korrekten Algorithmus nachgewiesen.

13.11   Schreibweisen in diesem Kapitel

Da die Kategorientheorie viele eigenwillige Notationen verwendet, deren Bedeutung aber genau verstanden werden will, erfolgt hier eine Zusammenstellung dazu.

Objekte und Kompositionen aus diesen werden entsprechend Tab. 13.1 notiert.

Die Schreibweisen der Morphismen ergeben sich aus Tab. 13.2.

13.12   Hinweise zu weiterführender Literatur

Die Kategorientheorie kann natürlich nicht auch nur annähernd vollständig in diesem Kapitel dargestellt werden. Wichtige Gesamtdarstellungen sind (Lane 1998) und (Awodey 2006). Dabei ist letztere Darstellung besonders verständlich geschrieben. Einzelne Vorlesungen des Autors können auch unter https://www.youtube.com angeschaut werden.

Eine etwas stärker anwendungsbezogene Einführung findet sich unter (Fokkinga 1992). Zusätzlich bieten (Phillips and Wilson 2010, 2011) und (Phillips and Wilson 2012) verständliche Einstiege aus Sicht der Kognitionswissenschaft.

Schließlich befasst sich (Meijer et al. 1991) explizit mit verschiedenen der hier zur Sprache gekommenen Rekursionsstrukturen und ihren Eigenschaften.

Literatur

Awodey, S. (2006). *Category Theory*. Oxford Logic Guides. Ebsco Publishing.

Fokkinga, M. (1992). A gentle introduction to category theory — the calculational approach. In *Lecture Notes of the STOP 1992 Summerschool on Constructive Algorithmics*, pages 1–72 of Part 1. University of Utrecht.

Lane, S. (1998). *Categories for the Working Mathematician*. Graduate Texts in Mathematics. Springer New York.

McCarthy, J. (1979). History of lisp. http://www-formal.stanford.edu/jmc/history/lisp.ps. Zugriff 6.Mai 2016.

Meijer, E., Fokkinga, M. M., and Paterson, R. (1991). Functional programming with bananas, lenses, envelopes and barbed wire. pages 124–144. Springer-Verlag.

Phillips, S. and Wilson, W. H. (2010). Categorial compositionality: A category theory explanation for the systematicity of human cognition. *PLoS Computational Biology*, 6(7).

Phillips, S. and Wilson, W. H. (2011). Categorial compositionality II: universal constructions and a general theory of (quasi-)systematicity in human cognition. *PLoS Computational Biology*, 7(8).

Phillips, S. and Wilson, W. H. (2012). Categorial compositionality iii: F-(co)algebras and the systematicity of recursive capacities in human cognition. *PLoS ONE*, 7(4):1–12.

Programmieren mit Morphismen

14

Zusammenfassung

Im Aufsatz mit dem orginellen Titel Functional Programming with Bananas, Lenses, Envelopes and Barbed Wire (Meijer et al., Functional programming with bananas, lenses, envelopes and barbed wire. Springer, pp 124–144, 1991) *beschreiben die Autoren Erik Meijer, Maarten Fockinga und Ross Paterson verschiedene Möglichkeiten, Rekursionen nach ihrem Grundgerüst zu abstrahieren und machen damit Rekursionsmuster einer systematischen Betrachtung zugänglich. Mit Katamorphismen, Anamorphismen und weiteren Morphismen lassen sich gängige Rekursionsstrukturen beschreiben. Die Begriffe selbst entstammen ursprünglich der Kategorientheorie. Dieses Kapitel erläutert die genannten Morphismen und zeigt, dass Verwandtschaften zwischen rekursiven Programmen existieren, wo man sie zunächst nicht zwingend vermutet. Das ermöglicht es oft, einem Rekursionsmuster einen Morphismus zuzuordnen. Der Morphismen leistet dann einen exzellenten Dienst zur Klarstellung rekursiver Operationen und stellen umgekehrt ein höchst effektives Hilfsmittel zum* Rapid Prototyping *dar.*

Grundlage der im Folgenden diskutierten Rekursionsmuster ist die rekursive Definition der Datenstrukturen, die von diesen erzeugt oder bearbeitet werden. Dazu gehören Listen ebenso wie binäre und allgemeine Bäume. Die im Kap. 13 anhand von Listen vorgestellten Mechanismen und Beziehungen finden hier ihren Niederschlag. Auch das Beispiel „Vier Gewinnt" (Kap. 10) wird in diesem Kapitel unter den neuen Aspekten noch einmal revidiert, da es überraschend kompakt als Hylomorphismus dargestellt werden kann.

© Springer Fachmedien Wiesbaden 2016
P.M. Krusenotto, *Funktionale Programmierung und Metaprogrammierung*,
DOI 10.1007/978-3-658-13744-1_14

14.1   Morphismen für Listen

So, wie Listen in LISP definiert sind, also als Paar aus Listenkopf und Listenrest, *car* und *cdr* oder einfach [*a.D*] werden sie auch in der Mathematik definiert, da diese Definition einfach und natürlich ist. Entlang dieser Konstruktion kann man zwei elementare und zueinander entgegengesetzte Morphismen definieren: Katamorphismen und Anamorphismen.

14.1.1 Katamorphismen

Erinnern wir uns an die Definition der Funktion `listlen` aus Abschn. 8.2:

```
(defun listlen (l)
  (if (null l)
      0
      (1+ (listlen (cdr l)))))
```

Ihr zur Seite stellen wir die Funktion `list-copy`:

```
(defun list-copy (l)
  (if (null l)
      nil
      (cons (car l) (list-copy (cdr l)))))
```

Es sind inhaltliche und formale Parallelen erkennbar:

- Beide Funktionen haben einen einzigen Parameter `l`, der eine Liste ist.
- Beide Funktionen prüfen, ob das Listenende erreicht ist und geben dann einen beliebigen, aber festen Wert zurück: bei `listlen` die Zahl 0 und bei `list-copy` den Wert `nil`.
- Andernfalls erfolgt eine Rekursion auf dem *cdr* der Liste und eine Weiterverarbeitung des Rückgabewertes. Bei `listlen` ist das einfach (+ 1 *r*) und bei `list-copy` (cons (car l) *r*), wobei *r* das Ergebnis der Rekursion ist.

Die Unterschiede zwischen beiden Definitionen sind:

1. Der Funktionswert im Falle $l = $ `nil`. Das ist bei `listlen` der Wert 0 und bei `list-copy` der Wert `nil`. Diesen Wert nennen wir *z*.
2. Die Funktion, die den *car*-Teil mit dem Ergebnis des rekursiven Aufrufes über dem *cdr*-Teil verbindet. Das ist bei `listlen` die Funktion 1+ und bei `list-copy` die Funktion `cons`. Diese Funktion nennen wir im Folgenden *f*.

Definition 14.1. (Katamorphismus, Banane)

Sei $z \in \mathbb{U}$ ein Wert und $f : \mathbb{U} \times \mathbb{L} \to \mathbb{U}$ eine zweistellige Funktion. $[a.D]$ sei eine Liste mit car-Teil a und cdr-Teil D. Dann heißt die wie folgt definierte Funktion h

$$h : \mathbb{L} \to \mathbb{U} \tag{14.1}$$

$$[] \mapsto z \tag{14.2}$$

$$[a.D] \mapsto f(a, h(D)) \tag{14.3}$$

Katamorphismus[1] über z und f.

Der Katamorphismus wird mit Bananenklammern[2] geschrieben. Manchmal werden Katamorphismen auch salopp als Bananen bezeichnet.

$$h = (\!|z,f|\!) \tag{14.4}$$

$(\!| z,f |\!)$ ist eine Funktion und berechnet eine Rechts-Faltung, dass heißt, es gilt:

Theorem 14.1. *(Bananen falten Girlanden)*

Sei $l = [a_1, a_2, a_3, .., a_n]$ eine Liste. Dann gilt:

$$(\!|z,f|\!) : l \mapsto f(a_1, f(a_2, f(a_3, ..f(a_n, z)))).. \tag{14.5}$$

Der Beweis ergibt sich relativ zwanglos aus der Definition und ist darum an dieser Stelle entbehrlich.

Die Anwendung eines Katamorphismus (hier mit dem Startwert 0 und der zweistelligen Operation „+") auf eine bestimmte Liste wird so notiert:

$$(\!|0, +|\!)[10, 1, -4, 8] = 15$$

Die Definition des Katamorphismus legt es nun nahe, die Bananenklammer in Lisp zu forulieren, also eine Funktion zu schaffen, die aus z und f einen Katamorphismus zusammensetzt:

```
(defun banana (z f)
  (labels ((h (l)
```

---

[1]Zu griech. $\kappa\alpha\tau\alpha$ ~ „von..herab", entlang.

[2]Die Bananen-, Linsen-, etc- Klammern sind Zirkumfix-Operatoren, was die algebraische Behandlung vereinfacht.

```
3            (if l
4                (funcall f (car l) (h (cdr l)))
5                z)))
6      #'h))
```

BANANA

Der einfache Aufbau ist weitgehend selbsterklärend: Der Katamorphismus wird innerhalb banana mit labels vereinbart und heißt h.

h verwendet bei Rekursionsabbruch im Fall $l = []$ den Wert z und andernfalls die
Funktion f auf den Argumenten (car l) und (h (cdr l)), um den Rückgabewert
zu bestimmen.

Es folgen einige Beispiele.

• Der Katamorphismus ⦇[], *list*⦈ erzeugt eine Struktur, an der sehr leicht erkennbar ist,
  wie Katamorphismen arbeiten:

  ⨍

```
1 (funcall (banana nil #'list) '(1 2 3 4))
```

```
   (1 (2 (3 (4 NIL))))
```

• Die anfangs bemühte *Länge einer Liste* stellt sich so dar:

  ⨍

```
1 (funcall
2  (banana 0
3          (lambda (head rest)
4              (declare (ignore head))
5              (1+ rest)))
6  '(3 4 5 6.7 4 7 3))
```

```
   7
```

Dabei darf die mit declare beginnende Zeile auch weggelassen werden. Sie dient
nur dazu, eine Warnung des SBCL-Compilers zu verhindern.
• Die Summe einer Zahlenliste kann so berechnet werden:

  ⨍

```
1 (funcall
2  (banana 0 #'+)   '(3 4 5 6.7 4 7 3))
```

```
   32.7
```

- `remove-duplicates` im Selbstbau:

  ⚡

  ```
  1 (funcall
  2  (banana nil #'adjoin) '(1 2 3 1 2 4))
  ```

      (3 1 2 4)

- Größter *Absolutwert* einer Liste von Zahlen:

  ⚡

  ```
  1 (funcall
  2  (banana 0   (lambda (head rest)
  3                 (if (> (abs head) rest)
  4                     (abs head)
  5                     rest)))
  6  '(3 4 5 6.7 4 -7 3))
  ```

      7

- Strings einer Liste mit „und" verbinden:

  ⚡

  ```
  1 (defun aufzählung (l)
  2   (funcall
  3    (banana (car (last l))
  4            (lambda (head rest)
  5              (concatenate 'string head " und " rest)))
  6    (butlast l)))
  ```

      AUFZÄHLUNG

  ⚡

  ```
  1 (aufzählung '("Ich" "Du" "Müllers Kuh"))
  ```

      Ich und Du und Müllers Kuh

- Eine Liste kopieren:

```
1 (funcall
2  (banana nil #'cons) '(1 2 3 4))
```

```
(1 2 3 4)
```

- Ein Polynom an der Stelle $x = -2$ nach dem Horner-Schema berechnen:

```
1 (let ((x -2))
2   (funcall
3     (banana 0 (lambda (head rest) (+ head (* x rest))))
4     '(1 -1/2 3)))
```

```
14
```

Das Horner-Schema macht die Katamorphismen besonders sinnfällig und hilft vermutlich am besten, deren Wesen zu verinnerlichen.

Dies lässt sich weiter verdeutlichen, indem man die Berechnung nicht numerisch ausführt, sondern sich die effektiv berechnete S-Expression mit `list` zusammensetzen lässt:

```
1 (let ((x -2))
2   (funcall
3     (banana 0 (lambda (head result)
4               (list '+ head (list '* x result))))
5     '(1 -1/2 3)))
```

```
(+ 1 (* -2 (+ -1/2 (* -2 (+ 3 (* -2 0))))))
```

Das Ergebnis ist nichts anderes als die die ausgeklammerte Form des quadratischen Terms

$$3x^2 - \frac{1}{2}x + 1$$

an der Stelle $x = -2$.

Den Ausdruck kann man sich auch sehr leicht vom Listener berechnen lassen, allerdings nur im direkten Anschluss wenn er an die Variable $\star$ gebunden ist:

```
(eval *)
```

14

Die Funktion `eval`, auf die im Kap. 17 noch gesondert eingegangen wird, wertet einen Ausdruck aus und die Variable $\star$ enthält im Listener immer das unmittelbar vorher bestimmte Rechenergebnis ($\star\star$ gestattet das vor-vorhergehende Ergebnis zuzugreifen und $\star\star\star$ schließlich das noch einen Schritt vorher bestimmte).

Um den Umgang mit Katamorphismen und anderen funktionalen Objekten zu erleichtern, definieren wir noch die Umkehrung des Curryings. Beim Currying handelt es sich genau genommen um eine *Projektion*[3] einer Funktion. Das Gegenteil dazu ist die *Hebung*, die auch *Lifting* heißt. Dabei wird aus einer n-adischen Funktion[4] eine $(n + 1)$-adische Funktion gebaut, deren zusätzlicher Parameter aber ignoriert wird. Das Lifting bläst die Funktion also nur um einen Dummy-Parameter auf, um sie zu einem bestimmten Aufrufmuster kompatibel zu machen.

Damit der Compiler keine Warnung erzeugt, wird mit `(declare (ignore a))` erklärt, dass der Parameter a nicht benutzt werden wird. Rechnerisch hat dies aber keine Bedeutung:

```
(defun lift(f)
  (lambda (a b)
    (declare (ignore a))
    (funcall f b)))
```

LIFT

Nur aus Gründen der Vollständigkeit definieren wir auch das Pendant `rlift`:

```
(defun rlift(f)
  (lambda (a b)
```

---

[3]Reduktion um eine oder mehrere Dimensionen, wie bei einem Foto.
[4]Funktion mit n Parametern.

```
3      (declare (ignore b))
4      (funcall f a)))
```

RLIFT

Theorem 14.2. *(curry und lift) Es gilt*

$$curry(lift(f), a) = f$$

und

$$rcurry(rlift(f), a) = f$$

für alle $f : \mathbb{U}^n \to \mathbb{U}$ *und alle* $a \in \mathbb{U}$.

Damit kann man nun die Listenlänge ohne den etwas länglichen λ-Ausdruck durch „Lifting" der Funktion #'+ ausdrücken:

```
1  (funcall
2   (banana 0 (lift #'1+))
3   '(3 4 5 6 7 7  7))
```

7

- Berechnung der Potenzmenge

    Als letztes Beispiel eines Katamorphismus erfolgt die Berechnung der Potenzmenge einer Menge. Sie ist gegeben als *Menge aller Teilmengen* einer Menge. Demnach hat die Menge

$$A = \{a, b, c\}$$

zum Beispiel die Potenzmenge

$$2^A = \{\varnothing, \{a\}, \{b\}, \{ab\}, \{c\}, \{ac\}, \{bc\}, \{abc\}\}$$

Hat man die Potenzmenge $p = 2^{(N-1)}$ einer $n-1$-elementigen Menge berechnet, dann findet man die Potenzmenge 2^N einer n-elementigen Menge, indem man p mit der Menge vereinigt, die entsteht, wenn man zu allen Elementen von p das neue, n-te Element hinzufügt. Macht man sich außerdem klar, dass die Potenzmenge $2^\varnothing$ von $\varnothing$ genau $\{\varnothing\}$ ist, hat man den Katamorphismus schon gefunden:

Ein inneres `lambda` erledigt zusammen mit `mapcar` das hinzufügen des neuen Elements, append vereinigt mit dem ursprünglichen p und diesen Operator verwenden wir als zweistellige Funktion unseres Katamorpismus, der mit diesem einmal durch die Ausgangsmenge läuft und so die Potenzmenge aufbaut:

```
1  (defun powerset (s)
2    (funcall (banana (list nil)
3                     (lambda (item p)
4                       (append (mapcar
5                                (lambda (e)
6                                  (cons item e))
7                                p)
8                               p)))
9             s))
```

POWERSET

```
1  (powerset '(q))
```

```
((Q) NIL)
```

```
1  (powerset '(q r s))
```

```
((Q R S) (Q R) (Q S) (Q) (R S) (R) (S) NIL)
```

```
1  (powerset '(q r s t))
```

```
((Q R S T) (Q R S) (Q R T) (Q R) (Q S T) (Q S) (Q T)
 (Q) (R S T) (R S) (R T) (R) (S T) (S) (T) NIL)
```

14.1.2 Anamorphismen

Anamorphismen[5] bilden Datenobjekte auf Listen ab und sind damit das Gegenstück zu
Katamorphismen. Anamorphismen repräsentieren damit die zu den Rekursionen dualen
Corekursionen, da sie nicht rekursiv in eine Datenstruktur abtauchen, sondern eine re-
kursive Datenstruktur aufbauen.

Ein Anamorphismus besitzt ein Stopp-Prädikat s, das besagt, ob die Listengenerierung
stoppen soll[6] und eine Generator-Funktion g, die zwei Werte liefert: ein Listenelement,
also den Kopf der (unberechneten) Restliste und dasjenige Objekt, das zur Generierung
der Folgeglieder herangezogen werden soll.

Notiert wird der Anamorphismus aus s und g mit Linsenklammern[7]:

$$\alpha = [\![(s,g)]\!].$$

Die Funktion `range`, die eine absteigende Liste natürlicher Zahlen beginnend mit einer
übergebenen Zahl n liefert, ist ein einfaches Beispiel:

```
1 (defun range (n)
2   (if (> n 0)
3       (cons n (range (1- n)))))
```

```
RANGE
```

```
1 (range 11)
```

```
(11 10 9 8 7 6 5 4 3 2 1)
```

Sie hat als Stopp-Prädikat die Eigenschaft $n < 0$ und berechnet andernfalls das Wer-
tepaar $(n, n-1)$, dessen erste Komponente n jeweils als neuer Listenkopf dient und dessen
zweite Komponente in den rekursiven Aufruf eingeht. Die durch diesen Aufruf erstellte
Liste ist dann die zugehörige Restliste.

---

[5]Zu griech. $\alpha\nu\alpha$ ~ „an..hinauf".

[6]In der Logik der Programmierung erscheint es zwar natürlicher, ein dazu komplementäres Prädikat
zu übergeben, das besagt, ob die Berechnung weiter laufen soll, aber die Logik wird hier 1:1 aus
(Meijer et al. 1991) übernommen.

[7]Dabei ist an konkave, optische Linsen gedacht, wie sie zur Korrektur der Kurzsichtigkeit verwendet
werden.

Analog zum Vorgehen bei Katamorphismen identifizieren wir die variablen Anteile dieses Prozesses und verlegen diese in Variablen. Das Ergebnis ist ein Konstruktor für Anamorphismen. Das hier erstmals verwendete unless ist die logische Umkehrung zu when .

```
(defun lens-1 (stop-p gen)
  (labels ((the-ana (a)
             (unless (funcall stop-p a)
               (multiple-value-bind (head rest)
                 (funcall gen a)
                 (cons head (the-ana rest))))))
    #'the-ana))
```

LENS-1

Zum Nachstellen des Beispiel-Anamorphismus oben übergeben wir die folgenden anonymen Funktionen: Als Stopp-Prädikat

```
(lambda (x) (< x 1) )
```

und als Generator-Funktion

```
(lambda (x) (values x (1- x))))
```

Die von lens erzeugte Funktion rufen wir mit dem Parameter 10 auf:

```
(funcall
 (lens-1 (lambda (x) (< x 1) )
         (lambda (x) (values x (1- x))))
 10)
```

```
(10 9 8 7 6 5 4 3 2 1)
```

- Liste der Zahlen von 5 bis 15

```
(funcall (lens-1 (lambda (x) (> x 15))
                 (lambda (x) (values x (+ x 1))))
         5)
```

```
(5 6 7 8 9 10 11 12 13 14 15)
```

Obiger Aufruf erzeugt eine Zahlenliste. Der Abbruch erfolgt, falls ein Wert größer als 15 an stop-if übergeben wurde. Andernfalls werden die Werte x für das aktuelle Listenelement selbst und der Wert (+ x 1) für den folgenden rekursiven Aufruf übergeben.

- Liste der Quadrate aus einer Liste erzeugen:

ϟ

```
1  (funcall (lens-1 #'null
2                   (lambda (a)
3                     (values (* (car a) (car a))
4                             (cdr a))) )
5           '(1 20 3 8 -5))
```

```
(1 400 9 64 25)
```

- Eine Datei zeilenweise einlesen:

ϟ

```
1  (with-open-file (s #P"/etc/passwd")
2    (funcall (lens-1 (complement #'listen)
3                     (lambda (s)
4                       (values (read-line s) s)))
5             s))
```

```
("root:x:0:0:root:/root:/bin/bash"
 "daemon:x:1:1:daemon:/usr/sbin:/bin/sh"
 "bin:x:2:2:bin:/bin:/bin/sh"
 "sys:x:3:3:sys:/dev:/bin/sh"
 "sync:x:4:65534:sync:/bin:/bin/sync"
 "games:x:5:60:games:/usr/games:/bin/sh"
 "man:x:6:12:man:/var/cache/man:/bin/sh"
 "lp:x:7:7:lp:/var/spool/lpd:/bin/sh"
 "mail:x:8:8:mail:/var/mail:/bin/sh"
 "news:x:9:9:news:/var/spool/news:/bin/sh"
 "uucp:x:10:10:uucp:/var/spool/uucp:/bin/sh"
 "proxy:x:13:13:proxy:/bin:/bin/sh"
 "www-data:x:33:33:www-data:/var/www:/bin/sh"
 "backup:x:34:34:backup:/var/backups:/bin/sh"
 "saned:x:114:123::/home/saned:/bin/false"
 "postfix:x:115:125::/var/spool/postfix:/bin/false")
```

- Selbstgebautes `mapcar` als Anamorphismus:

🔥

```
1  (defun mapcar/lens-1 (func list)
2    (funcall (lens-1 #'null
3                      (lambda (l)
4                        (values (funcall func (car l))
5                                (cdr l))))
6              list))
```

MAPCAR/LENS-1

🔥

```
1  (mapcar/lens-1 #'1+ '(2 5 6))
```

(3 6 7)

- Multiple Value Version
  Man kann sich nun überlegen, ob es nicht sinnvoll wäre, die Anzahl der übergebenen
  Datenobjekte variabel zu halten und zwar so, dass sowohl das Stopp-Prädikat als auch
  die Generator-Funktion mehrere Argumente entgegennehmen kann. Selbstverständlich
  müsste der Anwender des Anamorphismengenerators dafür Sorge tragen, dass er
  genauso viele Datenobjekte als Parameter übergibt, wie die von ihm übergebenen
  Funktionen Parameter übernehmen können.

  Ausprogrammiert ergeben sich keine allzu großen Unterschiede zur einfacheren Version `lens-1`. Den Aufruf der Generator-Funktion erledigen wir jetzt mit
  `multiple-value-call` und einem eingebetteten `lambda`-Ausdruck, da `mul-
  tiple-value-bind` keine `&rest`-Parameter unterstützt.[8] Diese benötigen wir
  aber, um mit einer unbestimmten Zahl Parametern zu arbeiten. Die Aufrufe von
  `stop-p` und `gen` müssen mit `apply` erfolgen. Ansonsten bleibt alles wie bei
  `lens-1`:

🔥

```
1  (defun lens (stop-p gen)
2    (labels ((the-ana (&rest args)
```

---

[8]Tatsächlich wird von SBCL der Aufruf von `multiple-value-bind` sowieso in einen Aufruf
von `multiple-value-call` mit `lambda` umgesetzt, wovon man sich leicht mit einem
`macroexpand`-Aufruf überzeugen kann. Hier wird also keine Ablaufgeschwindigkeit verschenkt.

```
3          (unless (apply stop-p args)
4              (multiple-value-call
5                  (lambda (head &rest rest)
6                    (cons head
7                        (apply #'the-ana rest)))
8                  (apply gen args)))))
9      #'the-ana))
```

LENS

Innerhalb lens wird mit labels eine lokale Funktion namens the-ana defi-
niert, die, falls stop-p *wahr* liefert, den Wert nil zurückgibt und andernfalls gen
aufruft. Mit dem Wert head und beliebig vielen tail-Werten ruft der lambda-
Ausdruck schließlich the-ana rekursiv auf, hängt mit cons den Wert von head
an das Ergebnis der Rekursion an und liefert die entstandene Liste zurück.
– Zipping zweier Listen
Die Funktion lens kann auch solche Anamorphismen generieren, die mit mehreren
Parametern arbeiten:
   Die Funktion zip/ana übernimmt zwei Listen und baut diese zu einer Liste
von Paaren zusammen. Die generate-Funktion muss dann insgesamt drei Werte
liefern: den Wert für das aktuelle Listenelement und die beiden Werte, die in den
folgenden Aufruf eingehen.

```
1 (defparameter zip/ana
2 (lens
3
4  (lambda (a b)
5    (or (null a) (null b)))
6
7  (lambda (a b)
8    (values (list (car a) (car b))
9            (cdr a)
10           (cdr b)))  ))
```

ZIP/ANA

```
1 (funcall zip/ana '(1 2 3 4 5) '(a b c d e))

  ((1 A) (2 B) (3 C) (4 D) (5 E))
```

Es ist ohne weiteres möglich, das Zipping sogar so zu verallgemeinern, dass beliebig viele Listen gezippt werden können. Dazu dient uns bei `stopp-p` ein Ausdruck mit some, nämlich `(lambda (&rest l) (some #'null l))` und bei gen eine `mapcar`-Erweiterung der Funktionen `car` und `cdr`:

⨎

```
1  (defparameter super-zip
2    (lens
3     (lambda (&rest l) (some #'null l))
4     (lambda (&rest l)
5       (apply #'values
6              (cons (mapcar #'car l)
7                    (mapcar #'cdr l)))))))

SUPER-ZIP
```

⨎

```
1  (funcall super-zip
2           '(1 2 3 4) '(x y z) '(a b c d)
3           '(11 22 33 44) '(do re mi fa so))

((1 X A 11 DO) (2 Y B 22 RE) (3 Z C 33 MI))
```

Das war es zunächst, was Anamorphismen betrifft. Wir werden in einem späteren Abschnitt den Begriff Anamorphismus noch auf Bäume erweitern, wenden uns aber zunächst den *Hylomorphismen* zu, die eine Komposition von Kata- und Anamorphismen sind.

14.1.3 Hylomorphismen

Einen Katamorphismus und einen Anamorphismus kann man mit compose zu einem Hylomorphismus[9] verbinden. So entsteht zum Beispiel die Fakultätsfunktion aus:

$$fak = (\!|1, \otimes|\!) \circ [\![x \mapsto x > n, x \mapsto (x, x+1)]\!] \tag{14.6}$$

Das erklärt sich so, dass der Anamorphismus $[\![x \mapsto x > n, x \mapsto (x, x+1)]\!]$ für den Wert 10 eine Liste der Zahlen 1–10 erzeugt und der Katamorphismus $(\!|1, \otimes|\!)$ diese wieder zu einem einzigen Wert zusammendampft.

---

[9]Zu griech. $\upsilon\lambda\eta$ ~ (Brenn-)Holz, Material.

In COMMON LISP sieht die Berechnung von 10! dann so aus:

```
1  (funcall (compose
2             (banana 1 #'*)
3             (lens (lambda (x) (< x 1))
4                   (lambda (x) (values x (1- x))))))
5          10)
```

```
3628800
```

Das Ganze kann man natürlich auch in eine Funktion gießen, was trivialerweise so aussieht:

```
1  (defun envelope% (a b c d)
2    (compose (banana a b) (lens c d)))
```

```
ENVELOPE%
```

Sie lässt es sich dann in einem Zug der Funktionsbindung des Symbols fak zuweisen und über dieses benutzen. (Die stop-if-Funktion ist im Folgenden direkt durch einen eleganteren rcurry-Ausdruck ersetzt):

```
1  (setf (fdefinition 'fak)
2        (envelope% 1
3                   #'*
4                   (rcurry #'< 1)
5                   (lambda (x) (values x (1- x))))))
```

```
#<CLOSURE (LAMBDA
              (&REST ALEXANDRIA.0.DEV::ARGUMENTS)
            :IN
            ENVELOPE%) {D4AB935}>
```

Und auch sogleich aufrufen:

```
1  (fak 5)
```

```
120
```

14.1.4 Eindampfen des Hylomorphismus

Etwas unbefriedigend an dieser Darstellung des Hylomorphismus ist die Tatsache, dass hier tatsächlich vom Anamorphismus eine Liste ausgewickelt wird, nur um sie durch den Katamorphismus wieder zu vernichten. Auf diese Art und Weise generieren wir nur Futter für den Garbage Collector.

Aus diesem Motiv untersuchen wir jetzt die Möglichkeit, einen Hylomorphismus zu generieren, der ohne die (am Ende) überflüssige Erzeugung einer Liste als Zwischenergebnis auskommt. Dazu vereinfachen wir zuerst den Ana- und Katamorphismus so, dass wir keine freien Variablen mehr haben.

Dazu müssen wir aber beide Begriffe zunächst formal fassen. Da die Bananen-Linsen- und Briefumschlagklammern manchmal die Übersicht erschweren, führe ich eine alternative Notation mit den griechischen Anfangsbuchstaben ein:

- $\alpha_{s,g}$ oder α für Anamorphismen
- κ oder $\kappa_{z,f}$ für Katamorphismen
- $\upsilon_{s,f,g}$ oder υ für Hylomorphismen

Definition 14.2. (Listen-Katamorphismus)

Sei $z \in \mathbb{U}$ und $f : \mathbb{U} \times \mathbb{U} \to \mathbb{U}$ eine Abbildung. Dann ist der Katamorphismus mit $(\!|z,f|\!) : \mathbb{L} \to \mathbb{U}$ durch folgende Rekursion gegeben:

$$\kappa(l) = \begin{cases} z & \text{falls } l = [] \\ f(car(l), \kappa(cdr(l))) & \text{sonst} \end{cases} \tag{14.7}$$

Definition 14.3. (Listen-Anamorphismus)

Sei s ein einstelliges Prädikat und $g : \mathbb{A} \to \mathbb{U} \times \mathbb{U}$ eine Funktion. Der Anamorphismus $A : \mathbb{U} \to \mathbb{L}$ ist dann folgendermaßen gegeben:

$$\alpha(a) = \begin{cases} nil & \text{falls } s(a) \\ cons(h, \alpha(r)) \text{ wobei } (h, r) = g(a) & \text{sonst} \end{cases} \tag{14.8}$$

Damit ist schon beim oberflächlichen Hinsehen klar, dass ein Anamorphismus immer eine Liste liefert, denn er liefert, falls $s(a) = wahr$ die leere Liste `nil` und ansonsten eine Cons-Zelle.

Definition 14.4. (Listen-Hylomorphismus)

Sei κ ein Katamorphismus und α ein Anamorphismus, dann heißt die Funktion υ mit

$$\upsilon = \kappa \circ \alpha$$

Hylomorphismus.

Die Definition besagt, dass für alle $a \in \mathbb{U}$ gilt:

$$v(a) = \kappa(\alpha(a)) \qquad (14.9)$$

v wird auch mit Briefumschlag-Klammern notiert:

$$v = [\![(\!(z, f)\!), [\![(s, g)]\!]]\!]$$

Wir müssen entsprechend der Definition von Ana- und Katamorphismus zwei Fälle unterscheiden:

1. Falls die Stopp-Bedingung $s(a)$ erfüllt ist, gilt qua Definition $\alpha(a) = [\,]$ und deswegen

$$\kappa(\alpha(a)) = v(a) = z$$

2. Setzt man $\alpha(a)$ in die Definition

$$\kappa(l) = f(car(l), \kappa(cdr(l)))$$

   ein, ergibt sich:

$$\kappa(\alpha(a)) = v(a) = f(car(\alpha(a)), \kappa(\alpha(cdr(\alpha(a))))) \qquad (14.10)$$

und aufgrund Theorem 3.1 schließlich

$$\kappa(\alpha(a)) = f(h, \kappa(\alpha(r))) \quad \text{mit } (h, r) = g(a) \qquad (14.11)$$

Zusammengenommen erhalten wir dann folgende Darstellung:

Theorem 14.3. *(Speicherfreundlicher Listen-Hylomorphismus)*

$$v(a) = \begin{cases} z & \textit{falls } s(a) \\ f(h, v(r)) \textit{ mit } (h, r) = g(a) & \textit{sonst} \end{cases}$$

Dabei ist $z \in \mathbb{U}$ eine Konstante, $f : \mathbb{U} \times \mathbb{U} \to \mathbb{U}$ eine Abbildung, s ein einstelliges Prädikat und $g : \mathbb{A} \to \mathbb{U} \times \mathbb{U}$ eine Funktion.

Nach COMMON LISP übersetzt ergibt sich folgende Funktion zum Herstellen von Hylomorphismen:

```
1  (defun envelope (zero fold stop-p gen)
2    (labels ((hyl (x)
3              (if (funcall stop-p x)
4                  zero
5                  (multiple-value-bind (head rest)
6                      (funcall gen x)
7                    (funcall fold head (hyl rest))))))
8      #'hyl))
```

ENVELOPE

Damit lässt sich die Fakultätsfunktion folgendermaßen darstellen:

```
1  (funcall (envelope 1
2                     #'*
3                     (rcurry #'<= 1)
4                     (lambda (x) (values x (1- x))))
5           5)
```

```
120
```

14.2 Dendromorphismen

Eine Liste ist eine rekursive Datenstruktur, bestehend aus einem Listenkopf und einer Restliste. Für einen Baum trifft dies ebenfalls zu, denn er besteht aus einer Wurzel und mehreren „Unterbäumen". Das legt es nahe, Katamorphismen ebenfalls auf Bäume anzuwenden.

Bäume mit beliebig vielen Nachfolgeknoten kann man in Lisp als Listen darstellen, deren *car* den Knoten selbst darstellt und deren *cdr* die Liste der direkten Nachfolger ist. Dadurch ist dann das *car* des ganzen Baumes dessen Wurzel.

Der Baum mit der Struktur aus Abb. 14.1 hat dann die folgende Darstellung in Lisp:

```
1  (defparameter baum-1
2    (list 3
3          (list 0
4                (list 5)
5                (list 1
```

Abb. 14.1 Baum

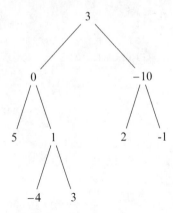

```
6                          (list -4)
7                          (list 3)))
8              (list 10
9                     (list 2)
10                    (list -1))))
```

```
   BAUM-1
```

```
⸙
```

```
1  baum-1
```

```
   (3 (0 (5) (1 (-4) (3))) (10 (2) (-1)))
```

14.2.1 Dendro-Katamorphismen

Ein allgemeiner Katamorphismus für eine solche Baumstruktur ergibt sich aus dem Listen-Katamorphismus durch eine einfache Überlegung: Die Faltungsfunktion arbeitet nicht mit den zwei Argumenten *Kopf* und *Restliste*, sondern mit der *Wurzel* und beliebig vielen *Unterbäumen*.

Die einzige Änderung am Code für `banana`, die wir durchführen müssen, besteht dann darin, den rekursiven Aufruf von `fold` nicht nur einmal, sondern einmal für jeden Unterbaum auszuführen.

Diese Operation ist aber gewissermaßen ein alter Hut aus dem Abschn. 3.7 und kann durch `mapcar` erledigt werden. Auf die sich ergebende Ergebnisliste zusammen mit der Baumwurzel am Anfang wird dann `fold` angewendet, was mit `apply` durchgeführt werden kann.

Die Konstruktion, die aus naheliegenden Gründen den Namen banana∗ bekommt, sieht dann so aus:

```
(defun banana* (fold)
  (labels ((the-cata (tree)
             (apply fold
                    (car tree)
                    (mapcar #'the-cata (cdr tree)))))
    #'the-cata))
```

BANANA∗

Im Vergleich zum Listen-Katamorphismus gibt es eine Änderung: zero ist keine Konstante, also keine nullstellige Funktion mehr, sondern eine Funktion, die ein Blatt des Baumes übernimmt. Das erklärt sich so: Während beim Listen-Katamorphismus der Wert zero nur einmal, und zwar am Ende des rekursiven Abstiegs und damit am Anfang der eigentlichen Berechnung verwendet wird, muss beim Dendro-Katamorphismus für jedes Blatt ein solcher Startwert bestimmt werden. Eine Konstante ist dadurch nicht mehr hinreichend. Falls dennoch eine verwendet werden soll, dann kann eine nullstellige konstante Funktion übergeben werden. In COMMON LISP kann man mit (constantly *x*) jederzeit eine anonyme Funktion erstellen, die bei jedem Aufruf den Wert *x* zurückgibt.

APPLY

Um den apply-Aufruf zu verstehen, ist es wichtig, zu wissen, dass apply nicht nur eine Liste als zweites Argument akzeptiert, sondern auch beliebig viele Einzelargumente. Diese werden vor der Anwendung der übergebenen Funktion mit cons zu einer Liste verbunden. Aus diesem Grund ist es möglich, die Summe der Zahlen 1 − 4 so zu berechnen:

```
(apply #'+ 1 2 3 '(4))
```

```
10
```

Der Term

```
(apply fold (car tree) (mapcar #'fold (cdr tree)))
```

(Fortsetzung)

berechnet also dasselbe wie

```
1 (apply fold (cons (car tree)
2                    (mapcar #'fold (cdr tree))))
```

Die „Bauauanleitung" banana* für Baum-Katamorphismen gestattet es nun höchst simpel, eine Funktion zur Bestimmung der Summe der Knotenwerte zu generieren:

♭

```
1 (funcall (banana* #'+) baum-1)
```

    19

Folgende Beispiele verwenden max und min, um den höchsten und den niedrigsten Knotenwert eines Baumes zu finden:

♭

```
1 (funcall (banana* #'max) baum-1)
```

    10

♭

```
1 (funcall (banana* #'min) baum-1)
```

    -4

Weitere interessante Größen sind die Baumhöhe, also die Länge des längsten Pfades:

♭

```
1 (funcall (banana*
2           (lambda (node &rest subtrees)
3             (if subtrees
4                 (1+ (apply #'max subtrees))
5                 1)))
6           baum-1)
```

    4

Eine Kopie des Baums zu erstellen, ist mit der Funktion list möglich:

♭

```
1  (funcall (banana* #'list) baum-1)
```

```
   (3 (0 (5) (1 (-4) (3))) (10 (2) (-1)))
```

Dass diese eine echte Kopie ist, zeigt folgende Berechnung:

```
1  (let ((copy (funcall (banana* #'list) baum-1)))
2    (and (not (eq copy baum-1))
3         (equal copy baum-1)))
```

```
   T
```

```
1  (equal (funcall (banana* #'list) baum-1)
2         baum-1)
```

```
   T
```

Ebenfalls ein Leichtes ist es, den Baum horizontal zu spiegeln:

```
1  (funcall (banana* (lambda (parent &rest children)
2                      (cons parent (reverse children))))
3         baum-1)
```

```
   (3 (10 (-1) (2)) (0 (1 (3) (-4)) (5)))
```

14.2.2 Dendro-Anamorphismen

Analog zu den Baum-Katamorphismen gibt es natürlich auch Baum-Anamorphismen, also
Funktionen, die Bäume ausrollen können. Den Bauplan zu diesen stellt die Folgende Lisp-
Funktion lens* dar. Genau wie bei ihrem Pendant für Listen nimmt sie ein Stop-Prädikat
und eine Generator-Funktion entgegen. Sie liefert dann den zugehörigen Anamorphismus
in Form einer Closure zurück.

ƒ

```
1  (defun lens* (stop? generator)
2     (labels ((the-ana (b)
3                 (unless (funcall stop? b)
4                    (multiple-value-bind (parent children)
5                        (funcall generator b)
6                      (cons parent
7                            (mapcar #'the-ana children))))))))
8       #'the-ana))
```

LENS*

Wir wählen zum Testen die Generator-Funktion

```
1  (lambda (n)
2     (values n (list (+ n n)
3                     (+ n n 1))))
```

Sie liefert zwei Werte:

1. Den Knotenwert n für den aktuell entwickelten Elternknoten
2. Eine Liste der Knotenwerte von zwei Kind-Knoten. Diese lauten auf $2n$ und $2n + 1$.

Als Stopp-Prädikat wählen wir

```
1  (lambda (n) (> n 10))
```

was bedeutet, dass das Ausrollen den Baumes endet, sobald ein Knoten mit einem Wert oberhalb von 10 generiert wird.

Zusammengesetzt erhalten wir den Aufruf

ƒ

```
1  (funcall (lens*
2              (lambda (n) (> n 10))
3              (lambda (n)
4                 (values n (list (+ n n)
5                                 (+ 1 n n))))))
6           1)

   (1
    (2 (4 (8 NIL NIL) (9 NIL NIL))
     (5 (10 NIL NIL) NIL))
    (3 (6 NIL NIL) (7 NIL NIL)))
```

Was dem Baum in Abb. 14.2 entspricht.

Abb. 14.2 Vollständiger
$(2n, 2n + 1)$-Binärbaum mit 10
Knoten

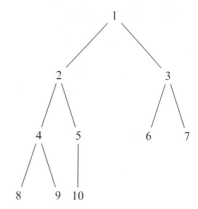

Dabei gibt es den kleinen aber ärgerlichen Schönheitsfehler, dass die Blätter des Baumes als Knoten mit je zwei auf `nil` lautenden Nachfolgeknoten realisiert werden. Auch wenn das exakt der Realisierung des Baumes in einer Sprache wie Java oder *C* entspräche, ist es hier vollkommen überflüssig.

Die NILs sind die Rückgabewerte von `the-ana` in dem Fall, in dem die Bedingung `stop?` greift. Darum ist die einzige Stelle im Programm, an der wir uns ihrer entledigen können, der Zeitpunkt nach Rückgabe der beiden Unterbäume durch `mapcar`, wie in der folgenden Ergänzung zu sehen ist. Es geschieht mit folgender, `tail-cut` genannten Hilfsroutine.

```
1 (defun tail-cut (l)
2   (reverse (member-if #'identity (reverse l))))
```

TAIL-CUT

Eingesetzt in `lens*` ergibt sich folgende Definiton, die zur Andeutung der abgeschnittenen `nil`-Ketten ein slash an den Namen bekommt:

```
1 (defun lens*/ (stop? generator)
2   (labels ((the-ana (b)
3             (unless (funcall stop? b)
4               (multiple-value-bind (parent children)
5                   (funcall generator b)
6                 (cons parent
7                       (tail-cut (mapcar #'the-ana
8                                         children)))))))
9     #'the-ana))
```

LENS*/

Mit ihr kann dann eine wirtschaftlichere Darstellung des Baumes erreicht werden:

```
 (funcall (lens*/
            (lambda (n) (> n 10))
            (lambda (n)
              (values n (list (+ n n)
                              (+ 1 n n)))))
  1)
```

```
  (1 (2 (4 (8) (9)) (5 (10))) (3 (6) (7)))
```

Wir verwenden den Dendro-Anamorphismus nun, um ein Abbild des Dateisystems als hierarchische Liste in einzulesen. Das *Stopp-Prädikat* ist die COMMON-LISP-Funktion not. Der *Generator* ist ein anonymer Lambda-Ausdruck, der das aktuelle Verzeichnis und eine Liste der Verzeichniseinträge als Mehrfachwert liefert.

```
 (funcall
  (lens*/
   #'not
   (lambda (p)
     (values
       p
       (unless (pathname-name (probe-file p))
         (directory (concatenate 'string
                       (namestring p) "*.*")))))))
   "/etc/apm/")
```

```
 ("/etc/apm/"
  (#P"/etc/apm/event.d/"
   (#P"/etc/apm/event.d/20hdparm")
   (#P"/etc/apm/event.d/anacron"))
  (#P"/etc/apm/resume.d/"
   (#P"/etc/apm/scripts.d/alsa"))
  (#P"/etc/apm/scripts.d/"
   (#P"/etc/apm/scripts.d/alsa"))
  (#P"/etc/apm/suspend.d/"
   (#P"/etc/apm/scripts.d/alsa")))
```

Hier als Referenz der eingelesene Verzeichnisbaum auf derselben Maschine, wie er vom Unix-Kommando *find* ausgegeben wird:

↯

```
patrick@twist:~$ find /etc/apm/

/etc/apm/
/etc/apm/event.d
/etc/apm/event.d/20hdparm
/etc/apm/event.d/anacron
/etc/apm/resume.d
/etc/apm/resume.d/20alsa
/etc/apm/suspend.d
/etc/apm/suspend.d/80alsa
/etc/apm/scripts.d
/etc/apm/scripts.d/alsa
```

14.2.3 Dendro-Hylomorphismen

Ich bin persönlich davon überzeugt, dass man mindestens zwei Zutaten benötigt, um gute Software zu machen, nämlich *theoretisch gesicherte Methoden* und *praktisch erprobte Werkzeuge*.

Mit praktisch erprobten Werkzeugen meine ich ausgereifte Sprachen wie COMMON LISP, die in vielen erfolgreichen Produkten ihren Dienst verrichten. Gute Werkzeuge sind außerdem vollständig. Es ist egal, ob es um objektorientierte, funktionale, modulare, interaktive oder Metaprogrammierung geht: COMMON LISP lässt sich dafür verwenden. Durch die Möglichkeit der Metaprogrammierung ist COMMON LISP sogar für die Zukunft gewappnet, in der sich sicherlich noch weitere – bis heute unbekannte – *Programmierparadigmen* etablieren werden.

Theoretisch gesicherte Methoden auf der anderen Seite sind zum Beispiel die funktionale Programmierung oder die Morphismen, die Gegenstand dieses Kapitels sind. Sie haben bestimmte Eigenschaften, die mathematisch nachgewiesen werden können und die von den Problemlösungen gefordert werden, für die sie am Ende Verwendung finden.

Denken Sie nur einmal an einen Hobel. Ein Hobel ist ein Werkzeug, bestehend aus einem Messer und einem Klotz, in dem dieses fixiert ist. Der Hobel ist in der Praxis erprobt und es ist durch millionenfache Anwendung bekannt, dass er funktioniert. Zwar ist die Überlegung, die zum Hobel geführt hat, eine theoretische, aber die Müllhalde der Erfindungen, die in der Theorie funktionierten, in der Praxis aber versagt haben, ist nahezu endlos. Der Hobel aber ist praktisch erprobt.

Alleine aber reicht das für den Erfolg des Hobels nicht aus.

Kommen wir daher zum Hobeln, einer (theoretisch gesicherten) Methode. Denn je nachdem, was Sie mit dem Hobel erreichen wollen, werden Sie theoretische Überlegungen anstellen:

- Wenn Sie eine Fase an einer Kante haben wollen, werden Sie den Hobel im Winkel 45° ansetzen und an der Kante entlang ziehen.
- Wenn eine Leiste schmaler werden soll, werden Sie mit dem Hobel soviele einzelne Späne abheben, bis die Leiste das gewünschte Maß hat.
- Wenn es nur darum geht, eine glatte Oberfläche auf einem Brett zu erzielen, werden Sie in mehreren Bahnen die gesamte Fläche abzufahren.

Entscheidend ist nun, dass diese Methoden unabhängig vom Werkzeug existieren, denn die genannten drei können Sie im Prinzip auch mit einem Schleifklotz anwenden. Die Methoden des Hobelns sind also vor allem theoretisch gesichert.

Werkzeug und Methode stehen in dem Verhältnis, dass beides zwar unabhängig voneinander existieren kann, ohne das jeweils andere aber keinen praktischen Sinn hat.

In dem folgenden Abschnitt werden wir nun den Dendro-Hylomorphismus entwickeln. Er ist eine Methode, die unabhängig vom Werkzeug COMMON LISP existiert und wir werden ihn mit COMMON LISP verwenden, um praktische Lösungen zu erhalten.

Genau wie unter Abschn. 14.1.4 beschrieben können auch die Dendromorphismen zu einem Hylomorphismus zusammengesetzt werden. Dazu fassen wir wie vorher die Begriffe zunächst etwas strenger.

Definition 14.5. (map) Sei $f : \mathbb{U} \to \mathbb{U}$ eine Funktion. Dann ist die Funktion f^* durch folgende Zuordnung gegeben:

$$f^* : \mathbb{L} \to \mathbb{L} \tag{14.12}$$

$$f^* : [u_1, u_2, .., u_n] \mapsto [f(u_1), f(u_2), ..., f(u_n)] \tag{14.13}$$

f^*, genauer die Potenzierung mit $*$ entspricht der Lisp-Funktion

```
(DEFUN ASTERISK (F)
   (LAMBDA (L) (MAPCAR F L)))
```

.

Lemma 14.1. *(rekursive Darstellung von *) Es gilt:*

$$f^* : [] \mapsto [] \tag{14.14}$$

$$f^* : [a . D] \mapsto [f(a) . f^*(D)] \tag{14.15}$$

Proof. Induktionsbeweis: Fall (14.14): ist trivial und erfüllt. Fall (14.15):

$$f^*([u_1 \cdot [u_2, u_3, .., u_n]]) = [f(u_1) \cdot f^*([u_2, u_3, .., u_n])] \tag{14.16}$$

$$\Rightarrow f^*([u_1, u_2 \cdot [u_3, .., u_n]]) = [f(u_1), f(u_2) \cdot f^*([u_3, .., u_n])] \ \square \tag{14.17}$$

Damit haben wir die Verbindung zur kanonischen, `mapcar`-freien Lisp-Definition

```
1  (defun asterisk (f)
2    (labels ((do-map (l)
3              (if l
4                  (cons (funcall f (car l))
5                        (do-map (cdr l)))))))
6      #'do-map))
```

hergestellt.

Lemma 14.2. *([Endo-]Funktor-Eigenschaft von *)*

$$f^* \circ g^* = (f \circ g)^*$$

Funktoren sind Funktionale, die, wie hier von ∗ behauptet, mit der Funktionskomposition verträglich sind. *Endo*funktor heißt ein Funktor darüberhinaus dann, wenn sein Definitions- mit seinem Wertebereich (hier $\mathcal{L}$) identisch sind.

Beweis.

$$(f^* \circ g^*)([u_1, u_2, .., u_n])$$

$$= f^*(g^*([u_1, u_2, .., u_n]) \tag{14.18}$$

$$= f^*([g(u_1), g(u_2), .., g(u_n)]) \tag{14.19}$$

$$= [f(g(u_1)), f(g(u_2)), ... f(g(u_n))] \tag{14.20}$$

$$= [(f \circ g)(u_1), (f \circ g)(u_2), .., (f \circ g)(u_n)] \tag{14.21}$$

$$= (f \circ g)^*([u_1, u_2, .., u_n]) \ \square \tag{14.22}$$

Definition 14.6. (Dendro-Katamorphismus) Sei $f : \mathbb{U} \to \mathbb{U}$ eine Funktion. Dann heißt

$$\kappa_f : \mathbb{L} \to \mathbb{U} \tag{14.23}$$

$$\kappa_f : [a . D] \mapsto f([a . \kappa_f^*(D)]) \tag{14.24}$$

Dendro-Katamorphismus über f.

Definition 14.7. (Dendro-Anamorphismus)
Sei $s : \mathbb{U} \to \mathbb{B}$ ein Prädikat und $g : \mathbb{U} \to \mathbb{U} \times \mathbb{L}$ eine Funktion. Dann heißt

$$\alpha_{s,g} : b \mapsto \begin{cases} [] & \text{wenn } s(b) \\ [a . \alpha_{s,g}^*(D)] \text{ mit } a, D = g(b) & \text{sonst} \end{cases}$$

Dendro-Anamorphismus mit Stopp-Prädikat s und Generator-Funktion g.

Definition 14.8. (Dendro-Hylomorphismus)
Sei K_f ein Dendro-Katamorphismmus und $\alpha_{s,g}$ ein Dendro-Anamorphismus. Dann heißt

$$\upsilon_{f,s,g} := \kappa_f \circ \alpha_{s,g}$$

Dendro-Hylomorphismus.

Betreffend seinen Ressourcen-Verbrauch ist der Dendro-Anamorphismus noch viel anspruchsvoller als der Listen-Anamorphismus. Wird er als Teil des Hylomorphismus verwendet, haben wir die Situation, dass wir eine komplette Darstellung des Baumes im Hauptspeicher erzeugen, nur um diese dann dem Katamorphismus zu übergeben, der diese Struktur wieder eindampft. Die Baumdarstellung im Speicher ist dann wieder nur Futter für den Garbage-Collector.

Auch hier lohnt es sich also, Anamorphismus und Katamorphismus gegeneinander zu verrechnen.

Theorem 14.4. *(Speicherfreundlicher Dendro-Hylomorphismus, „Abholzung"[10])*
Der durch Definition 14.8 gegebene Morphismus ist analog zu Theorem 14.3 wie folgt darstellbar:

$$\upsilon_{f,s,g} : b \mapsto \begin{cases} [] & \text{wenn } s(b) \\ f([a . \upsilon_{f,s,g}^*(D)]) \text{ mit } a, D = g(b) & \text{sonst} \end{cases}$$

---

[10]zu engl.: deforestation, ein Begriff der durch Philip Wadler geprägt wurde.

Dieses Theorem ist sogar noch viel relevanter als Theorem 14.3, da bei Bäumen der Speicherplatzverbrauch exponentiell (mit der Höhe) statt wie bei Listen nur linear (mit der Länge) zunimmt. Sein Beweis verwendet die Endofunktor-Eigenschaft von *map*:

Beweis.

$$\kappa_f \circ \alpha_{s,g} : b \mapsto \begin{cases} [] \text{ wenn } s(b) \\ f([a \,.\, \kappa_f^*(\alpha_{s,g}^*(D))]) \text{ mit } a, D = g(b) \end{cases} \tag{14.25}$$

also

$$\upsilon_{f,s,g} : b \mapsto \begin{cases} [] \text{ wenn } s(b) \\ f([a \,.\, (\kappa_f^* \circ \alpha_{s,g}^*)(D)]) \text{ mit } a, D = g(b) \end{cases} \tag{14.26}$$

Durch Anwendung von Lemma 14.2 ergibt sich:

$$\upsilon_{f,s,g} : b \mapsto \begin{cases} [] \text{ wenn } s(b) \\ f([a \,.\, \kappa_f^* \circ \alpha_{s,g}^*(D))]) \text{ mit } a, D = g(b) \end{cases} \tag{14.27}$$

Und schließlich aufgrund Definition 14.8 selbst:

$$\upsilon_{f,s,g} : b \mapsto \begin{cases} [] \text{ wenn } s(b) \\ f([a \,.\, \upsilon_{f,s,g}^*(D))]) \text{ mit } a, D = g(b) \;\; \square \end{cases} \tag{14.28}$$

Wir haben jetzt mit Theorem 14.4 eine Darstellung des Dendro-Hylomorphismus zur Verfügung, die es im Gegensatz zur Darstellung in seiner Definition (14.8) auch gestattet, ihn in der Praxis sinnvoll zu verwenden.

Die neue Darstellung rollt nicht erst den ganzen Baum aus, um ihn dann wieder einzudampfen, sondern entwickelt und faltet diesen gleichzeitig, ohne ihn jedoch jemals auch nur abschnittsweise darzustellen.

Hier die Darstellung des Dendro-Hylomorphismus in COMMON LISP:

```lisp
(defun envelope*-0 (fold stop? generate)
  (labels
      ((h (x)
          (unless (funcall stop? x)
            (multiple-value-bind (parent children)
                (funcall generate x)
```

```
7            (apply fold
8               parent (mapcar #'h children))))))
9     #'h))
```

ENVELOPE*-0

Leider ist sie in dieser Form noch nicht nützlich, weswegen sie den Suffix -0 bekommen hat. Eine Dateisystemsuche analog zu Abschn. 14.2.2, die so aussähe,

```
1  (funcall
2   (envelope*-0
3    (lambda (h &rest r)
4      (if (search "site" (namestring h))
5          (cons h r)
6          r))
7    #'not
8    (lambda (p)
9      (values
10        p
11       (unless (pathname-name (probe-file p))
12         (directory
13          (concatenate 'string
14                 (namestring p) "*.*"))))))
15   "/etc/")
```

beschert mir auf meinem Notebook mehr als 200 Zeilen Ausgabe in der das Suchergebnis in einer verschachtelten Liste verstreut ist, die knapp 2800 mal nil enthält.

Da ist dieser Ansatz

```
1  (defun envelope*-w/o-nil (fold stop? generate)
2    (labels
3       ((h (x)
4          (unless (funcall stop? x)
5            (multiple-value-bind (parent children)
6                (funcall generate x)
7              (apply fold
8                   parent
9                   (REMOVE NIL
10                      (mapcar #'h children)))))))
11     #'h))
```

ENVELOPE*-W/O-NIL

mit (REMOVE NIL...) schon besser. Es ist damit möglich, eine Dateisystemsuche
zu implementieren. Hierzu wird die Faltungsfunktion so gewählt, dass sie das Enthalten-
sein des gesuchten Strings im aktuellen Element prüft und die gefundenen Pfade mit cons
aggregiert:

ʃ

```lisp
 1 (funcall
 2  (envelope*-w/o-nil
 3   (lambda (h &rest r)
 4     (if (search "site" (namestring h))
 5         (cons h r)
 6         r))
 7   #'not
 8  (lambda (p)
 9    (values
10     p
11     (unless (pathname-name (probe-file p))
12       (directory (concatenate
13                    'string
14                    (namestring p) "*.*"))))))
15   "/etc/")
```

```
(((((#P"/usr/share/ghostscript/9.05/lib/dmp_site.ps"))))
 ((#P"/etc/bash_completion.d/sitecopy"))
 ((#P"/etc/emacs/site-start.d/"
   (#P"/etc/emacs/site-start.d/50autoconf.el")
   (#P"/etc/emacs/site-start.d/50dictionaries-common.el")
   (#P"/etc/emacs/site-start.d/50gforth.el")
   (#P"/etc/emacs/site-start.d/60hyperspec.el")))
 (((#P"/etc/polkit-1/localauthority/30-site.d/")))
 ((#P"/etc/python2.7/sitecustomize.py")))
```

Auf diese Weise entsteht als Suchergebnis eine zum abgesuchten Verzeichnis kongru-
ente Baumstruktur in der die nicht passenden Elemente entfernt wurden.

Leider hat diese noch eine hierarchische Struktur, die aber mit

```
(flatten *)
```

in eine Liste verwandelt[11] werden kann. Diese sieht dann so aus:

---

[11] Dazu muss für den Zugriff auf die Funktion flatten das Paket alexandria importiert worden
sein.

```
(#P"/usr/share/ghostscript/9.05/lib/dmp_site.ps"
 #P"/etc/bash_completion.d/sitecopy"
 #P"/etc/emacs/site-start.d/"
 #P"/etc/emacs/site-start.d/50autoconf.el"
 #P"/etc/emacs/site-start.d/50dictionaries-common.el"
 #P"/etc/emacs/site-start.d/50gforth.el"
 #P"/etc/emacs/site-start.d/60hyperspec.el"
 #P"/etc/polkit-1/localauthority/30-site.d/"
 #P"/etc/python2.7/sitecustomize.py")
```

Alles zusammengenommen führt dann zu folgender Funktionsdefinition, die das Absuchen des Dateisystems gestattet:

```
1  (defun find-path (substr path)
2    (flatten
3     (funcall
4      (envelope*-w/o-nil
5       (lambda (h &rest r)
6         (if (search substr (namestring h))
7             (cons h r)
8             r))
9       #'not
10      (lambda (p)
11        (values
12         p
13         (unless (pathname-name (probe-file p))
14           (directory
15            (concatenate 'string
16                         (namestring p) "*.*")))))))
17     path)))
```

FIND-PATH

Sie leistet genau das Gewünschte:

```
1  (find-path "bah" "/usr/lib")
```

```
(#P"/usr/lib/libreoffice/program/libvbahelperlo.so")
```

Das endgültige Funktional envelope* bauen wir dann mit der Funktion tail-cut aus Abschn. 14.2.2 so auf, dass nicht alle nil entfernt werden sondern nur die die endständigen, auf die nichts anderes mehr als nil folgt:

𝄋

```
1  (defun envelope*(fold stop? generate)
2    (labels
3      ((the-hylo (x)
4        (unless (funcall stop? x)
5          (multiple-value-bind (parent children)
6            (funcall generate x)
7          (apply fold
8                 parent
9                 (tail-cut
10                  (mapcar  #'the-hylo
11                          children)))))))))
12    #'the-hylo))
```

ENVELOPE*

𝄋

Hier noch ein weiteres Anwendungsbeispiel, das alle Nachfolgestellungen einer Spiel-position n des Spielbaum von Ein-Haufen-Nim aufeinander addiert. Die Berechnung erfolgt für $n \in \{0, 1, 2, .., 11\}$.[12]

Wir wählen als Faltung die Funktion + (Zeile 3), als Abbruchkriterium $n < 0$ (Zeile 4) und als Entwicklungsfunktion das Paar bestehend aus n und der Liste der drei Vorgänger von n (Zeilen 5–8) :

𝄋

```
1  (mapcar
2    (envelope*
3     #'+
4     (lambda (n) (< n 0))
5     (lambda (n) (values n
6                        (list (- n 1)
7                              (- n 2)
8                              (- n 3)))))
9     '(0 1 2 3 4 5 6 7 8 9 10 11))
```

   (0 1 3 7 15 30 58 110 206 383 709 1309)

Der Dendro-Hylomorphismus rollt keinen Baum aus und faltet auch keinen zusammen. Er stellt nichts anderes dar, als eine Verarbeitung, die sich entlang eines Baumes

---

[12]Die Zahlenfolge ist in der *The On-Line Encyclopedia of Integer Sequences* als A062544 bekannt: https://oeis.org/A062544

strukturiert, der nur durch Regeln gegeben ist. An welches Programmbeispiel aus diesem Buch erinnert das? Es erinnert an die Implementierung des Spiels Vier Gewinnt in Kap. 10. Dort wird ein Spielbaum untersucht, der sich allein aus einer Ausgangstellung und den wenigen Spielregeln ergibt. Er wird zu seiner Untersuchung nicht niedergeschrieben, sondern die Untersuchung hangelt sich am Baum entlang, bis sie wieder zur Grundstellung zurückkehrt.

14.2.4 Das Nim-Spiel als Dendro-Hylomorphismus

Als Vorübung betrachten wir zunächst ein einfacheres Spiel, das Nim-Spiel. Es hat folgende Regeln:

Von einem Haufen von n Steinen nehmen zwei Spieler abwechselnd 1,2 oder 3 Steine weg. Wer nicht mehr ziehen kann, weil kein Stein mehr da ist, hat verloren.

Ein sehr einfaches Spiel also.[13]

Jeder natürlichen Zahl lässt sich nun eindeutig zuordnen, ob sie eine Gewinnstellung oder eine Verluststellung ist. Wer in einer Gewinnstellung am Zug ist, kann bei korrektem Spiel immer gewinnen. Wer in einer Verluststellung am Zug ist, wird bei korrektem Spiel des Gegners immer verlieren.

Dieser Zusammenhang folgt der einfachen Regel:

Eine Stellung n ist eine Verluststellung, wenn n gleich Null ist, oder kein direkter Weg zu einer Gewinnstellung existiert. Andernfalls handelt es sich um eine Gewinnstellung.

Diesen Sachverhalt formulieren wir jetzt als Faltungsfunktion in COMMON LISP Dabei bedeutet t eine Verluststellung und nil eine Gewinnstellung. Der Lisp-Code ist nahezu eine wörtliche Übersetzung obiger Regel:

```
1  (defun nim-losing-position (parent &rest children)
2    (or (= 0 parent)
3        (notany #'identity children)))
```

NIM-LOSING-POSITION

Zur Darstellung der Spielbaumanalyse als Hylomorphismus müssen noch die Rollen der Funktionen stop? und generate besetzt werden. Stoppen müssen wir die Untersuchung, sobald wir unter 0 gelangen. Also übergeben wir (lambda (n) (< n 0)) als

---

[13]Man kann immer gewinnen, wenn man genau soviele Steine wegnimmt, das *n* anschließend durch vier teilbar ist. Leider funktioniert das genau dann nicht, wenn man bei durch vier teilbarem *n* am Zug ist. Dann muss man irgendwie ziehen, in der Hoffnung, dass der Gegner gleich einen Fehler macht. Von dieser Lösung machen wir aber hier keinen Gebrauch.

Stop-Prädikat. Als Generator übergeben wir schließich eine Funktion, die die 3 möglichen Nachfolgestellungen $n - 1$, $n - 2$ und $n - 3$ erzeugt.

Es ergibt sich folgende Gestalt:

```
(envelope*
 #'nim-losing-position
 (lambda (n) (< n 0))
 (lambda (n)
   (values n
           (list (- n 1) (- n 2) (- n 3)))))
```

Wir definieren nun diesen Hylomorphismus als Funktion. Dazu erzeugen wir ihn zunächst mit der Funktion `envelope*` und weisen ihn einer Variablen `lnp` zu, die wir dann innerhalb von `defun` mit `funcall` aktivieren. Das sieht etwas ungewöhnlich aus, ist aber nichts weiter als eine lexikalische Closure über einer Funktionsdefinition. Die Zeilen 1-4 erzeugen mit `let` eine Umgebung, innerhalb derer `nlp` an den Hylomorphismus gebunden ist und die Zeilen 5-6 stellen die (triviale) Definition der Funktion dar.

⨎

```
(let ((nlp (envelope* #'nim-losing-position
                      (lambda (n) (< n 0))
                      (lambda (n)
                        (values n (list (- n 1)
                                        (- n 2)
                                        (- n 3))))))))
  (defun losing-nim-position-p (n)
    (funcall nlp n)))
```

LOSING-NIM-POSITION-P

Nun lassen sich einzelne Stellungen des Nim-Spiels leicht untersuchen:
12 ist zum Beispiel eine Verluststellung:

⨎

```
(losing-nim-position-p 12)
```

T

10 Hingegen nicht:

⨎

```
(losing-nim-position-p 10)
```

NIL

Verluststellungen und Gewinnstellungen verteilen sich im Zahlenraum 0–19 folgendermaßen:

⨏

```
1 (mapcar #'losing-nim-position-p  (iota 20)))

  (T NIL NIL NIL T NIL NIL NIL T NIL NIL NIL T NIL NIL
   NIL T NIL NIL NIL)
```

Die Ausgabe lässt erkennen, wie die Strategie des Nim-Spiels aussieht: Wir müssen durch unseren Zug dem Gegner eine Stellung hinterlassen, deren Steinezahl durch 4 teilbar ist. Dadurch können wir den Sieg garantieren.

Die Untersuchung ist übrigens äußerst aufwendig. Die Analyse des Spielstands 28 benötigt auf meinem Notebook bereits 9 Sekunden und 3 Milliarden Cons-Zellen:

```
CL-USER> (time (losing-nim-position-p 28))
Evaluation took:
  9.291 seconds of real time
  9.088000 seconds of total run time
  (9.088000 user, 0.000000 system)
  [ Run times consist of 0.860 seconds GC time,
    and 8.228 seconds non-GC time. ]
  97.82% CPU
  21,017,164,387 processor cycles
  2,960,058,120 bytes consed
```

⨏

```
1  (funcall
2   (envelope* (lambda (parent &rest children)
3               (or (eq 0 parent)
4                   (not (some #'identity children))))
5          (lambda (x) (< x 0))
6          (lambda (x)
7            (values x (list (- x 1)
8                            (- x 2)
9                            (- x 3)))))
10   12)

   T
```

14.3 Morphismen für assoziative Operatoren

Um nun den Minimaxalgorithmus als Hylomorphismus darzustellen, benötigen wir eine andere Startwertbehandlung für Kata- und Anamorphismus.[14] Genauer: Wir müssen die Entität `nil` aus unseren Definitionen entfernen. Problematisch an `nil` ist dabei nicht so sehr `nil` selbst, sondern, dass `nil` beim Katamorphismus für den Fall steht, dass wir über das Ende der Liste oder die Blätter des Baumes hinausgelaufen sind.

Die andere Seite dieser Medaille ist der als `zero` bezeichnete Startwert, auf den `nil` durch den Katamorphismus abgebildet wird. Dieser führt das technische Problem ein, dass wir über einen geeigneten Startwert nicht immmer verfügen.

Angenommen wir haben eine zweistellige Funktion $max_2(a, b)$, die das Maximum zweier Werte liefert, so kann aus dieser nicht ohne Weiteres eine Funktion max^* für eine Zahlenliste als Katamorphismus konstruiert werden, da wir keinen Startwert benennen könnten. Dieser müsste nämlich $-\infty$ lauten. Einen solchen Wert gibt es in {COMMON LISP} nicht.

Sei $k : A \rightarrow B$ eine Abbildung („key") und $\oplus : B \times B \rightarrow B$ eine zweistellige Faltungsoperation. Für einen zugehörigen Katamorphismus $\kappa_{f,\oplus}$ (abgekürzt κ) fordern wir zwei Gleichheiten:

- κ soll, angewandt auf eine einelementige Liste, einfach dem Wert unserer key-Funktion k angewendet auf eben dieses Element entsprechen:

$$\kappa([a]) = k(a) \tag{14.29}$$

- Angenommen, eine Liste bestehe aus einer linken und rechten Teilliste u und v. Dann sollen die beiden Werte $\kappa(u)$ und $\kappa(v)$ genau dem κ der Gesamtliste entsprechen:

$$\kappa([append(u, v)]) = \kappa(u) \oplus \kappa(v) \tag{14.30}$$

Das fordern wir deshalb, weil gegeben sein muss, dass das Maximum einer Liste von Zahlen genau das Maximum der beiden Maxima zweier Teillisten ist, die sich ergeben, wenn die Liste an beliebiger Stelle durchgeschnitten wird. Das Gleiche erwarten wir auch für Summen, Produkte, und alle assoziativen Operationen.

Die Lösung ist die folgende Funktion κ:

$$\kappa([a]) = k(a) \tag{14.31}$$

$$\kappa([a \ . \ D]) = k(a) \oplus \kappa(D) \tag{14.32}$$

---

[14]Auch wenn wir den Hylomorphismus rein technisch jetzt zu einem eigenen Prozess entwickelt haben, dürfen wir diesen konzeptionell als aus Kata- und Anamorphismus zusammengesetzt betrachten, wodurch er sich leichter fassen lässt.

Sie ist die einzige Lösung für (14.30) und (14.31) und dieser Katamorphismus hat eine besondere Eigenschaft. Um diese herauszuarbeiten, stellen wir die Listenkonkatenation statt mit *append*(..) als infix-Operator (+) dar.

Es gilt nämlich:

$$\kappa([a_1] + [a_2] + [a_3]..) = k(a_1) \oplus k(a_2) \oplus k(a_3)..$$ (14.33)

Das bedeutet, κ bildet die Konkatenations-Operation + auf die Operation $\oplus$ und die Zirkumfix-Operation [..] auf die Funktion k ab.

In COMMON LISP hat sie die folgende Darstellung:

*

```
1  (defun =banana (key fold)
2     (labels ((k (list)
3                (if (cdr list)
4                    (funcall fold
5                           (funcall key (car list))
6                           (k (cdr list)))
7                    (funcall key (car list)))))
8       #'k))
```

=BANANA

Diese =banana genannte Konstruktion erweitert nun gegenüber banana durch die Zugriffsfunktion k (beziehungsweise key) unsere Möglichkeiten und gestattet damit zum Beispiel die folgenden Definitionen für sum und prod, bei denen es nicht nötig ist, explizit ein neutrales Element wie (0 respektive 1) anzugeben:

*

```
1  (let ((f (=banana #'identity #'+)))
2    (defun sum(x)
3      (funcall f x)))
```

SUM

*

```
1  (let ((f (=banana #'identity #'*)))
2    (defun prod(x)
3      (funcall f x)))
```

PROD

*

```
1 (let ((f (=banana #'list #'append)))
2   (defun id (x)
3     (funcall f x)))
```

    ID

Als letztes Beispiel mapf: Sie bläst eine übergebene Funktion so auf, dass das Ergebnis diese auf alle Elemente einer Liste anwendet:

*

```
1 (defun mapf (g)
2   (let ((f (=banana (compose #'list g) #'append)))
3     (lambda (x)
4       (funcall f x))))
```

    MAPF

Genau wie beim Katamorphismus müssen wir das Startwertproblem auch beim Anamorphismus beseitigen. Bei diesem hatten wir bisher ein Stopp-Prädikat, das besagt, dass wir schon über das Ziel hinausgeschossen sind, der aktuelle Knoten also den Wert nil hat und somit außerhalb der betrachteten Struktur liegt.

Wir sind aber jetzt daran interessiert, ob wir uns in einem Endknoten befinden, und nicht, ob wir „beim letzten Mal in einem Endknoten waren".

Um das zu erreichen verwenden wir kein separates Stopp-Prädikat, sondern verlegen dieses in die Generator-Funktion derart, dass diese immer mindestens den Knotenwert, und in dem Fall, dass wir uns in einem Startknoten oder Blatt befinden, keinen Wert für den oder die Nachfolgerknoten liefert:

Wir formulieren das ohne Umschweife direkt in COMMON LISP:

*

```
1 (defun =lens (gen)
2   (labels ((a (x)
3              (multiple-value-bind (head rest)
4                  (funcall gen x)
5                (if rest
6                    (cons head (a rest))
7                    (list head)))))
8     #'a))
```

    =LENS

Ein lauffähiges Beispiel ist der folgende Aufruf, bei dem nur dann ein zweiter Wert mit values geliefert wird, wenn der Aktuelle kleiner als 5 ist:

⚡

```
(funcall (=lens (lambda (x) (values x (if (< x 5) (+ x 1)))))) 0

(0 1 2 3 4 5)
```

Den Hylomorphismus, der aus der Komposition gebildet werden kann, hat dann folgende Gestalt[15]:

⚡

```
(defun =envelope(acc fold gen)
  (labels ((h (x)
             (multiple-value-bind (head rest)
                 (funcall gen x)
               (if rest
                   (funcall fold
                            (funcall acc head) (h rest))
                   (funcall acc head)))))
    #'h))

=ENVELOPE
```

Ein kurzer Test zur Stützung der Korrektheit berechnet die Fakultät der Zahl 5:

⚡

```
(funcall (=envelope
          #'identity
          #'*
          (lambda (x)
            (values x
                    (if (> x 1) (- x 1)))))
         5)

120
```

Wir halten uns auch jetzt mit seiner Anwendung nicht länger auf, sondern gehen direkt dazu über, die gleiche Konstruktion für Bäume vorzunehmen.

---

[15] Seine Konstruktion überlasse ich dem Leser als Übung, da dieser Schritt, die „Entforstung" oder „Entwaldung" in diesem Kapitel schon zweimal durchgeführt wurde. Darüberhinaus ist sie rein formal im Kap. 13: Kategorientheorie im Abschn. 13.9 gezeigt.

14.3.1 NIL-freie Dendro-Morphismen

Für die Umsetzung des selben Konzeptes für Bäume benötigen wir einen speziellen Operator, der gemeinhin `mapply` („map-apply") heißt und wie folgt definiert ist:

⚡

```
1 (defun mapply (f l)
2   (declare (optimize (debug 3)))
3   (if l
4       (cons (apply f (car l))
5             (mapply f (cdr l))))))
```

MAPPLY

Er ist nicht besonders geheimnisvoll, denn er wendet die übergebene Funktion einfach auf die übergebenen Listen mit `apply` an und liefert die Liste der Ergebnisse:

⚡

```
1 (mapply #'- '((20 10 6) (1 2 3) (0 10 10 10)))
```

```
(4 -4 -30)
```

Man kann folgendermaßen überprüfen, dass das Ergebnis stimmt:

⚡

```
1 (list (- 20 10 6) (- 1 2 3) (- 0 10 10 10))
```

```
(4 -4 -30)
```

⚡

```
1 (defun =banana* (acc fold)
2    (labels ((k (tree)
3               (if (cdr tree)
4                   (funcall fold
5                       (funcall acc (car tree))
6                       (mapply #'k (cdr tree)))
7                   (apply acc (car tree)))))
8      #'k))
```

=BANANA*

⨎

```
1 (defun =lens* (gen)
2   (labels ((a (&rest args)
3             (multiple-value-bind (parent children)
4                 (apply gen args)
5               (cons parent (mapcar #'a children)))))
6     #'a))

  =LENS*
```

⨎

```
1 (defun =envelope* (acc fold gen)
2   (labels ((h (&rest args)
3             (multiple-value-bind (parent children)
4                 (apply gen args)
5               (if children
6                   (funcall fold (apply acc parent)
7                            (mapply #'h children))
8                 (apply acc parent)))))
9     #'h))

  =ENVELOPE*
```

⨎

```
1 (new)

  #(0 0 0 0 0 0 0 0 0 0 0 0 0 0 0 0 0 0 0 0 0 0 0 0 0 0 0
    0 0 0 0 0 0 0 0 0 0 0 0 0 0 0 0)
```

14.3.2 „Vier Gewinnt" als Hylomorphismus

Dieser Bauplan für *NIL-freie* Dendro-Hylomorphismen gestattet es, den Minimax-Algorithmus für das Spiel Vier Gewinnt zu implementieren. Zu besetzen sind die Rollen *acc*, *fold* und *gen*:

- Die Aufgabe der dritten Funktion *gen* ist es, den Spielbaum aufzubauen. Dazu verwendet *gen* die Routinen moves und drop, um aus einer Stellung die möglichen Nachfolgestellungen zu bestimmen. Dies geschieht nur solange der Parameter depth größer ist als 0.
- *fold* führt die eigentliche Minimax-Bewertung durch. Hier geschieht das wieder über das Negmax-Verfahren, im Unterschied zu unserer bisherigen Vorgehensweise rechnen wir aber

$$-min(s_1, ..s_n)$$

anstatt

$$max(-s_1, .. - s_n)$$

was aber denselben Wert liefert.

- *acc* übersetzt die rohen Knoten in eine durch *fold* verarbeitbare Form. Dies bedeutet hier aber nur, dass für die Endstellungen des Spielbaumes die heuristische Funktion aktiviert wird.

Alles zusammen führt dann zu dem hier stehenden Aufruf einer durch =envelope* generierten Funktion, der den Minimax-Wert der Grundstellung für die Farbe +cross+ und die Analysetiefe 3 bestimmt:

```lisp
(funcall
  (=envelope*

   ;;acc
   #'(lambda (grid 2move depth)
       (if (< depth 1)
           (heuristic grid 2move depth)))

   ;;fold
   #'(lambda (parent children-values)
       (declare (ignore parent))
       (- (apply #'min children-values)))

   ;;gen
   #'(lambda (grid 2move depth)
       (values (list grid 2move depth)
               (if (> depth 0)
                   (mapcar (lambda (m)
                             (list (drop grid 2move m)
                                   (- 6 2move)
                                   (1- depth) ))
                           (moves grid))))))
  *grid* +circle+ 3)
```

19

```
1  (funcall
2   (=envelope*
3    #'heuristic
4
5    #'(lambda (parent children-values)  ;fold
6        (declare (ignore parent))
7        (- (apply #'min children-values)))
8
9    #'(lambda (grid 2move depth)   ;gen
10        (values (list grid 2move depth)
11               (if (> depth 0)
12                   (mapcar (lambda (m)
13                             (list (drop grid 2move m)
14                                   (- 6 2move)
15                                   (1- depth) ))
16                         (moves grid)))))))
17   *grid* +circle+ 3)
```

```
19
```

Zum Vergleich berechnen wir den Minimax-Wert ebenfalls mit der ursprünglichen Funktion best/worst aus Kap. 10:

```
1  (multiple-value-list
2    (best/worst *grid* +circle+
3               most-negative-fixnum
4               most-positive-fixnum 3))
```

```
(19 3)
```

Schnittstellen
Es ist schon sehr überzeugend, dass die Integration des Codes aus dem Vier-Gewinnt-Beispiel in oben stehenden Aufruf so schmerzlos stattfinden kann, denn es handelt sich nicht mehr um ein triviales Programm. Trotzdem finden alle Komponenten in der neuen Struktur klaglos ihren Platz. Es gibt keine Deklaration, die irgendwo nachgezogen werden musste und nichts wurde umgebaut oder angepasst.

(Fortsetzung)

Schnittstellen zwischen Softwarekomponenten haben zweierlei Ausdehnungen: die Breite der Schnittstelle, also die Anzahl der logischen oder inhaltlichen Verbindungen zwischen den Komponenten (Anzahl der API-Funktionen und Strukturen) und die Tiefe der Schnittstelle, die auch Protokoll genannt wird. Eine Programmschnittstelle ist nämlich nicht allein durch die Anzahl und Beschaffenheit der Aufrufe oder Meldungen charakterisiert, sondern auch durch den inhaltlichen Zusammenhang dieser untereinander: *Wann darf man was womit machen?* Darunter sind solche Aspekte zu verstehen, wie der, dass man zum Schreiben in eine Datei erst einmal ein Dateihandle vom Betriebssystem akquirieren muss und dieses zum Schließen der Datei wieder zurückgegeben werden muss et cetera.

Das Protokoll hat eine konzeptionelle Verbindung zur Grammatik bei Programmiersprachen.

Die Gesamtfläche einer Schnittstelle ist das Produkt aus Breite und Tiefe und diese ist überschlägig proportional zu der Menge an Text, derer es bedarf, die Schnittstelle mit allen Details und Abhängigkeiten zu beschreiben.

Die schmerzlose Integration der Vier-Gewinnt-Funktionen mit dem Hylomorphismus wird dadurch ermöglicht, dass bei der funktionalen Programmierung die Schnittfläche der Schnittstellen sehr klein ist. Ihre Breite entspricht bei Funktionen einfach der Länge der Parameterliste. Die Tiefe ist bei *reinen* Funktionen[16] per Definitionem genau 0 und somit nicht vorhanden. Gemeint ist damit, dass die Historie des Prozesses, in dem die Funktion aktiviert wird, für diesen keine Rolle spielt.

Dennoch kann man es auch in der funktionalen Programmierung mit zustandsbehafteten Objekten zu tun haben, nämlich dann, wenn man es mit solcher Art Closures zu tun hat, die den Wert ihrer Closure-Variablen ändern. In der Regel nehmen Funktionen sich diese Freiheit aber seltener, sodass es unter dem Strich um die *Wiederverwendbarkeit von Code* in der funktionalen Programmierung besonders gut bestellt ist, ja sogar besser als unter allen anderen Ansätzen.

14.4   Übersicht über die entwickelten Funktionale zur Synthese von Morphismen

Um den Überblick zu behalten, findet sich in Tab. 14.1 eine Aufstellung der vorgestellten Funktionale. Funktionale für Bäume sind mit einem ⋆ am Ende gekennzeichnet. Die auf *append* basierenden Funktionale beginnen mit einem = .

---

[16]Das sind Funktionen ohne Closure-Variablen also ohne Bezug auf Kontexte.

Tab. 14.1 Funktionale zur Erzeugung von Morphismen

		cons-Typ vgl. 14.1		append-Typ vgl. 14.3	
Listen	κ	banana	$(\!\mid z,f \mid\!)$	=banana	$(\!\mid a,f \mid\!)$
	α	lens	$[\![s,g]\!]$	=lens	$[\![g]\!]$
	υ	envelope	$[\![(\!\mid z,f\mid\!),[\![s,g]\!]]\!]$	=envelope	$[\![(\!\mid a,f\mid\!),[\![g]\!]]\!]$
Bäume	κ	banana*	$(\!\mid f \mid\!)$	=banana*	$(\!\mid a,f \mid\!)$
	α	lens*,lens*/	$[\![s,g]\!]$	=lens*	$[\![g]\!]$
	υ	envelope*	$[\![(\!\mid f\mid\!),[\![s,g]\!]]\!]$	=envelope*	$[\![(\!\mid a,f\mid\!),[\![g]\!]]\!]$

Zum Anamorpismen-Funktional `lens*=` gibt es eine Alternative namens `lens*=/`, die solche Knoten auslässt, deren Wert `nil` ist.

14.5 Ergebnisse

1. Kata-, Ana-, und Hylomorphismen sind nützliche Abstraktionen, um viele bekannte, eigentlich verschiedene algorithmische Fragestellungen zusammenzuführen. Damit systematisieren sie unseren Blick auf bisher getrennt betrachtete Algorithmen und gestatten deren Untersuchung von derselben Warte aus.
2. Die Dendromorphismen im Speziellen helfen bei der Forumulierung rekursiver Algorithmen, die auf Baumstrukturen basieren, indem sie gestatten, diese auf ein gemeinsames Muster abzubilden.
3. Tab. 14.1 zeigt eine Aufstellung der in diesem Kapitel diskutierten Funktionale zusammen mit zugehörigen Notationen.

14.6 Übungen

14.1. Bauen Sie eine Funktion `member/banana(x)` , die mit Hilfe der Funktion `banana` einen Katamorphismus erstellt, der `x` in einer Liste sucht.

14.2. Bauen Sie eine Funktion `mapcar/banana`, die die Funktion `mapcar` als Katamorphismus darstellt:

```
(mapcar/banana #'1+ '(2 3 4))
```

Tab. 14.2 Die ersten fünf Zeilen des Pascal'schen Dreiecks

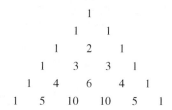

14.3. Das Pascal'sche Dreieck[17] ist eine Darstellung der Binominalkoeffizienten wie in Tab. 14.2 zu sehen. Es ist So konstruiert, dass jedes Element die Summe der beiden über ihm stehenden Elemente ist. „Nicht vorhandene" Elemente zählen 0. An seiner Spitze steht eine 1.

Die folgende Funktion pascal ist in der Lage, aus einer Zeile, die ihr als Liste übergeben wurde, die darauffolgende Zeile zu bestimmen:

```
(defun pascal (m)
  (labels ((p (l)
            (if (null (cdr l))
              (list 1)
              (cons (+ (car l) (cadr l))
                    (p (cdr l)))))))
    (cons 1 (p m))))
```

```
PASCAL
```

```
(pascal '(1 3 3 1))
```

```
(1 4 6 4 1)
```

Sie tut das durch rekursiven Abstieg über die mit labels vereinbare Funktion p, die je zwei Elemente der Liste addiert und aus diesen Summen eine neue Liste aufbaut.

Benutzen Sie die Funktionen pascal, lens und eine anonyme lambda-Funktion, um einen Anamorphismus zu konstruieren, der die Liste der ersten 13 Zeilen des Pascal-Dreiecks als Liste erzeugt, wie im hier zu sehen:

---

[17]Blaise Pascal †1662 war nicht dessen erster Entdecker. Der persische Mathematiker Omar Chayym †1131 kannte das Pascal'sche Dreieck auch schon.

```
((1) (1 1) (1 2 1) (1 3 3 1) (1 4 6 4 1)
 (1 5 10 10 5 1) (1 6 15 20 15 6 1)
 (1 7 21 35 35 21 7 1) (1 8 28 56 70 56 28 8 1)
 (1 9 36 84 126 126 84 36 9 1)
 (1 10 45 120 210 252 210 120 45 10 1)
 (1 11 55 165 330 462 462 330 165 55 11 1)
 (1 12 66 220 495 792 924 792 495 220 66 12 1))
```

14.4. banana* erlaubt die Erstellung eines (Dendro-)Katamorphismus, der eine simple S-Expression ausrechnet. Der Term

$$88 + 2^4 + 4 \cdot 5$$

kann aus der Darstellung

```
(+ (88) (expt (2) (4)) (* (4) (5)))
```

zum Beispiel so bestimmt werden:

⨍

```
1 (funcall
2  (banana*
3   (lambda (a &rest d)
4     (if d (apply (symbol-function a) d) a)))
5  '(+ (88) (expt (2) (4)) (* (4) (5)))))
```

```
   124
```

Dabei kommt die Funktion symbol-function zur Anwendung, die zu einem Symbol die an dieses gebundene Funktion liefert.

Daran ist unschön, dass die Atomar gedachten Elemente 88, 2, 4 et cetera in Klammern stehen müssen.

Der Grund ist, dass die Funktion banana* aus Abschn. 14.3 von einer S-Expression bedingungslos den *cdr*-Teil bestimmt.

Entwickeln Sie banana* zu einer Variante atomic-banana* weiter, die das bei Atomen nicht tut und deswegen auch den Aufruf

⨍

```
1 (funcall
2  (atomic-banana*
3   (lambda (a &rest d)
```

```
4      (if d (apply (symbol-function a) d) a)))
5    '(+ 88 (expt 2 4) (* 4 5)))
```

gestattet.

Literatur

Meijer, E., Fokkinga, M. M., and Paterson, R. (1991). Functional programming with bananas, lenses, envelopes and barbed wire. pages 124–144. Springer-Verlag.

Der Y-Kombinator

15

In diesem Abschnitt geht um den Y-Kombinator, der wichtig für das Verständnis der Rekursion ist. Er wurde von Haskell Curry gefunden, als dieser in den 40er-Jahren eine Antwort auf die Frage suchte, ob eine Funktion einen Namen braucht, um rekursiv definiert werden zu können. Den Y-Kombinator in LISP nachzuvollziehen, ist ausgesprochen spannend und überraschend.

Allerdings müssen wir dazu einen Ausflug in den Lambda-Kalkül machen, der Grundlage der Computersprache LISP ist (Abb. 15.1).

15.1 Der λ-Kalkül

Der λ-Kalkül ist ein von Alonzo Church in den 1930er-Jahren geschaffener Formalismus zur Darstellung der berechenbaren Funktionen. Damit diente er genau dem gleichen Zweck wie die Turing-Maschine.[1] Wie Church und Turing beweisen konnten, sind der λ-Kalkül und die Turing-Maschine *gleichmächtig*.[2] Im Gegensatz zu dieser hat er es aber auch zu erheblicher praktischer Bedeutung gebracht: Es gibt heute kaum einen modernen Entwurf für eine Programmiersprache mehr, der den λ-Kalkül nicht relativ direkt abbildet. Peter J. Landin (Landin 1966) hatte dies schon Mitte der 60er Jahre vorausgesehen.

Der λ-Kalkül arbeitet mit sogenannten λ-Termen. Diese sind wie folgt definiert:

---

[1] Von dem englischen Mathematiker Alan Turing (†1954) geschaffenes Computermodell.

[2] Alles, was im λ-Kalkül berechnet werden kann, kann auch mit einer Turing-Maschine berechnet werden und umgekehrt.

© Springer Fachmedien Wiesbaden 2016
P.M. Krusenotto, *Funktionale Programmierung und Metaprogrammierung*,
DOI 10.1007/978-3-658-13744-1_15

Abb. 15.1 Alonzo Church
(1903–1995). Auf ihn geht der
λ-Kalkül zurück, der in der
einen oder anderen Form bei
den meisten modernen
Programmiersprachen Pate
gestanden hat. Zusammen mit
Alan Turing hat er die
Church-Turing-These
formuliert, derzufolge jede
intuitiv berechenbare Funktion
Turing-berechenbar ist, was
nichts anderes bedeutet, als
dass alles programmierbar ist,
was operativ verstanden wurde

Tab. 15.1 Gegenüberstellung
λ-Terme und S-Expressions

λ-Term	S-Expression
a	a
$(T_1\ T_2)$	($T_1\ T_2$) oder (funcall $T_1\ T_2$)
$\lambda a.T_1$	(lambda (a) T_1)

Definition 15.1. (λ-Term)
  T ist ein λ-Term, wenn eine der folgenden Bedingungen erfüllt ist:

1. *(Variablenbezug)* T ist von der Form a, wobei a ein Variablenname ist. Der Wert von T ist dann die Belegung der Variablen a.
2. *(Funktionsanwendung)* T ist von der Form $(T_1\ T_2)$, wobei T_1 und T_2 λ-Terme sind. Der Wert von T ist das Ergebnis der Anwendung der Funktion T_1 auf den Wert des Terms T_2.
3. *(Abstraktion)* T ist von der Form $\lambda a.T_1$ wobei T_1 wieder ein λ-Term und a eine Variable ist. Der Wert von T ist eine einstellige Funktion mit der Funktionsvorschrift T_1 die nach dem Parameter a abstahiert ist.

Eine Zuordung der Notationen aus dem λ-Kalkül zu bedeutungsgleichen Lisp-Ausdrücken ergibt sich aus Tab. 15.1.

Tab. 15.2 Beispiele für λ-Terme und S-Expressions

Konventionell	λ-Term	S-Expression
$x \mapsto x^2$	$\lambda x.x^2$	`(lambda(x) (* x x))`
$(x,y) \mapsto x^2 + y^2$	$\lambda x.\lambda y.(x^2 + y^2)$	`(lambda(x y) (+ (* x x) (+ y y )))`

Darüber hinaus ist es üblich, innerhalb das Lambda-Kalküls einfache Berechnungen wie (Addition, Multiplitkation, etc) nach üblicher Schreibweise zuzulassen. Diese sind nicht Gegenstand des Lambda-Kalküls, der nur die Anwendung von Funktionen auf Funktionen und andere Objekte untersucht. Im Folgenden kommen daher ohne besondere Erwähnung einige elementare Lisp-Funktionen hinzu.

Um das Einlesen in die λ-Terme zu vereinfachen, finden sich in Tab. 15.2 ein paar Beispiele. Zum Rechnen mit dem λ-Kalkül gibt es wenige Regeln:

15.1.1 β-Konversion

Die sogenannte *β-Konversion* beschreibt die Funktionsanwendung: Wenn x eine Variable ist und T ein Term, dann ist $\lambda x.T$ eine Funktion von x. Die Anwendung dieser Funktion auf einen Term U sieht dann so aus:

$$(\lambda x.T\ U) \tag{15.1}$$

Dieser Ausdruck ist so zu berechnen, dass alle Vorkommen von x in T durch U zu ersetzen sind. Zum Beispiel gilt

$$(\lambda x.(*\ x\ x)\ 5) = (*\ 5\ 5) = 25$$

Das ist nichts anderes als das, was Lisp tut, wenn eine Funktion aufgerufen wird. Die der β-Konversion zugehörige Lisp-Funktion ist `apply` beziehungsweise `funcall`.

15.1.2 η-Konversion

Die *η-Konversion* besagt, dass gilt:

$$(\lambda x.F\ x) = F \tag{15.2}$$

Womit gemeint ist, dass eine Abstraktion von *F* nach *x* nach anschließendem Einsetzen von *x* für *x* wieder zu *F* wird. Abstraktion durch λ und Einsetzen eines Wertes sind also entgegengesetzte Operationen.

15.1.3 α-Konversion

Diese eröffnet einfach die Möglichkeit, Variablen nach Belieben umzubenennen, sofern das durchgängig geschieht. Ihre Erwähnung erfolgt nur der Vollständigkeit halber, denn in dieser Darstellung des Y-Kombinators wird kein Gebrauch davon gemacht.

15.2   Umgang mit mehreren Parametern

Aus dem Aufbau des λ-Kalküls ergibt sich spontan folgende Frage: *In Lisp haben wir bisher* lambda *und Funktionsdefinitionen mit mehreren Variablen durchführen können. Der λ-Kalkül erlaubt aber nur einen Parameter. Wie geht das zusammen?*

   Die Antwort ist: Es ist einfach möglich, den Funktionsaufruf mit mehreren Parametern durch Schachtelung mehrerer Lambda-Ausdrücke über je einer Variablen zu ersetzen. Dazu muss man sich nur klar machen, dass

```
(lambda (a) (+ b a))
```

eine Funktion ist, die berechnet werden kann, sofern die freie Variable b außerhalb irgendwie gebunden ist. Diese Bindung kann ein äußeres lambda liefern:

```
(lambda (b) (lambda (a) (+ b a)))
```

```
#<FUNCTION (LAMBDA (B)) {D3AE27D}>
```

Diese Funktion rufen wir nun mit dem Parameter 4 auf[3]:

```
(funcall * 4)
```

```
#<CLOSURE (LAMBDA (X)) {100802879B}>
```

   Und erhalten eine Closure, die die Bindung von b an 4 enthält und die wir nun mit dem Parameter 3 aufrufen:

---

[3]Wir machen dabei wieder Gebrauch von der Listener-Variablen * .

```
  (funcall * 3)
```

7

Was zum korrekten Ergebnis $3 + 4 = 7$ führt. Das geht natürlich auch in einem einzigen Aufruf:

```
  (funcall
  (funcall
   (lambda (b) (lambda (a) (+ b a))) 4) 3)
```

7

15.3   Rekursion im Lambda-Kalkül

Es stellt sich bei genauerer Betrachtung eine weitere Frage: *So, wie der Lambda-Kalkül beschaffen ist, sind weder Rekursionen noch Schleifen definierbar. Wie kann er dann als Modell für Berechenbarkeit dienen?*

Diese Frage ist etwas aufwendiger zu beantworten und sie ist der eigentliche Gegenstand dieses letzten Abschnitts über funktionale Programmierung.

Der Lambda-Kalkül ist äußerst simpel aufgebaut und innerhalb dieses Kalküls ist nicht mehr geregelt, als, durch welchen Mechanismus Funktionen aufgerufen werden und wie mit freien und gebundenen Variablen verfahren wird. Es ist es dem „Anwender" des Kalküls auch freigestellt, mit welchen Daten oder Grundfunktionen gearbeitet wird. John McCarthy hat den λ-Kalkül mit einigen Listenverarbeitungsfunktionen verbunden und so die Sprache LISP erhalten.

Iterationen werden durch rekursive Aufrufe geregelt. Der rekursive Aufruf erfordert aber die Verfügbarkeit einer Funktion unter einem globalen Namen. Das ist durchaus nicht nur ein technisches Problem sondern berührt den Kalkül als Ganzes: Eine Funktion, die im λ-Kalkül schließlich nur ein namenloser Term mit einer λ-Abstraktion davor ist, kann ohne einen Namen nicht über sich selbst „sprechen", denn irgendein Rückbezug auf die eben diese Funktionsdefinitionen ist ohne diesen nicht möglich.

Die Definition

```
  (defun f(n) (if (zerop n) 1 (* n (f (- n 1)))))
```

ist also im λ-Kalkül nicht formulierbar. Dieser gestattet nur die anonyme Form

𝄢

```
1  (lambda (n)
2    (if (zerop n) 1 (* n (f (- n 1)))))))
```

die so unzulässig ist, da die Bezugnahme auf ein f fehlerhaft ist. Alles, was man machen könnte, ist, den Ausdruck in eine weitere Lambda-Form einzuwickeln, die das Symbol f bereitstellt:

```
(lambda (f)
  (lambda (n)
    (if (zerop n) 1 (* n (funcall f (- n 1)))))))
```

Nennen wir diese Funktion jetzt *g*,

𝄢

```
1  (defparameter g
2    (lambda (f)
3      (lambda (n)
4        (if (zerop n) 1 (* n (funcall f (- n 1))))))))
```

G

dann wäre (*g f*) die Fakultätsfunktion:

$$(g\ f) = f \tag{15.3}$$

In dieser Gleichung ist *f* ein *Fixpunkt* von *g*, was nichts anderes bedeutet, als dass die Anwendung der Funktion *g* auf die Funktion *f* wieder die Funktion *f* selbst ergibt. Wenn man eine Lösung dieser Gleichung liefern könnte, dann wäre diese Lösung die Fakultätsfunktion als reiner Lambda-Ausdruck und wir hätten gewonnen.

Eine solche Lösung gibt es und sie wird vom *Y-Kombinator* bereitgestellt. Dieser hat die Eigenschaft, jede Fixpunktgleichung obiger Form zu lösen. Die Lösung lautet dann (*Y g*), wobei *Y* der Y-Kombinator ist.

Der Y-Kombinator hat für Funktionen mit einem Parameter folgende Form:

Definition 15.2. (Y-Kombinator)

$$Y = \lambda f.((\lambda x.(\lambda n.(f\ (x\ x)\ n)))\ \lambda x.(\lambda n.(f\ (x\ x)\ n)))$$

Als COMMON-LISP-Funktion sieht er so aus:

𝄢

```
1  (defun y(f)
2    (funcall
```

```
3    (lambda (x)
4       (lambda (n)
5          (funcall (funcall f (funcall x x)) n)))
6    (lambda (x)
7       (lambda (n)
8          (funcall (funcall f (funcall x x)) n)))))))
```

Y

Das Gebilde ist zugegebenermaßen etwas furchteinflößend, aber nicht allzu schwer zu verstehen. Dazu untersuchen wir nun seine wichtigste Eigenschaft, die darin besteht, dass uns Y einen Fixpunkt für g liefert.

Theorem 15.1. *(Fixpunkt)*
  Sei g ein einstelliges Funktional mit der Eigenschaft[4] $(g\ f) = f$ für eine Funktion f. Dann gilt

$$(g\ (Y\ g)) = (Y\ g)$$

also ist $(Y\ g)$ ein möglicher Wert für f. \

Proof. Sei F eine beliebige einstellige Funktion. Wendet man Y auf eine beliebige Funktion an, dann fällt das äußere λf weg und wir erhalten durch β-Konversion:

$$(Y\ F) = (\lambda x.(\lambda n.((F(x\ x))\ n))\ \lambda x.(\lambda n.((F(x\ x))\ n))) \tag{15.4}$$

Sieht man genau hin, besteht dieser Funktionsaufruf aus zwei identischen Termen Z:

$$(Y\ F) = (Z\ Z) \tag{15.5}$$

folgender Form:

$$Z = \lambda x.(\lambda n.((F(x\ x))\ n)) \tag{15.6}$$

Es wird also Z auf sich selbst angewendet. Man beachte, dass Z eine Funktion mit einem Parameter x ist. Also werden im ersten Z beide Auftreten von x durch Z ersetzt (β-Konversion) . Dabei fällt λx weg und man erhält:

$$(Y\ F) = \lambda n.((F(Z\ Z))\ n) \tag{15.7}$$

---

[4]Die Darstellung erfolgt hier in polnischer Notation, um die Nutzung des λ-Kalküls zu erleichtern.

oder

$$(Y\ F) = \lambda n.((F(\lambda x.(\lambda n.((F(x\ x))\ n))\ \lambda x.(\lambda n.((F(x\ x))\ n))))\ n) \tag{15.8}$$

also

$$(Y\ F) = \lambda n.((F\ (Y\ F))\ n) \tag{15.9}$$

und schließlich aufgrund der η-Konversion

$$(Y\ F) = (F\ (Y\ F))\ \Box \tag{15.10}$$

Damit ist $(Y\ F)$ ein Fixpunkt von F, also auch $(Y\ g)$ ein Fixpunkt von f.

Das kann man auch direkt im Listener ausprobieren, und zum Beispiel 5! unter Verwendung des Y-Kombinators berechnen. Dazu benutzen wir das oben mit `defparameter` an die Variable g gebundende Lisp-Funktional, übergeben es an den Y-Kombinator und wenden die dadurch errechnete Funktion auf die Zahl 6 an:

```
(funcall (y g) 6)
```

```
720
```

Wir erhalten das korrekte Ergebnis 6! = 720. Ein bisschen mutet das wie Zauberei an, zeigt aber nur die mathematische Korrektheit des Lisp-Systems.

15.4   Das Paradoxon von Curry

Die Konsequenzen aus der Existenz des Y-Kombinators sind ausgesprochen dramatisch. Wenn nämlich *unbenannte* Aussagen selbstbezüglich sein können, dann sind Aussagen wie diese möglich:

> Wenn dieser Satz wahr ist, dann fressen Elefanten Autos.

Die sematische Problemstelle ist hier eigentlich die Formulierung „dieser Satz". Wir haben aber gerade gesehen, dass die Möglichkeit eines derartigen Selbstbezugs jederzeit aufgrund der Existenz des Y-Kombinator gegeben ist.

Dadurch bekommen wir jetzt ein ganz neues Problem: Die Korrektheit dieser Aussage hat die fatale Eigenschaft, aus sich selbst zu folgen.

Theorem 15.2. *(Paradoxon von Curry) Wenn dieser Satz wahr ist, dann fressen Elefanten Autos.*

Beweis. Wir bezeichnen den Satz selbst mit S und die Aussage „Elefanten fressen Autos" mit E. Wir erhalten dann:

$$S \rightarrow (S \rightarrow E) \tag{15.11}$$

Das läßt sich nach den Gesetzen der Aussagenlogik umformen zu:

$$\bar{S} \vee (\bar{S} \vee E) \tag{15.12}$$

Was nichts weiter bedeutet als

$$(\bar{S} \vee E) \tag{15.13}$$

Also

$$S \rightarrow E \tag{15.14}$$

Das ist wiederum unser ursprüngliches Theorem „Wenn dieser Satz wahr ist, fressen Elefanten Autos". □

Es ist also ein sich selbst beweisender Satz entstanden. Es handelt sich dabei wohlgemerkt nicht etwa um einen Schlussfehler, sondern um ein Paradoxon, das in jedem System konstruierbar ist, das sich auf sich selbst beziehen kann (hier durch den Y-Kombinator gegeben), und ein paar weitere Eigenschaften hat. Beides ist in LISP, im λ-Kalkül und unserer eigenen Sprache gegeben.

Es lohnt sich wirklich, die Funktionsweise des Y-Kombinators, der einem zunächst einmal – in LISP wie in der Mathematik – wie Hexenwerk vorkommt, geduldig nachzuvollziehen und zu verstehen, da seine Bedeutung durch das Paradoxon von Curry über die Computerprogrammierung hinausweist.

Literatur

Landin, P. J. (1966). The next 700 programming languages. http://www.cs.cmu.edu/~crary/819-f09/ Landin66.pdf. Zugriff: 2.April 2016.

Teil IV

Metaprogrammierung

Was wir bis hier behandelt haben, hätten wir genausogut mit jeder anderen funktionalen Programmiersprache wie Haskell oder Javascript machen können. Nun aber werden wir Makros kennenlernen, die LISP und seine Dialekte so vollkommen einzigartig machen und den metazirkulären Interpreter, der Makros ermöglicht. Eine Diskussion des Metaobjekt-Protokolls und des Common Lisp Object Systems *bildet den Abschluss. Nach der Lektüre dieses Buchteils werden Sie verstehen, warum Lisp sich immer wieder neu erfinden kann.*

Makros

Faust:

> Hinter den Ofen gebannt,
> Schwillt es wie ein Elefant
> Den ganzen Raum füllt es an,
> Es will zum Nebel zerfließen.
> Steige nicht zur Decke hinan!
> Lege dich zu des Meisters Füßen!
> Du siehst, daß ich nicht vergebens drohe.
> Ich versenge dich mit heiliger Lohe!
> Erwarte nicht
> Das dreimal glühende Licht!
> Erwarte nicht
> Die stärkste von meinen Künsten!

Mephistopheles tritt, indem der Nebel fällt, gekleidet wie ein fahrender Scholastikus, hinter dem Ofen hervor.

Mephistopheles:

> Wozu der Lärm? was steht dem Herrn zu Diensten?

Faust:

> Das also war des Pudels Kern!
> Ein fahrender Skolast? Der Kasus macht mich lachen.

Mephistopheles:

> Ich salutiere den gelehrten Herrn!
> Ihr habt mich weidlich schwitzen machen.

© Springer Fachmedien Wiesbaden 2016
P.M. Krusenotto, *Funktionale Programmierung und Metaprogrammierung*,
DOI 10.1007/978-3-658-13744-1_16

Faust:

Wie nennst du dich?

Mephistopheles:

Die Frage scheint mir klein

Für einen, der das Wort so sehr verachtet,

Der, weit entfernt von allem Schein,

Nur in der Wesen Tiefe trachtet.

— Johann Wolfgang von Goethe (Faust I)

Makros zu erklären ist viel einfacher, als Makros zu verstehen.

Die Erklärung lautet: Ein Makro ist ein Programm, das abläuft, während ein Programm kompiliert wird. Der Compiler übersetzt dabei nicht den Makroaufruf selbst, sondern das Ergebnis der Makroauswertung. Das Makro selbst ist genauso in Lisp geschrieben, wie eine Lisp-Funktion.

Das Verstehen bedeutet: Das Makro gibt Ihnen die volle Kontrolle darüber, was der Compiler tun soll (und damit sogar darüber, welche Sprache der Compiler übersetzen soll). In konventionellen Programmiersprachen haben Sie diese Möglichkeit nicht. Hier gibt es eine Reihe von Schlüsselworten, hinter denen Verschiedenes verborgen ist: Einerseits die Art und Weise, wie der zugehörige Quelltext zu verstehen ist und andererseits anzuwendende Codemuster, also wie mit dem Quelltext im Sinne der Übersetzung zu verfahren ist.

Im Einzelnen ist beides aber vom Compilerbauer beziehungsweise dem Designer der Sprache festgelegt. Eine Möglichkeit, neue Schlüsselwörter hinzuzufügen, besteht (in konventionellen Sprachen) grundsätzlich nicht. Vielmehr verstehen wir Programmiersprachen meistens so, dass wir sagen würden: „Wenn es ein zusätzliches Schlüsselwort K gäbe, dann wäre diese Sprache nicht mehr die Programmiersprache XY sondern die nicht mit dem XY-Standard konforme Erweiterung XYZ".

Aus Sicht der *programmierbaren Programmiersprache* COMMON LISP ist das eine inakzeptable Einschränkung und solche Programiersprachen (C++, Java, Python, Fortran, ..) sind tatsächlich vor allem eines: verstümmelt. Im Buch (Hoyte 2008) sind zahllose, anspruchsvolle Beispiele von COMMON-LISP-Makros zu finden.

16.1   Zum Begriff *Makro*

Der Begriff Makro wird in der Datenverarbeitung in so unterschiedlichen Zusammenhängen verwendet, dass zunächst eine Klärung angebracht ist, was außerhalb von LISP alles mit dem Begriff Makro gemeint sein kann.

1. Die ersten Makros waren sicher Makros von Makro-Assemblern. Makro bedeutet wörtlich „etwas Großes". Dabei bekommt eine Folge von Assembler-Anweisungen einen

Namen über den später diese Anweisungsfolge in den Programmcode eingesetzt werden kann. Das nennt man *Makroexpansion*. Diese Art Makros nennt man auch Text-Makros, da ihr Expansionsergebnis ein Stück Text ist, das im Anschluss assembliert wird.

2. Am bekanntesten dürften sogenannte „Word-Makros" sein, die Microsoft in seiner Textverarbeitung unterstützt. Die Bezeichnung „Makro" dafür ist vor allem irreführend. Es handelt sich nicht um Makros, sondern einfach um Programmstücke, die Teile von Dokumenten generieren, oder irgendeine andere Form der Verarbeitung vornehmen.

3. Die Makros der Programmiersprache *C* sind Text-Makros, ähnlich denen von Makro-Assemblern. Allerdings eigenen sich Text-Makros nicht für höhere Programmiersprachen mit ihrer hierarchischen Grammatik und stellen praktisch nicht mehr dar, als eine äußerst ergiebige Quelle ärgerlicher und schwer zu findender Fehler. Man sollte Makros in C möglichst vermeiden. Das Internet ist voll von Anekdoten über C-Makros mit beachtlichem Unterhaltungswert, wie in der folgenden Themenbox zeigt.

Makros in C/C++

Durch ihr dilettantisches Design haben C/C++-Makros das Konzept *Makro* in Misskredit gebracht. Dazu ein paar Beispiele in C:

```
#define square(x) x*x;
```
Führt bei Auswertung von
```
int a = 10;
int b = square(a + 1)
```
zum Ergebnis 30, denn $10 + 1 \cdot 10 + 30 = 30$. Ist man nun etwas schlauer und versucht es mit
```
int a = 10;
int b = square(a++);
```
erhält man die falsche Antwort 132, also $11 \cdot 12$. Möchte man das richtige Ergebnis 121 zu sehen bekommen, bleibt einem nichts weiter übrig als
```
int a = 10;
a++;
int b = square(a);
```
Ebenso erhellend ist folgendes Experiment:
```
#define double(x) x+x;
```
Der Ausdruck
```
double(5) * double(2)
```
berechnet dann nicht, wie erwartet, 40, sondern 18, nämlich $5 + 5 \cdot 2 + 2$.

C-Makros verursachen also, da sie die Grammatik der Sprache C nicht verstehen, nur heilloses Durcheinander.

In Lisp ist ein Makro ähnlich wie bei einem Makroassembler eine Schablone, deren Expansion allerdings keinen Text darstellt, sondern einen symbolischen Ausdruck in Form einer hierarchischen Liste, also einer Struktur, die Lisp verarbeiten kann. Das Lisp-Makro ist daher kein Text-, sondern ein Syntax-Makro, das es dem Programmierer gestattet, die Sprache zu erweitern.

16.2   Lisp-Makros

Ein Lisp-Makro ist eine Funktion, die ein Programmstück generiert, das von Lisp ausgewertet wird.

Will man zum Beispiel die Multiplikation zweier Zahlen durch ein Makro zur Kompilierzeit statt durch eine Funktion zu Laufzeit vornehmen lassen, so kann das so aussehen:

```
CL-USER> (defmacro mal (a b)
            (list '* a b))

MAL
```

Der Aufruf erfolgt dann wie bei einer Funktion

```
CL-USER> (mal 3 4)
12
```

Das ist wenig überraschend. Es ist aber etwas völlig anderes abgelaufen als bei einem Funktionsaufruf.

Folgendes ist passiert:

1. Es wurde eine Liste aus dem Symbol * und den beiden Parametern a und b, die während des Makroaufrufs an die Zahlen 3 und 4 gebunden waren, gebildet. Die Ergebnis-Liste dazu ist (* 3 4).
2. Diese Liste wurde Lisp zur Auswertung übergeben. Das Ergebnis dieser Auswertung ist 12.

Das von dem Makro erzeugte Codestück kann man sich mit der Funktion macroexpand-1 ansehen. Dazu muss der Ausdruck ge-Quote-et, also als Liste übergeben werden:

```
CL-USER> (macroexpand-1 '(mal 3 4))
(* 3 4)
T
```

Noch einfacher geht es mit SLIME: Geben Sie dazu den Ausdruck (mal 3 4) ein, ohne mit Return abzuschließen. Gehen Sie mit Strg a an den Zeilenanfang und drücken Sie dort Strg c Strg m. Emacs öffnet ein Fenster mit dem expandierten Makro, das sie mit q schließen können.

Nun ein Beispiel-Makro, das fast schon nützlich ist:

In der Schulmathematik werden Funktionen fast immer über der Variablen x definiert, etwa:

$$f(x) = x^2 + 1$$

Obige Funktion hieße in Lisp:

```
(defun f (x) (+ (expt x 2) 1))
```

Das könnte einem reichlich lang vorkommen und wir wollen vielleicht gar nicht mehr explizit sagen, dass x des Argument der neu zu definierenden Funktion ist.

Folgendes Makro x->, das nur den Namen der neuen Funktion und seine Funktionsvorschrift (über der Variablen x) bekommt, sorgt für die Definition einer Lisp-Funktion:

```
CL-USER> (defmacro x-> (name definition)
              (list 'defun
                    name
                    (list 'x)
                    definition))
X->
```

Es bildet eine Liste aus den Symbolen defun, der Liste mit dem einzigen Symbol x und dem Funktionskörper. Das kann man sich mit macroexpand-1 sehr schön ansehen:

```
CL-USER> (macroexpand-1 '(x-> g (+ 3 x)))
(DEFUN G (X) (+ 3 X))
T
```

Benutzt man das Makro, statt es nur zu expandieren, erfolgt durch seine Expansion die Definition von g als Lisp-Funktion.

```
CL-USER> (x-> g (+ 3 x))
G
```

Sie steht sofort zur Ausführung bereit:

```
CL-USER> (g 5)
8
```

Auch hier geschah das Gleiche wie beim Makro mal: Aus dem Makroaufruf (x-> g (+ 3 x)) wurde eine Liste (defun g (x) (+ 3 x)) erzeugt, an Lisp übergeben und dort verarbeitet. Da es sich bei dieser um einen korrekten defun-Aufruf handelte, wurde eine Funktion definiert.

16.3   Backquote – Die eingebaute Template-Engine von COMMON LISP

Das Erstellen von Makros auf die soeben dargestellte Art und Weise durch Anwendung von Listenfunktionen ermöglicht bereits, die Makrofunktionalität von Lisp voll zu nutzen. Sie ist aber bei größeren Makros zu mühselig, denn den Makrodefinitionen ist oft nicht anzusehen, wie ihre Expansion einmal aussehen sollen.

Aus diesem Grund gibt es in Lisp das *Backquote*-Feature, das zwar unabhängig von Makros ein selbständiges Feature ist, aber erst im Zusammenhang mit Makros wirklich in Erscheinung tritt.

Zunächst verhält sich das Backquote wie das normale Quote und sieht auch fast genau so aus. Allerdings ist das benutzte Zeichen nicht das gewöhnliche Apostroph, sondern der *accent grave* auf der Tastatur:

```
CL-USER> `(bim bam bino)
(BIM BAM BINO)
```

Das Backquote verhindert die Auswertung des dahinter stehenden Ausdrucks. Aber im Gegensatz zu Quote gibt es eine Möglichkeit, einzelne Teilausdrücke eben doch auszuwerten. Dazu stellt man diesen ein Komma voran:

```
CL-USER> `(die summe aus ,(+ 2 2) und 3 ist ,(+ 2 2 3))
(DIE SUMME AUS 4 UND 3 IST 7)
```

Natürlich funktioniert der Mechanismus auch zusammen mit Variablen:

```
CL-USER> (defvar a)
A
CL-USER> (setf a 4)
4
CL-USER> `(die summe aus ,a und ,a ist ,(+ a a))
(DIE SUMME AUS 4 UND 4 IST 8)
```

Mit Backquote kann also eine Schablone für eine Liste vorgelegt werden, innerhalb derer einzelne, durch Komma markierte Teile Ergebnis einer Auswertung sein sollen. Das ist genau das, was man von einer Template-Engine erwartet.

Patterns

Einer Ihrer Projektleiter kommt zu Ihnen und berichtet stolz, dass er im aktuellen Projekt die Verwendung bestimmter Kodiermuster durchgesetzt hat, die vieles vereinheitlichen sollen, dadurch Transparenz sichern und schlussendlich gängige Fehler vermeiden. In der weiteren Unterredung fallen dann Begriffe wie „Hausstandard", „Best Practice" und dergleichen mehr.

Er ist an und für sich zufrieden über seine Initiative, hat aber auch gemischte Gefühle, denn er weiß nicht, was ihm passiert, wenn sich dieser Hausstandard eines

(Fortsetzung)

Tages ändern wird: Dann müsste nämlich jede einzelne Programmdatei angepasst werden. Dazu müssten – falls überhaupt möglich – Skripte abgefasst werden, die die notwendigen Änderungen an den einzelnen Komponenten durchführen oder in tagelangen Sitzungen alle Komponenten von Hand angepasst werden. In beiden Fällen müsste schließlich die gesamte Software getestet und von Fehlern befreit werden.

Die dritte und wahrscheinlichste Variante ist aber, dass die Software, die nach dann nicht mehr gültigen Standards geschrieben wurde, nach und nach der Kategorie „Altlasten" zugeordnet wird.

Dabei liegt der Fehler gar nicht im Muster selbst oder der Tatsache, dass überhaupt Muster angewendet werden. Der Fehler ist, dass die Verantwortung für die Einhaltung der Muster in den falschen, nämlichen menschlichen Händen liegt.

Muster sind nicht das Richtige für Menschen. Wann immer ein Programmierer ein Muster in seinem Tun entdeckt, sollte ihn das alarmieren, denn das Muster deutet darauf hin, dass es etwas zu automatisieren gibt. Wenn sich im Code Muster befinden, dann wird dadurch das *Once-And-Only-Once-Prinzip*[1] auf höherer Ebene verletzt. Im Kontext Programmierung begegnet man dem am besten mit einem Makro.

Durch Makros kann dann die Anwendung des Musters auf den Computer übertragen werden. Wann immer das Muster sich ändern muss, kann ganz einfach der Makro-Code geändert werden, in dem das Muster beschrieben ist.

Eine weitere wichtige Syntax ist das Komma zusammen mit dem Klammeraffen (@), mit der gesteuert werden kann, wie mit einer Ergebnisliste zu verfahren ist.

Mit dem gewöhnlichen Komma wird nämlich eine Liste, die Ergebnis der Auswertung des hinter dem Komma stehenden Ausdrucks ist, immer als Subliste eingefügt:

```
CL-USER> '(die antwort ist  ,(list a 2))
(DIE ANTWORT IST (4 2))
```

Mit ,@ wird eine berechnete Liste in die übergeordnete Liste eingesetzt:

```
CL-USER> '(vorher war sie ,@(list a 1))
(VORHER WAR SIE 4 1)
```

Mit Hilfe des Backquotings lässt sich das obige x->-Makro so umschreiben, dass aus der Definition selbst schon direkt erkennbar ist, wie das expandierte Makro einmal aussieht.

```
CL-USER> (defmacro x-> (name definition)
           '(defun ,name (x)
```

---

[1]Prinzip, dass verlangt, dass das Wissen um einen bestimmten Sachverhalt nur an einer Stelle der Software realisiert werden darf.

```
         ,definition))
X->
```

Mit den Kommata werden die Parameter `name` und `definition` in das umgebende Template eingefügt. Die Makrodefinition ist aber effektiv völlig identisch zu der obigen.

```
CL-USER> (x-> h (+ x x 2))
H
CL-USER> (h 44)
90
```

16.4 Ein `while`-Makro

Lisp kennt nicht die ansonsten zur Folklore gehörende *WHILE-Anweisung*, da sie in der Form, wie sie in vielen Programmiersprachen implementiert ist, semantische Schwächen hat, durch die sie Fehler provoziert.[2] Wenn man trotzdem diese Kontrollstruktur benutzen möchte, könnte man sich vorstellen, dass sie in LISP ungefähr so aussieht:

```
(while (< x 10)
   (print x)
   (setf x (1+ x)))
```

`while` kann (zumindest in dieser Form) auf keinen Fall als Funktion implementiert werden, da dann die Bedingung (hier `(< x 10)`) nicht bei jedem Schleifendurchlauf, sondern ein einziges Mal vor Aufruf der „Funktion" `while` ausgewertet würde, was den Sinn einer Schleife ad absurdum führen würde.

Man kann natürlich ersatzweise mit Closures arbeiten, wobei wir eine Tail-Rekursive, mit `labels` lexikalisch gebundene Funktion namens `wloop` definieren, die die übergebene Bedingung `cond` prüft, dann gegebenenfalls den Schleifenkörper `body` aufruft und in die Rekursion geht. Im Rumpf der `labels`-Anweisung befindet sich denn der initiale Aufruf von `wloop`.

```
1 (defun f-while (cond body)
2    (labels ((wloop ()
3                (if (funcall cond)
4                   (progn
5                      (funcall body)
6                      (wloop)))))
7       (wloop)))
```

---

[2]Das Problem an dieser Kontrollstruktur ist, dass die Initialisierungen der Schleife nicht Teil der WHILE-Anweisung sind. Man muss sie als abgekoppelte Anweisungen vor die Schleife setzen.

F-WHILE

Um diese Konstruktion zu nutzen, muss man für cond und für body Closures über-geben, die über den selben Bindungen geschlossen wurden. Dazu wird im folgenden Beispiel eine lexikalische Variable x mit let erzeugt und in beiden Closures verwendet:

```
(let ((x 0))
  (f-while (lambda () (< x 10))
           (lambda ()
             (print x)
             (setf x (1+ x)))))

NIL
0
1
2
3
4
5
6
7
8
9
```

Das funktioniert also. Diese Darstellung einer Schleife stellt aber kaum eine Zierde der Programmierkunst dar. Funktionale Programmierung ist ein fantastisches Mittel, um Algorithmen zu beschreiben und komplexe Software-Systeme zu entwickeln. Wenn wir aber selbst neue syntaktische Elemente in unsere Programmiersprache einführen wollen, dann machen wir Meta-Programmierung in einer Form die außerhalb der Reichweite funktionaler Programmierung liegt.

Die Implementierung von while als Makro kann als erster Versuch so aussehen:

```
(defmacro while-0 (cond &body body)
  `(labels ((wloop ()
              (if ,cond
                  (progn
                    ,@body
                    (wloop)))))
     (wloop)))
```

WHILE-0

Wir testen das direkt einmal aus:

```
1 (let ((x 1))
2   (while-0 (< x 5)
3     (print x)
4     (setf x (1+ x))))


1
2
3
4
```

Die Makroexpansion zeigt auch direkt, was für einen Code das while-0-Makro erzeugt:

```
1 (macroexpand
2   '(while-0 (< x 5)
3     (print x)
4     (setf x (1+ x))))


(LABELS ((WLOOP ()
           (IF (< X 5)
               (PROGN
                (PRINT X)
                (SETF X (1+ X))
                (WLOOP)))))
  (WLOOP))
```

Unschön ist hier, dass das Symbol wloop eine Funktionsbindung bekommt, die für den Benutzer des Makros nicht transparent ist. In dem unwahrscheinlichen, aber durchaus möglichen Fall, dass der Benutzer des WHILE-Makros eine *eigene Funktion* wloop in seinem Portfolio hat, so kann er diese aus der WHILE-Schleife heraus nicht ansprechen, denn der Bezug auf die Funktion wloop führt dann in die WHILE-Schleife hinein, was der Anwender nicht erwarten kann. Man sagt, dass das Makro WHILE-0 nicht *hygienisch* ist, weil es den Namensraum des Anwenders verschmutzt (nämlich mit der Funktion wloop). Das wird fast nie zu einem Problem führen, ist aber genau genommen nicht korrekt.

Für die korrekte Makro-Darstellung von while als Makro muss ich zunächst die COMMON-LISP-Funktion gensym vorstellen:

```
1 (gensym)
```

```
G1057
```

gensym generiert einfach ein neues Symbol, von dem wir sicher sein können, dass es mit keinem Symbol des Anwendungsprogramms kollidiert. Das bedeutet insbesondere, dass gensym bei allen weiteren Aufrufen ein anderes Symbol erzeugt:

```
1  (gensym)
```

```
G1058
```

gensym können wir nun benutzen, um einen Namen für die Labels-Vereinbarung zu erzeugen, der garantiert keine relevante „Verschmutzung" des Namensraumes der Anwendung verursacht. Dazu erzeugen wir vor der Erstellung der Makroexpansion mit gensym ein Symbol und speichern es in der Variablen name. Wir benutzen dann die Variable name immer dann, wenn wir den Namen der lokalen Funktion brauchen. Das sieht dann so aus:

```
1  (defmacro while (cond &body body)
2  (let ((name (gensym)))
3  '(labels ((,name ()
4             (if ,cond
5                 (progn
6                   ,@body
7                   (,name))))))
8     (,name)))))
```

```
WHILE
```

Testen wir nun, welchen Code das Makro jetzt erzeugt:

```
1  (macroexpand '(while (< x 5)
2                 (print x)
3                 (setf x (1+ x))))

   (LABELS ((#:G1059 ()
             (IF (< X 5)
                 (PROGN
                 (PRINT X)
                 (SETF X (1+ X))
                 (#:G1059)))))
     (#:G1059))
```

Der Name `wloop` existiert nicht mehr und es besteht daher keine Gefahr, dass das Makro den Namensraum des Anwendungsprogramms mit Definitionen verunreinigt.

Es ist schon viel darüber nachgedacht worden, wie man dieses Problem der *Makrohygiene* (eigentlich der „Makro-Unhygiene") grundsätzlich aus der Welt schaffen kann. Es besteht darin, dass ein rein hygienisches Makrosystem (wie das von Scheme) inakzeptable Einschränkungen hat. Diese treten zum Beispiel dann zu Tage, wenn sogenannte *anaphorische Makros* definiert werden sollen, bei denen Bezeichner eingeführt werden, die ihrem Rang nach Schlüsselwörter sind (vgl. (Graham 1993)).

Der COMMON-LISP-Workaround mit `gensym` lässt dem Makro-Autor aber die Freiheiten, hygienische wie unhygienische Makros zu erstellen und ist daher leistungsfähiger als rein hygienische Makrosysteme.

16.5   `filter` – Eine Mini-DSL

Die im Kap. 6 realisierte Filterungstechnik über Closures lässt sich ebenfalls als Makro realisieren. Es entsteht dann eine simple DSL[3] – eine Abfragesprache – die noch nutzerfreundlicher ist, als die Lösung mit Closures aus Abschn. 3.7.

Der Ansatz besteht darin, einem Makro einen Ausdruck zu übergeben, aus dem dieses dann ein Stück Programmcode generiert, dass letztlich die gewünschte Funktionalität bereitstellt.

Das Makro iteriert mit `dolist` eine Variable x über eine übergebene Liste und wendet auf die Elemente den ebenfalls übergebenen Auswahlausdruck an.

Hier zunächst die Definition des Makros:

```
1  (defmacro filter (expr list)
2   '(let ((res))
3      (dolist (x ,list)
4        (if ,expr
5            (setf res (cons x res)))))
6     res))
```

FILTER

Alle Zahlen > 2 aus den ersten sechs natürlichen Zahlen:

```
1  (filter (and (evenp x) (> x 2)) '(1 2 3 4 5 6))

   (6 4)
```

---

[3] Domain-Specific-Language.

Um dahinter zu kommen wie das funktioniert, kann man `macroexpand-1` (oder die Funktion $\boxed{\text{Strg}}$ c $\boxed{\text{Strg}}$ m von Emacs/SLIME) verwenden:

```
(macroexpand-1
 '(filter (and (evenp x) (> x 2)) '(1 2 3 4 5 6)))

(LET ((RES))
  (DOLIST (X '(1 2 3 4 5 6))
    (IF (AND (EVENP X) (> X 2))
        (SETF RES (CONS X RES))))
  RES)
```

Was hier zu sehen ist, ist ohne Makros undenkbar. Es wäre zwar ebenfalls wieder eine Konstruktion mit verschiedenen Closures für `and`, `or`, `not` und so weiter möglich, diese würde aber nicht die Performance und Flexibilität dieses Makros erreichen.

Eine Lisp-basierte DSL kommt gerade dann in Betracht, wenn sich die geforderten Möglichkeiten nicht sinnvoll als simples API[4] formulieren lassen. Das erkennt man zumeist daran, dass das API immer umfangreicher wird, je mehr unterschiedliche Kombinationen verschiedener Eigenschaften es berücksichtigen soll. Spätestens dann sollte man über eine geeignete Sprache nachdenken, die die geforderten Möglichkeiten bietet und diese dann als DSL implementieren.

16.6 Common Lisp besteht selbst zum größten Teil aus Makros

Makros sind in Common Lisp eher die Regel als die Ausnahme. Viele der bisher vorgekommenen Lisp-Formen sind selbst nichts anderes als Makros. Zum Beispiel ist die Form

```
(defun quadrat (x) (* x x))
```

selbst ein Makro-Aufruf. Geben Sie diese Form einmal in den Listener ein, ohne sie abzusenden und drücken Sie $\boxed{\text{Strg}}$ a und dann $\boxed{\text{Strg}}$ c $\boxed{\text{Strg}}$ m. Es ergibt sich dann die Expansion

```
(PROGN
 (EVAL-WHEN (:COMPILE-TOPLEVEL)
            (SB-C:%COMPILER-DEFUN 'QUADRAT 'NIL T))
 (EVAL-WHEN (:LOAD-TOPLEVEL :EXECUTE)
   (SB-IMPL::%DEFUN 'QUADRAT
```

---

[4]application program interface.

```
                    (SB-INT:NAMED-LAMBDA QUADRAT
                     (X)
                     (BLOCK QUADRAT (* X X)))
                    NIL 'NIL (SB-C:SOURCE-LOCATION))))
```

Im Detail müssen Sie dieses Expansionsergebnis jetzt nicht verstehen. Der Hintergrund dieser Tatsache ist aber, dass der Lisp Compiler selbst nur wenige Dinge versteht, und die Benutzerdefinitionen erst einmal durch Makro-Expansion für diesen mundgerecht zerlegt werden müssen.

Auch viel simplere Ausdrücke sind Makro-Aufrufe. Der Ausdruck

```
(and (> 2 a) (= a b))
```

expandiert in erster Stufe (⌷Strg⌷ c ⌷Strg⌷ m oder `macroexpand-1`) zu

```
(IF (> 2 A)
    (AND (= A B))
    NIL)
```

Und bei vollständiger Expansion (⌷Strg⌷ c ⌷Alt⌷ m) zu

```
(IF (> 2 A)
    (THE T (= A B))
    NIL)
```

Sogar `defmacro` ist selbst ein Makro! Die Makrodefinition

```
(defmacro lust (a b) (list b a))
```

entpuppt sich mit ⌷Strg⌷ c ⌷Strg⌷ m als ziemlich breitwandige S-Expression:

```
(PROGN
 (EVAL-WHEN (:COMPILE-TOPLEVEL :LOAD-TOPLEVEL :EXECUTE)
   (SB-C::%DEFMACRO 'LUST
            \#'(SB-INT:NAMED-LAMBDA (DEFMACRO LUST)
                  (\#:WHOLE999 \#:ENVIRONMENT1000)
                (DECLARE (IGNORE \#:ENVIRONMENT1000))
                (LET* ()
                  (DECLARE (MUFFLE-CONDITIONS CODE-DELETION-NOTE))
                  (LET ((\#:ARGS1002 (CDR \#:WHOLE999)))
                    (UNLESS
                        (SB-INT:PROPER-LIST-OF-LENGTH-P \#:ARGS1002 2 2)
                      (SB-KERNEL::ARG-COUNT-ERROR 'DEFMACRO 'LUST
                                                  \#:ARGS1002 '(A B) 2
                                                  2)))
                    (LET* ((A (CAR (CDR \#:WHOLE999)))
                           (B (CAR (CDR (CDR \#:WHOLE999)))))
                      (BLOCK LUST (LIST B A)))))
            '(A B) NIL '(MACRO-FUNCTION LUST) (SB-C:SOURCE-LOCATION))))
```

So ist die Sprache COMMON LISP selbst vor allem eine riesige Makro-Bibliothek, die die verschiedenen Benutzer-Definitionen auf elementare Operationen herunterbricht.

16.7 Makro-definierende Makros

Makros können nicht nur Funktionen, Ausdrücke oder Daten erzeugen, sondern auch Makros. Man muss zugeben, dass dies ein wenig verwirrend sein kann. Dennoch gibt es dazu reichlich viele nützliche Fälle aus der Anwendung.

Beispielsweise hat Emacs Lisp ein Makro `defalias` mit dem ein Alias für eine Funktion definiert werden kann. Der Alias selbst ist seinerseits ein Makro, das den Aufruf der Original-Funktion in den Code einsetzt.

Angenommen wir brauchen ein Alias `fc` für `funcall`, weil `funcall` zu viele Buchstaben hat. Dieses Alias könnte sehr einfach definiert werden:

```
(defmacro fc(&rest rest)
   "Alias für FUNCALL"
  `(funcall ,@rest))
```

Benötigt man nun mehrere Aliasse, dann ist es zu lästig, für jeden extra ein eigenes Makro zu schreiben. Besser wäre etwas wie

```
(defalias fc funcall)
```

Wobei auch direkt noch auf der Wunschliste steht, dass der *docstring* des Aliasses „Alias für <Orginaler Funktionsname>" lauten soll. Hier die Lösung:

```
1  (defmacro defalias (new old)
2    (let ((docstring (concatenate
3                      'string "Alias for "
4                      (symbol-name old))))
5      `(defmacro ,new (&rest args)
6         ,docstring
7         `(,',old ,@args))))
```

Übernommen werden der Alias-Name `new` des neuen Makros und der Name `old` des bestehenden Makros.

Schauen wir einmal an, was dann passiert: Der Wert des Makros also die Makroexpansion steht in den Zeilen 5–7 und beginnt mit `` `(defmacro ``. Davor (in Zeile 4) wird der bestehenden, *alten* Definition mit `symbol-name` ihr Name entnommen und mit `concatenate` (Zeilen 2–3) ein „Alias for" davor gesetzt. Dies wird mit `let` der Variablen `docstring` zugewiesen. In Zeile 6 wird dann mit `,DOCSTRING` dieser Wert in die Alias-Definition eingesetzt.

Machen Sie sich klar, dass der Code in den Zeilen 2–4 zur Expansionszeit ausgeführt werden, der Code in den Zeilen 5–7 aber das Pattern des Makros darstellt.

Expandiert man einen Aufruf dieses Makros, so ist erkennbar, dass genau das gewünschte passiert: Es entsteht eine Makrodefinition namens `fc`, die einfach ein `(funcall ..)` um die übergebenen Argumente setzt:

```
CL-USER> (macroexpand-1 '(defalias FC FUNCALL))
(DEFMACRO FC (&REST ARGS)
  "Alias for FUNCALL"
  '(FUNCALL ,@ARGS))
```

16.8   Die Interpretation verschachtelter Backquotes

Es ist aber nicht leicht zu verstehen, wie das passiert. Dazu folgendes Experiment: Es
werden zwei Variablen a und b an 1 und 2 gebunden. Unter Bestand dieser Bindungen
dann wird der Ausdruck

```
```'(,(+ ,a) ,(+ b)))
```

ausgewertet. Man beachte die 2-fache Verschachtelung der Backquotes:

```
CL-USER> (let ((a 1) (b 2)) ```'(,(+ ,a) ,(+ b)))
; in: LET ((A 1) (B 2))
;      (LET ((A 1) (B 2))
;        ```'(,(+ ,A) ,(+ B)))
;
; caught STYLE-WARNING:
;   The variable B is defined but never used.
;
; compilation unit finished
;   caught 1 STYLE-WARNING condition

''(,(+ 1) ,(+ B))
```

Folgendes ist erkennbar:

1. SBCL beschwert sich großformatig darüber, dass die Variable b nicht verwendet wurde.
2. Das äußere Backquote ist verschwunden.
3. Die Variable a wurde ausgewertet. Das ist deswegen geschehen, weil das Komma vor
   dem a in ein weiteres Kommma „eingeschlossen" war.
4. b wurde nicht ausgewertet. Der Ausdruck blieb unangetastet, da es sich um ein
   äußeres Komma handelte. Die Warnung des Compilers erfolgt nun deswegen, weil eine
   Bindung für b vorgesehen wurde, die aber nicht angefragt wurde.

Ergebnis:
Die Expansion des äußersten Backquotes (von innen gesehen zweiten) gehört zum
jeweils zweiten Komma (und nicht zum ersten!). Ein allein stehendes Komma wurde von
der Expansion des äußersten Backquote nicht berührt. Nur das a im ersten Teilausdruck
```

wurde ausgewertet, da das Komma vor dem a schon das zweite Komma an diesem Ausdruck war.

Das führt zu zwei einfachen Regeln:

Auswertung verschachtelter Backquotes

1. Das *innerste* Backquote(`) gehört zum *äußersten* Komma(,).
2. Das *äußerste* Backquote wird zuerst ausgewertet.

Zurück zu unserem `defalias`: Der Ausdruck `,OLD` wurde expandiert, da diesem Komma bereits ein anderes voranging. Das Zwischenergebnis `` `(,'funcall) `` hat der Expander dann direkt zu `(funcall` eingekürzt, da Komma und Hochkomma sich in der Wirkung aufheben.[5]

16.9   Ein rekursives Makro

Der einzige semantische Unterschied zwischen einem Makro und einer Funktion besteht darin, dass eine Funktion ein Datenobjekt liefert, dass vom Aufrufer auch als Datenobjekt verarbeitet wird, während ein Makro ein Datenobjekt liefert, dass an Lisp zur Verarbeitung als Code übergeben wird.[6] Darum spricht nichts dagegen, ein Makro rekursiv zu definieren.

Ein rekursives Makro kommt insbesondere dann in Betracht, wenn die Menge des von diesem erzeugten Codes abhängig von der Länge der Eingabe sein soll.

Hierzu ein Beispiel: Die Aufgabe der Anweisung `let` ist es, eine oder mehrere Bindungen zu erzeugen, unter deren Bestehen dann einer oder mehrere Ausdrücke ausgewertet werden sollen.

Leider kann `let` dabei keine Mehrfachwerte zuweisen. Zu diesem Zweck gibt es `multiple-value-bind`. Dieses Makro gestattet aber leider nicht die Verarbeitung mehrerer Mehrfachwerte.

Um die Quotienten und Divisionsreste zweier Ganzzahldivisionen aufzuaddieren, muss man also zweimal mit `multiple-value-bind` arbeiten:

---

[5]Beweis: `(defmacro fc (&rest args) „Alias for FUNCALL" ` `(,'funcall ,@args))` führt zur selben Makrodefinition für `fc`, wie man leicht ausprobieren kann.

[6]Organisatorisch gibt es noch den weiteren Unterschied, dass das Makro zur Kompilierzeit, eine Funktion aber zur Laufzeit aufgerufen wird.

```
ƒ
1  CL_USER>    (multiple-value-bind (q1 r1)
2                  (truncate 30 4)
3                (multiple-value-bind (q2 r2)
4                  (truncate 12 7)
5                (+ q1 r1 q2 r2)))
```

    15

Griffiger wäre es aber, diese „mehrfache Mehrfachbindung" in einem Zug durchführen zu können. Etwa so:

```
ƒ
1  (with ((q1 r1 (truncate 30 4))
2        (q2 r2 (truncate 12 7)))
3    (+ q1 r1 q2 r2))
```

Das Delikate an einem solchen Makro ist es nun, dass, wie oben zu sehen ist, die multiple-value-bind – Aufrufe verschachtelt durchzuführen sind. Das schreit gewissermaßen direkt nach einer rekursiven Definition.

Schauen wir uns zunächst aber an, was für Parameter das with-Macro bezieht: Das erste Argument ist eine Liste von Mehrfachbindungs-Anweisungen, deren jede die Form (var1 var2 ... expr) hat. Alle restlichen Argumente sind sämtlich Ausdrücke, die unter diesen Bindungen auszuwerten sind.

Als Parameterliste sieht das so aus:

```
(defmacro with (assignments &rest body)
```

Nun müssen wir zunächst feststellen, ob die Liste der Zuweisungen erschöpft ist. In diesem Fall soll das Makro einfach den Körper zurückliefern, der in einer progn-Form zusammengefasst wird:

```
(if (null assignments)
    (cons 'progn body)
```

Falls noch mindestens eine Zuweisung in der Liste enthalten ist, müssen wir diese zunächst zunächst zerlegen in eine Variablenliste var und den Ausdruck expr:

```
(let ((vars (butlast (car assignments)))
      (expr (car (last (car assignments)))))
```

Nun muss diese Mehrfachbindung mit multiple-value-bind angelegt werden, und im Körper von multiple-value-bind der Code aus dem rekursiven Makroaufruf eingebaut werden:

```
⚡
1 `(multiple-value-bind ,vars ,expr
2    (with ,(cdr assignments) ,@body)))))
```

Insgesamt sieht die Makrodefinition also so aus:

```
⚡
1 (defmacro with (assignments &rest body)
2    (if (null assignments)
3        (cons 'progn body)
4        (let ((vars (butlast (car assignments)))
5              (expr (car (last (car assignments)))))
6          `(multiple-value-bind ,vars ,expr
7              (with ,(cdr assignments) ,@body)))))
```

WITH

Was nun in der ersten Stufe der Expansion geschieht. prüfen wir mit `macroexpand-1`:

```
⚡
1 (macroexpand-1
2  '(with ((q1 r1 (truncate 30 4))
3          (q2 r2 (truncate 12 7)))
4    (+ q1 r1 q2 r2)))
```

```
(MULTIPLE-VALUE-BIND (Q1 R1)
    (TRUNCATE 30 4)
    (WITH ((Q2 R2 (TRUNCATE 12 7))) (+ Q1 R1 Q2 R2)))
```

Mit *SLIME* ist es möglich, die Expansion des Makros vervollständigt zu betrachten. Dazu gibt man den Makroaufruf in den Listener ein und drückt dann [Strg] a [Strg] c [Alt] m. Wir erhalten dann folgende Ausgabe:

```
(MULTIPLE-VALUE-BIND (Q1 R1)
    (TRUNCATE 30 4)
    (MULTIPLE-VALUE-BIND (Q2 R2)
        (TRUNCATE 12 7)
        (PROGN (+ Q1 R1 Q2 R2)))))
```

Ein paar abschließende Tests zeigen, dass das with-Makro einwandfrei funktioniert:

⚡

```
1 (with ((q1 r1 (truncate 30 4))
2         (q2 r2 (truncate 12 7)))
3   (+ q1 r1 q2 r2))
```

```
   15
```

⚡

```
1 (with ((q1 r1 (truncate 30 4))
2         (q2 r2 (truncate 12 7))
3         (q3 r3 (truncate 11 7))
4         (q4 r4 (truncate 8 7)))
5   (+ q1 r1  q2 r2  q3 r3  q4 r4))
```

```
   22
```

16.10 Übungen

16.1. In einigen imperativen Sprachen wie Pascal gibt es die repeat-Anweisung, die folgendermaßen eingesetzt werden kann:

```
1 repeat
2   a := a + 1;
3   writeln(a);
4 until a>10;
```

Im Gegensatz zur while-Anweisung wird der Schleifenkörper mindestens einmal durchlaufen. Bauen Sie diese Anweisung in COMMON LISP nach! Als erste Übung so, dass der Schleifenkörper nur eine Anweisung enthält:

```
1 (let ((x 0))
2   (repeat1
3     (print (setq x (1+ x)))
4     (> x 10)))
```

16.2. Verbessern Sie repeat1 zu einem vollständigen repeat. Benutzen Sie dazu die Makro-Signatur (defmacro repeat (&rest exprs)...).

```
1  (let ((n 0))
2    (repeat
3      (print n)
4      (incf n)
5      (> n 10)))
```

16.3. Die mit banana, lens et cetera konstruierten Morphismen möchten Sie vielleicht im zuge ihrer Konstruktion direkt an ein Symbol binden können um sie nicht immer umständlich mit funcall aufrufen zu müssen.

Schreiben Sie dazu für Listen-Katamorphismen ein Makro define-banana, das folgendes Vorgehen ermöglicht:

```
1  (define-banana sum-up 0 #'+)
```

```
  #<CLOSURE (LABELS H :IN BANANA) {D2DBB05}>
```

```
1  (sum-up '(11 12 100))
```

```
  123
```

Verwenden Sie dazu setf und fdefinition wie in Abschn. 14.1.3 auf Seite 216 gezeigt.

16.4. Schreiben Sie als Verallgemeinerung zu define-banana ein Makro defm mit der Parameterliste (name morph &rest par), das für alle Morphismen aus Tab. 14.1 so verwendet werden kann:

```
1  (defm countdown #'lens
2    (lambda(x) (< x 1))
3    (lambda(x) (values x (1- x))))
```

```
  #<CLOSURE (LABELS THE-ANA :IN LENS) {D34EB5D}>
```

```
1  (countdown 14)
```

```
  (14 13 12 11 10 9 8 7 6 5 4 3 2 1)
```

Literatur

Graham, P. (1993). *On Lisp*. Prentice Hall. Zugriff: 8.Mai 2016.
Hoyte, D. (2008). *Let over Lambda, 50 Years of Lisp*. HCSW and Hoytech. Diskurs über Common-Lisp-Closures und -Makros.

Die universale Funktion und der metazirkuläre Interpreter   17

Zusammenfassung

Als universale Funktion bezeichnet man diejenige Funktion, die jede berechenbare Funktion berechnen kann. Durch dieses ist umgekehrt der Begriff der Berechenbarkeit definiert. Verschiedene Ansätze dazu hat es in der Geschichte der Informatik gegeben. Einer war die Turing-Maschine und ein anderer ist der λ-Kalkül. Wenigstens dem Prinzip nach ist jeder Computer nichts anderes als die in Hardware gegossene universale Funktion.[1] Allen Darstellungen der universalen Funktion ist gemein, dass sie eine Berechnungsvorschrift („das Programm") zusammen mit einer Eingabe („die Daten") als Parameter übernehmen und das Ergebnis der Anwendung dieser Vorschrift auf die Eingabe ermitteln, sofern die Berechnung stoppt.

Schüler:

> Kann Euch nicht eben ganz verstehen.

Mephistopheles:

> Das wird nächstens schon besser gehen,
> Wenn Ihr lernt alles reduzieren
> Und gehörig klassifizieren.

Schüler:

> Mir wird von alledem so dumm,
> Als ging, mir ein Mühlrad im Kopf herum.

---

[1] Dabei wurde die endliche Größe des Computers außer Acht gelassen, denn genau genommen hat jeder reale Computer nur endlich viele innere Zustände und ist deswegen keine universale Funktion sondern ein endlicher Automat. Sinnvoll begreifen lässt er sich als endlicher Automat indes nicht.

© Springer Fachmedien Wiesbaden 2016   287
P.M. Krusenotto, *Funktionale Programmierung und Metaprogrammierung*,
DOI 10.1007/978-3-658-13744-1_17

Mephistopheles:

  Nachher, vor allen andern Sachen,

  Müßt Ihr Euch an die Metaphysik machen!

  Da seht, daß Ihr tiefsinnig faßt,

  Was in des Menschen Hirn nicht paßt;

  Für was drein geht und nicht drein geht,

  Ein prächtig Wort zu Diensten steht.

     — Johann Wolfgang von Goethe (Faust I)

In der hier zitierten Szene liegt die Ironie in dem Vers „Da seht, daß Ihr tiefsinnig faßt, was in des Menschen Hirn nicht passt". Mephistopheles treibt hier seinen Schabernack mit dem Schüler, dem er avisiert, Dinge zu verstehen, die er nicht verstehen kann. Mit dem metazirkulären Interpreter ist es nicht ganz so schlimm. Aber obwohl er ganz real ist, hängt er in einer etwas eigenartigen Weise in der Luft, da er den Boden auf dem er steht, erst selbst liefert.

17.1   Die universale Funktion `eval`

In Lisp hat die universale Funktion den Namen `eval`. Hinter ihr verbirgt sich gewissermaßen das Lisp-System selbst. `eval` übernimmt einen Lisp-Ausdruck, wertet diesen aus und gibt das Ergebnis der Auswertung zurück. Dabei darf es sich dabei um ein Literal, ein Symbol oder einen Funktionsaufruf handeln.

```
⨍

1 (eval 4)
2 4
```

```
⨍

1 (eval '(+ 3 4))
2 7
```

```
⨍

1 (eval (list '+ 3 8))
2 7
```

Der Listener oder die „REPL" (Read-Eval-Print-Loop) besteht nun aus nichts Weiterem als dem aufeinanderfolgenden Aufruf der Funktionen `read`, `eval` und `print` in einer Schleife. Sie lässt sich in COMMON LISP wie folgt als Tail-rekursive Funktion formulieren:

```
1  (defun my-listener ()
2    (format T "> ")
3    (print (eval (read)))
4    (if (y-or-n-p "another one?")
5        (my-repl)))
```

In dieser Ausführung eines Listeners kann nach jeder Auswertung entschieden werden, ob eine weitere Auswertung erfolgen soll. Dazu dient die COMMON-LISP-Funktion y-or-n-p:

```
CL-USER> (my-listener)
> (defun sq(x) (* x x))

SQ
another one? (y or n) y
> (sq 12)

144
another one? (y or n) n

NIL
```

Was nun die Funktion eval interessant macht, ist die Möglichkeit, Daten als Lisp-Programme auszuwerten. Dazu steht eval der gesamte technische Apparat des Lisp-Systems einschließlich des Compilers zur Verfügung. Die als Programm aufzufassenden Daten können von einer Funktion (hier einfach list) geliefert worden sein:

```
1  (eval (list 'defun 'blah '(x) '(* x x)))
2  BLAH
```

Womit die Quardratfunktion *blah* : x^2 angelegt und kompiliert wurde.

```
1  (blah 12)
2  144
```

Dies ist gewissermaßen die Rohform für Makros, die im Kap. 16 behandelt wurden.

Unter den Nutzern vieler Programmiersprachen herrscht die Vorstellung „Eval is Evil". Ich teile diese Auffassung nicht. Man kann viele Konzepte einer Programmiersprache „missbrauchen", aber man sollte sich nicht alles von ungefragten Experten verbieten lassen. Wenn man `eval` nicht benutzt, lernt man auch nicht, wann es eine gute und wann eine schlechte Lösung ist. Gerade in Lisp ist `eval` aufgrund der Homoikonizität oft eine sehr lesbare Lösung.

Unabhängig davon, ob man die Funktion `eval` im Programmieralltag einsetzt oder nicht, sollte man die Arbeitsweise dieser Funktion, also des metazirkulären Interpreters verstehen. Aus diesem Grund werden wir diesen jetzt in Lisp aufbauen.

17.2   Der metazirkuläre Interpreter

Der metazirkuläre Interpreter ist ein Interpreter für die Sprache LISP, der selbst in LISP geschrieben ist. Zusammen mit der sogenannten *Homoikonizität*, also der speziellen Tatsache, dass es in LISP keinen formalen Unterschied zwischen Daten und Programmen gibt, zeichnen den metazirkulären Interpreter eine Reihe besonderer Eigenschaften aus. Eine davon ist, dass seine Ausformulierung erschreckend kurz ist.

Um den metazirkulären Interpreter erklären zu können, muss ich zunächst noch eine etwas aus der Mode geratene Datenstruktur namens *A-Liste* und `cond` – die ursprüngliche Form bedingten Anweisung `if` – erläutern.

17.2.1 A-Listen

A-Listen oder *Assoziationslisten* sind Listen, in denen Assoziationen, also Zuordnungen von Symbolen zu Werten gespeichert werden können. Eine A-Liste, in der das Symbol `essen` den Wert (GYROS KOMPLETT) und das Symbol `trinken` den Wert `imiglykos` hat, entsteht so:

```
(defparameter *a*
  (list (cons 'essen '(gyros komplett))
        (cons 'trinken 'imiglykos)))
```

```
*A*
```

```
*a*
```

```
((ESSEN GYROS KOMPLETT) (TRINKEN . IMIGLYKOS))
```

Es handelt sich um eine Liste aus mit `cons` zusammengesetzten Paaren. Dadurch entsteht je nachdem, ob der Wert ein Atom oder eine Liste ist, ein Dotted Pair (siehe 3.2.1) oder eine gewöhnliche Liste. In beiden Fällen ist das *car* das Symnbol und das *cdr* der Wert der Assoziation.

Die Lisp-Funktion `assoc` ist dazu da, den Wert eines Symbols zu ermitteln, den es innerhalb einer Assoziationsliste hat:

```
CL-USER> (assoc 'trinken *a*)

(TRINKEN . IMIGLYKOS)
```

Den Wert selbst bekommen wir dann mittels der Funktion `cdr`:

```
(cdr (assoc 'trinken *a*))

IMIGLYKOS
```

mit `pairlis` kann man eine bestehende A-Liste nach vorne um eine Assoziation erweitern:

```
(setf *a* (pairlis '(tanzen hören)
                   '(sirtaki (mikis theodorakis)) *a*))

((HÖREN MIKIS THEODORAKIS) (TANZEN . SIRTAKI)
 (ESSEN GYROS KOMPLETT) (TRINKEN . IMIGLYKOS))
```

Wird mit `pairlis` ein schon vorhandener Schlüssel nochmal verbunden,

```
(setf *a* (pairlis '(tanzen) '(foxtrott) *a*))

((TANZEN . FOXTROTT) (HÖREN MIKIS THEODORAKIS)
 (TANZEN . SIRTAKI) (ESSEN GYROS KOMPLETT)
 (TRINKEN . IMIGLYKOS))
```

dann wird der alte Wert verdeckt:

```
(assoc 'tanzen *a*)

(TANZEN . FOXTROTT)
```

Der Sinn von A-Listen ist es, Parameter und lokale Variablen in einem Lisp-System zu binden.

17.2.2 Die cond-Form

Die ersten Lisp-Systeme kannten kein if sondern eine Fallunterscheidung mit Namen cond, die auch *bedingter Ausdruck* heißt. Sie ist flexibler als if, in manchen Zusammenhängen aber auch umständlicher.

Sie dient dazu, Sachverhalte wie diesen hier darzustellen:

$$sign : x \mapsto \begin{cases} 1 & x > 0 \\ -1 & x < 0 \\ 0 & sonst \end{cases} \qquad (17.1)$$

Das sähe mit cond wie folgt aus:

```
1  (defun sign (x)
2    (cond ((> x 0) 1)
3          ((< x 0) -1)
4          (t 0)))
```

Eine cond-Form besteht aus dem Symbol cond und beliebig vielen Paaren von Ausdrücken, deren erster eine Bedingung und deren zweiter das Ergebnis darstellt, falls die zugehörige Bedingung greift.

Die Bedingungen werden der Reihe nach geprüft, bis eine der Bedingungen wahr ist. Dann stoppt die Prüfung und der zugehörige Wert ist Ergebnis der cond-Form.

Für den *sonst*-Fall wird meist die Bedingung t gewählt.

↯

```
1  (cond ((= 2 3) 'a) ((= 1 1) 'b) (t 'c))
```

```
B
```

Mit cond lassen sich auch leicht alle logischen Operationen ausdrücken. Zum Beispiel:

↯

```
1  (defun my-and (a b)
2    (cond (a b) (t nil)))
```

```
MY-AND
```

↯

```
1  (defun my-or (a b)
2    (cond (a a) (t b)))
```

```
MY-OR
```

⚡

```
1  (defun my-not (a)
2    (cond (a nil) (t t)))
```

```
MY-NOT
```

17.2.3 Ein Lisp-Interpreter in 28 Zeilen Lisp-Code

Wer (verkettete) Listen bisher nur aus der Programmierung in C oder Java kannte, der muss diese Datenstruktur zwangsläufig als minderwertig eingestuft haben. Aber genau dadurch, dass auch Programme als Listen dargestellt werden, wird das Potenzial von LISP wirklich entfesselt und die sogenannte metazirkuläre Auswertung ermöglicht.

Der eindrucksvolle Beweis hierzu ist der berühmte Lisp-Interpreter auf Seite 13 des Buches *Lisp 1.5 Programmers Manual* (McCarthy 1962). Er dient den Autoren in diesem Buch dazu, mit minimaler Menge an Code die Interpretation und damit die Semantik von LISP vollständig zu definieren. Der Interpreter besteht aus vier Funktions-Definitionen, den Funktionen `apply`, `eval`, `evcon` und `evlis`:

⚡

```
1  (defun apply% (fn x a)
2    (cond ((atom fn)
3           (cond
4             ((eq fn 'car) (caar x))
5             ((eq fn 'cdr) (cdar x))
6             ((eq fn 'cons) (cons (car x) (cadr x)))
7             ((eq fn 'atom) (atom (car x)))
8             ((eq fn 'eq)  (eq (car x) (cadr x)))
9             (t (apply% (eval% fn a) x a))))
10          ((eq (car fn) 'lambda)
11           (eval% (caddr fn) (pairlis (cadr fn) x a)))
12          ((eq (car fn) 'label)
13           (apply% (caddr fn)
14                 x (cons (cons (cadr fn) (caddr fn)) a)))))
```

⚡

```
1  (defun eval% (e a)
2    (cond ((eq e 't) t)
3          ((atom e) (cdr (assoc e a)))
4          ((atom (car e))
5           (cond ((eq (car e) 'quote) (cadr e))
6                 ((eq (car e) 'cond) (evcon (cdr e) a))
7                 (t (apply% (car e) (evlis (cdr e) a) a))))
8          (t (apply% (car e) (evlis (cdr e) a) a))))
```

```
⨏

1  (defun evcon(c a)
2         (cond ((eval% (caar c) a) (eval% (cadar c) a))
3                (t (evcon (cdr c) a)))))


⨏

1  (defun evlis (m a)
2    (cond ((null m) nil)
3          (t (cons (eval% (car m) a) (evlis (cdr m) a))))))
```

Um diesen Code zu verstehen, betrachten wir zuerst die Funktion `apply%`.[2] `apply%` übernimmt in `fn` eine Funktion, in `x` eine Liste von Argumenten und in `a` eine A-Liste mit Variablenbindungen.

Ihre Aufgabe ist nun, `fn` auf die Liste `x` unter Gültigkeit der in Liste `a` enthaltenen Assoziationen anzuwenden. Dazu prüft sie zunächst, ob `fn` atomar ist, und in diesem Fall weiter, ob es sich bei `fn` um eine der Elementarfunktionen `car`, `cdr`, `cons` oder `eq` handelt. Falls das der Fall ist, werden die betreffenden Operationen einfach realisiert.

Falls ein atomares `fn` keine der genannten Funktionen ist, dann wird das Funktionssymbol mit (`eval% fn a`) in der betreffenden Umgebung ausgewertet die erhaltene Funktion mit `apply%` auf `x` angewendet.

Falls schließlich `fn` nicht atomar ist, wird untersucht, ob es sich um eine `lambda`-Form handelt. Das wäre zum Beispiel dann der Fall, wenn wie oben vorher ein `apply%`-Aufruf mit dem Symbol einer selbst definierten Funktion vorausgegangen wäre. Die Auswertung der `lambda`-Form entspricht nun exakt der in Abschn. 15.1.1 beschriebenen β-Konversion des reinen λ-Kalküls:

* Angenommen unsere Funktion `fn` lautet (`lambda (p q) (cons q p)`), dann ist (`cadr fn`) die Liste der Formalen Parameter und lautet (`p q`).
* (`cddr fn`) ist der Funktionskörper mit der Berechnungsvorschrift (`cons q p`)
* mit (`pairlis (cadr fn) x a`) wird eine A-Liste berechnet, auf der die formalen Parameter an die Aufrufargumente in der Liste `x` gebunden sind.
* Unter Gültigkeit dieser neuen A-Liste wird dann mit `eval%` der Funktionskörper in (`caddr fn`) berechnet.

Die Behandlung der `label`-Form ist ähnlich. Sie ist übrigens die einzige Codezeile, die man verlustlos streichen könnte, denn die `label`-Form dient nur dazu, rekursive Aufrufe zu ermöglichen. Wie wir aber schon in Kap. 15 gesehen haben, ginge das aber auch mit `lambda` und dem Y-Kombinator.

---

[2]Sie hat den Suffix `%` im Namen, um keine Namenskonflikt mit `apply` von COMMON LISP selbst zu erzeugen.

Die Funktion `eval%` ist etwas einfacher. Sie unterscheidet für die S-Expression e die Fälle

- e ist T, dann ist auch das Ergebnis `t`
- e ist atomar, dann wird die Bindung von e mit `assoc` von der A-Liste geholt.
- `(car e)` lautet `quote` dann wird das Objekt hinter `quote` zurückgegeben.
- `(car e)` ist `cond` dann wird die Form mit `evcon` ausgewertet
- Nichts von alledem, dann werden alle Argumente in der Liste mit `evlis` ausgewertet und `(car e)` als Funktion mkitg `apply%` auf die Liste der ausgewerteten Argumente angewendet. Das ist der häufigste Fall.

Die Interpretation einer S-Expression ist also ein Wechselspiel zuwischen `eval%` und `apply%`, die die S-Expression immer weiter aufteilen und schließlich die elementaren Fälle durch direkte Umsetzung behandeln.

Wenn Sie dieses Wechselspiel zwischen `eval%` und `apply%` verstanden und verinnerlicht haben, können Sie mit diesem Wissen Interpreter oder Compiler für nahezu jede Programmiersprache bauen. Denn heute enthält nahezu jede Programmiersprache den λ-Kalkül oder zumindest Teile davon.

Das Nachvollziehen der Arbeitsweise von `evlis` zum Auswerten von Argumentlisten und `evcon` zur Auswertung von `cond`-Ausdrücken überlasse ich Ihnen als Übung.

17.2.4 Die Bedeutung der Metazirkularität

Die Eleganz dieser vier Definitionen ist unübertroffen, denn *sie definieren semantisch die Sprache, in der sie selbst abgefasst wurden.*

Das ist eine sehr fundamentale Errungenschaft und hat diesen vier Definitionen auch die Bezeichnung „Maxwell-Gleichungen der Software"[3] eingebracht.

In keiner konventionellen Programmiersprache ist soetwas denkbar. Die Ausformulierung eines Interpreters für eine Sprache in dieser Sprache selbst wird bei diesen immer um mehrere Größenordnungen mehr Code erforderlich machen.

Alles, was LISP so mächtig macht, ist nur eine Folge dieser genialen Idee Steve Russells (Abb. 17.1), LISP mit Hilfe von LISP zu implementieren (vgl. Geleitwort). Makros zum Beispiel wurden 1963 durch ein dreiseitiges Papier geboren, auf dem Timothy P. Hart eine wenige Zeilen lange Erweiterung des Interpreters beschrieb, durch die dieser Makros lernte.

Entscheidend am metazirkulären Interpreter ist indes nicht, dass ein Compiler oder Interpreter in seiner „eigenen" Sprache geschrieben ist, denn das ist bei Compilern eher

---

[3]Die Maxwell-Gleichungen von James Clark Maxwell liefern eine vollständige Beschreibungen des Elektromagnetismus und sind die theoretische Grundlage der Optik und der Elektrotechnik.

Abb. 17.1 Steve Russell
(*1937). Schüler von John
McCarthy und Implementierer
des ersten LISP-Systems auf
einer IBM 704. So wie es die
historische Rückschau
erkennen lässt, ist er ein
begnadeter Praktiker, da er als
Erster erkannt hat, wie man mit
minimalem Aufwand einem
Computer LISP beibringen
kann. Die von ihm ebenfalls
erfundenen Continuations
finden sich heute unter
anderem in den Sprachen
Ruby, Dylan, Stackless Python
und dem LISP-Dialekt Scheme

die Regel als die Ausnahme, sondern, dass die Beschreibung in genau der abstrakten Datenstruktur (nämlich der Liste) vorliegt, die die Sprache auch verarbeitet.[4] *Dadurch wird es möglich, die Eigenschaften der Sprache in der Sprache direkt zu beschreiben* ohne sie auszuprogrammieren:

evcon etwa definiert die Semantik von cond, verwendet aber selbst auch cond. Und zwar vollkommen direkt, indem es die zu interpretierende cond-Bedingung ganz unmittelbar mit cond prüft. Dadurch entsteht eine Art Kreisschluss über die Meta-Ebene, die durch den Interpreter gegeben ist, und der Semantik der von diesem verwendeten Sprachelemente.

Und genau das ist, was der Begriff metazirkulär sagen will: Die Definition der Semantik eines Sprach-Features erfolgt unter Verwendung des zu definierenden Sprachmittels selbst: Sofern man also evcon als Definition für cond akzeptiert, hängt die Semantik von cond durch eine Art „Meta-Rekursion" eigentümlich in der Luft. Für die anderen drei Definitionen gilt dasselbe.

Man sollte metazirkulär übrigens nicht mit rekursiv verwechseln: Der Unterschied zur Rekursion ist der, dass durch diese nicht die Semantik der Notation der Funktion sondern die Funktion selbst definiert wird.

---

[4]Der Einwand, das sei bei allen Sprachen so, weil Quelltexte Strings sind und alle Sprachen (auch) Strings verarbeiten, ist falsch, da Strings eine konkrete und keine abstrakte Datenstrukur sind.

17.2.5 Die metazirkuläre Auswertung im praktischen Versuch

Nun sollten wir es uns aber nicht nehmen lassen, den elementaren Interpreter auch in Aktion zu sehen. Dazu stellen wir eine triviale Definition namens reverse-pair als A-Liste bereit und übergeben sie zusammen mit einem Aufruf (reverse-pair 'a 'b) an eval%:

```
1 (eval% '(reverse-pair 'a 'b)
2     '((reverse-pair lambda (x y) (cons y (cons x nil))) ))

  (B A)
```

Mit trace kann man sich den Auswertungsprozess auch anschauen. Dazu verwende ich einen etwas einfacheren Aufruf mit einer anonymen Funktion und damit ohne Funktionsdefiniton auf der A-Liste, denn die TRACE-Ausgabe fordert sonst zuviel Platz:

⨎

```
1 (trace evlis evcon eval% apply% pairlis assoc)
```

⨎

```
1 (eval% '((lambda (x y) (cons y (cons x nil)))
2       (quote a) (quote b))
3     nil)

    0: (EVAL% ((LAMBDA (X Y) (CONS Y (CONS X NIL)))
                'A 'B) NIL)
     1: (EVLIS ('A 'B) NIL)
      2: (EVLIS ('B) NIL)
       3: (EVLIS NIL NIL)
       3: EVLIS returned NIL
      2: EVLIS returned (B)
     1: EVLIS returned (A B)
     1: (PAIRLIS (X Y) (A B) NIL)
     1: PAIRLIS returned ((Y . B) (X . A))
     1: (EVAL% (CONS Y (CONS X NIL)) ((Y . B) (X . A)))
      2: (EVLIS (Y (CONS X NIL)) ((Y . B) (X . A)))
       3: (EVLIS ((CONS X NIL)) ((Y . B) (X . A)))
        4: (EVLIS (X NIL) ((Y . B) (X . A)))
         5: (EVLIS (NIL) ((Y . B) (X . A)))
          6: (EVLIS NIL ((Y . B) (X . A)))
          6: EVLIS returned NIL
         5: EVLIS returned (NIL)
```

```
        4: EVLIS returned (A NIL)
        4: (EVLIS NIL ((Y . B) (X . A)))
        4: EVLIS returned NIL
      3: EVLIS returned ((A))
    2: EVLIS returned (B (A))
  1: EVAL% returned (B A)
0: EVAL% returned (B A)
CL-USER>
```

Man kann hier sehr schön den Aufbau der A-Liste mit `pairlis` und anschließende
Auswertungen unter dieser A-Liste erkennen.

```
⨎
ı (untrace)

  T
```

17.2.6 Die Auswirkungen der Metazirkularität auf die Geschichte von LISP

Der metazirkuläre Interpreter besticht durch seine Einfachheit. Aber durch diese hat er
LISP und seiner jetzt fast 60-jährigen Geschichte nicht nur genutzt sondern auch ge-
schadet. Doch es ist schwer und eventuell auch müßig abschließend darüber zu urteilen.
Dennoch ist er für die Geschichte von LISP und auch für die Entstehung von COMMON
LISP von entscheidender Bedeutung.

Ende der 50er Jahre gab es keine Computervernetzung. Die ersten Versuche dazu er-
folgten Anfang der 60er Jahre und einsatzfähig waren die ersten Datendienste Mitte bis
Ende der 60er Jahre. Arbeitsergebnisse wurden auf Papier durch „Reports" verbreitet. Da
außerdem nahezu jeder Computertyp eine andere CPU hatte, konnte sich Software nicht
wie heute durch Download und Installation verbreiten. Was stattdessen geschah, war, dass
nachdem John McCarthy in *Communications of the ACM*[5] den Report *Recursive Functions
of Symbolic Expressions and Their Computation by Machine, Part I* (McCarthy 1960)
veröffentlichte, der den metazirkulären Interpreter und die Sprache LISP beschrieb, jede
Forschungseinrichtung genau das tun konnte, was Steve Russel 1958 tat: Einen LISP-
Interpreter schreiben. Man musste nur die wenigen Zeilen Code und ein paar andere
Kleinigkeiten, wie eine *Symboltabelle* und einen *Reader* in der Maschinensprache der
eigenen Computeranlage entwickeln.

---

[5] Association for Computing Machinery, erste wissenschaftliche Gesellschaft für Informatik, gegründet 1947.

Genau das geschah auch und überall auf der Welt entstanden zueinander inkompatible Lisp-Dialekte.

Heute wäre das vollkommen anders abgelaufen: Der Lisp-Interpreter wäre in einer Windows- und einer Linux-Version bei github.com zum Download aufgetaucht und hätte innerhalb weniger Wochen bei lambda-the-ultimate.org und stackexchange.com riesige Debatten losgetreten. John McCarthy wäre zu einer Internet-Ikone ähnlich *Guido van Rossum*[6] geworden und die Internet-Gemeinde hätte die jeweils nächste Version von LISP mit Spannung erwartet, aber kaum versucht, die Idee nachzuprogrammieren.

Was also tatsächlich passierte, war die Entstehung einer unübersichtlichen Zahl von LISP-Dialekten mit *Maclisp*[7] als wichtigstem Vertreter. Die *Lisp-Maschinen*, die in den 80er-Jahren am *MIT*,[8] bei *Xerox* , *Symbolics*, und *Lisp Machines Inc* entstanden, hatten ebenfalls spezielle zueinander inkompatible LISP-Dialekte.

Für die Anwender war das alles keine schöne Situation und es entstanden Bestrebungen, dem mit einem gemeinsam genutzten Dialekt zu begegnen. Interessiert an einer Vereinheitlichung war nicht zuletzt die *DARPA*,[9] die zu dieser Zeit noch *ARPA* hieß. ARPA hatte verschiedene LISP-Dialekte in ganz unterschiedlichen Systemen im Einsatz. Die am weitesten verbreiteten Dialekte waren das am MIT entstandene Maclisp in verschiedenen Abwandlungen und das komplexe INTERLISP, das bei BBN[10] entstand und bei *Xerox Parc* weiterentwickelt wurde. ARPA war nicht gewillt, mehr als einen Dialekt zu unterstützen.

Dynamic Analysis and Replanning Tool (DART)
Das erfolgreichste Lisp-Projekt des US-Verteidigungs-Ministeriums war *DART*, das *Dynamic Analysis and Replanning Tool*. Die Aufgabe, Militäreinheiten und Verbrauchsmaterial (Nachschub) in der richtigen Menge zum richtigen Zeitpunkt dahin zu verbringen, wo sie benötigt werden, ist bei militärischen Operationen ein entscheidender Erfolgsfaktor und eine äußerst komplizierte Aufgabe für Militärlogistiker. Es muss eine Unzahl von Gesichtspunkten wie Unterbringung, Lebensmittelversorgung, Kraftstoffversorgung, Lagerung, Witterung und vieles mehr berücksichtigt werden.

Zur Vorbereitung der Operation *Desert Storm* im ersten Golfkrieg hatten die Alliierten den Transport militärischer Güter von Europa nach Saudi-Arabien zu

(Fortsetzung)

---

[6]Niederländischer Programmierer und Autor der Programmiersprache Python

[7]Lisp-Dialekt, der 1966 am MIT entwickelt wurde.

[8]Massachusetts Institute of Technology.

[9]Defense Advanced Research Projects Agency, Behörde des US-Verteidigungsministeriums, die Forschungsprojekte für die US-Streitkräfte durchführt.

[10]Bolt, Beranek and Newman, heute BBN Technologies.

organisieren. Der Luft-Angriff gegen den Irak begann im Januar 1991 als Reaktion auf die Annektierung Kuwaits durch den Irak im Sommer 1990. Im dazwischen liegenden Herbst, genauer im November 1990 machten die Amerikaner die Feststellung, dass ihre logistische Strategie gefährliche Flaschenhälse enthielt und stellten den Bedarf einer Software zur computergeschützten Nachschubplanung fest. Ein Team von Programmierern der der Firma BBN hat dann innerhalb von acht Wochen einen Prototypen namens DART in COMMON LISP erstellt, der nach kurzer Testzeit einsatzbereit war. Die eigentliche Operation *Desert Storm* begann zu Beginn des Jahres 1991 mit Luftangriffen. Die Bodenoffensive startete am 24.Februar 1991.

Die interaktive Software DART simulierte verschiedene Varianten für den Transport der 50.0000 militärischen Objekte und lieferte pfiffige Lösungen für logistische Probleme. Selbst erfahrene Militärlogistiker waren überrascht. Unter dem Strich hat der Einsatz von DART soviel monetäre Ersparnis gebracht, dass damit das Äquivalent aller DARPA-Investitionen in die Künstliche-Intelligenz-Forschung seit deren Beginn 1956 auf einen Schlag gedeckt waren.

Der beachtliche Erfolg dieser Common-Lisp-Software hat bei DARPA das Interesse an KI wieder aufleben lassen und den Weg zu weitern Projekten wie der populären DARPA-Challenge geöffnet, bei der autonome Roboter in 10 Stunden 150 Kilometer durch die Wüste reisen mussten.

1986 veröffentlichten Guy L. Steele, Jr., Scott Fahlman, Richard P. Gabriel, David A. Moon, und Daniel L. Weinreb das Buch *Common Lisp the Language*, das COMMON LISP beschreibt. Damit lag ein ausgearbeiteter Sprachentwurf auf Basis von Maclisp vor und Interlisp geriet ins Hintertreffen. Noch im selben Jahr wurde das Kommitee X3J3 gegründet, dass ein ANSI COMMON LISP definieren sollte. 1990 erschien dann die zweite Ausgabe (Steele 1990) und 1994 schließlich vollendete X3J13 nach acht Jahren Arbeit die ANSI-Spezifikation X3.226/1994.[11] Common Lisp war damit übrigens die erste objektorientierte Programmiersprache, die standardisiert wurde: *C++* wurde erst 1998 durch ISO[12] standardisiert.

17.3   Ergebnisse

• Den metazirkulären Interpreter zu verstehen, ist von großer Bedeutung für das Gesamtverständnis von LISP und seinen besonderen Eigenschaften. Er definiert die Semantik der Sprache. Er definiert jedoch nicht den vollen Sprachumfang von

---

[11] Eine Beschreibung des Sprachstandards findet sich in (Graham 1997).

[12] Internationale Organisation für Normung.

COMMON LISP und soll es auch gar nicht. Vielmehr definiert er die kleinste Turing-vollständige Untermenge, die groß genug ist, um sich selbst zu definieren. Dazu gehören die Operationen cons, car, cdr, atom und eq.

- Der hier notierte Code war schon für viele Programmierer der Ausgangspunkt für die eigene Implementierung eines Lisp-Interpreters. In jüngerer Zeit ist sogar ein Lehrbuch[13] zu diesem Thema erschienen.

17.4 Übungen

17.1. Zur Formulierung des metazirkulären Interpreters wurden so wenig Funktionen wie möglich eingesetzt. Warum ist das so?.

17.2. Aus diesem Grund wurde auch die Funktion evlis% als Rekursion formuliert. Formulieren Sie evlis% statt dessen mit mapcar.

Literatur

Graham, P. (1997). *ANSI Common Lisp*. Prentice Hall. Gute Einführung in Common Lisp.

McCarthy, J. (1960).   Recursive functions of symbolic expressions and their computation by machine, part i. *Commun. ACM*, 3(4):184–195.

McCarthy, J. (1962). *LISP 1.5 Programmer's Manual*. The MIT Press. Zugriff: 6.Mai 2016.

Steele, Jr., G. L. (1990). *Common LISP: The Language (2nd Ed.)*. Digital Press, Newton, MA, USA.

---

[13]http://www.buildyourownlisp.com

Zusammenfassung

Programmierung auf der Metaebene, also das Schreiben von Programmmen, die Programme schreiben, ist nicht einfach akademisches Spielzeug, sondern geeignet, ganz konkrete Probleme aus der Welt zu schaffen. Im hier vorgestellten Beispiel hat bei der Deutschen Welle ein Stück Software, das in wesentlichen Teilen in Metaprogrammierung entstanden ist, ein dringend benötigtes Abfragesystem bereitgestellt, um die Administration einer komplexen Internet-Infrastruktur zu erleichtern. Dabei wurde eine exzellente Arbeitsgeschwindigkeit der Software erreicht.

Die Deutsche Welle

Die *Deutsche Welle* (DW) ist der Auslandssender der Bundesrepublik Deutschland. Seit ihrer Gründung im Jahr 1953 verbreitet sie weltweit journalistische Angebote – heute multimedial (Fernsehen, Hörfunk, Internet) und in 30 Sprachen. Sie wendet sich insbesondere an Menschen, die Einfluss auf die Meinungsbildung haben und erreicht wöchentlich rund 118 Millionen Menschen (10/2015). Darüber hinaus bildet die *DW Akademie* Medienfachkräfte in Entwicklungs- und Transformationsländern fort. Die DW ist öffentlich-rechtlich organisiert und wird aus Steuermitteln des Bundes finanziert. Standorte sind Bonn und Berlin.

18.1 Das technische Umfeld

Die Deutsche Welle betreibt viele verschiedene Internet-Angebote. Darunter das 30-sprachige Nachrichtenportal www.dw.com, mehrere Deutschkurse und andere Bildungsangebote, Themenblogs und nicht zuletzt den Online-Award *The Bobs: Best of Online*

© Springer Fachmedien Wiesbaden 2016
P.M. Krusenotto, *Funktionale Programmierung und Metaprogrammierung*,
DOI 10.1007/978-3-658-13744-1_18

Activism, der sich an politische und soziale Internet-Aktivisten wendet und jährlich in verschiedenen Sprachen und Kategorien ausgelobt wird.

Die html-Seiten werden von einer größeren Anzahl pro Angebot mindestens gedoppelter Applikationsserver gerendert, die sich dabei einer größeren Anzahl verschiedener Datenquellen bedienen.

Zur Entlastung dieser Serverfarmen, die diese Angebote bereitstellen, werden bei der Deutschen Welle sogenannte http-Beschleuniger des Typs *Varnish*[1] eingesetzt. Diese realisieren neben ihrer Hauptaufgabe, dem *Caching*, außerdem ein *Load-Balancing* zwischen Applikationsservern und verwalten diese, indem sie Server, die nicht korrekt arbeiten, außer Betrieb nehmen und wieder zuschalten, sobald die Probleme sich gelegt haben oder behoben wurden. In hochverfügbaren Internet-Infrastukturen sind solche oder ähnliche Architekturen erforderlich, denn anders ist der „24/7-Betrieb" nicht mit praxisgerechter Sicherheit zu gewährleisten. Das gilt vor allem, wenn die Angebote kontinuierlich mit Neuerungen ausgestattet werden, und so praktisch niemals ein monatelang erprobter zu Softwarestack betrieben werden kann.

Aus dieser Architektur ergibt sich, dass die http-Beschleuniger in der Internetausspielung eine äußerst wichtige Stelle zur diagnostischen Arbeit darstellen. Diese ist zum einen nötig, um aufkommende Probleme frühzeitig zu erkennen, zum anderen, um bei http-basierten Angriffen die vorliegenden Angriffsmuster zu identifizieren, damit über geeignete Abwehrmaßnahmen entschieden werden kann.

Dem steht jedoch entgegen, dass die in Produktion befindlichen http-Beschleuniger faktisch 45.000 Zeilen Logfile-Information pro Sekunde (!) erzeugen, die sich am Tag auf 1,5 Milliarden Zeilen aufhäufen.

18.2   http-Beschleuniger eignen sich für vielfältige Diagnosen an der Content-Ausspielung

Um nun bestimmte http-Anfragen aus diesem Meer an Informationen gezielt abzugreifen, muss ein Adminstrator die Möglichkeit haben, sehr differenziert zu spezifizieren, wonach er sucht. Da nahezu jedes Merkmal eines Internet-Zugriffs, sei es eine Header-Information, der URL, der Applikationsserver, an den der Cache diese Anfrage delegiert hatte, und vieles anderes mehr dazu relevant sein kann, war eine umfassende und vollständige Lösung erforderlich. Diese musste geeignet sein, Fragen des folgenden Zuschnitts zu beantworten:

• *Welche Requests, die an das Angebot thebobs.com gehen werden vom Applikationsserver mit mit einer TTL-Zeit < eine Minute ausgeliefert, benötigten aber länger als 8 Sekunden zum Rendern?*

---

[1] http://www.varnish-cache.org

- *Welche URLS des Angebots dw.com führen am häufigsten zu einem Cache-Miss?*
- *Welcher URL, der in der Zeit von 3:20 und 3:30 Morgens bearbeitet wurde, kam von einer IP-Adresse aus Asien und enthielt im CGI-Parameter eine versuchte SQL-Injection?*

Versuche, solche Fragen mit Unix-Bordmitteln wie *grep* und ähnlichem zu beantworten, sind schon deswegen zum Scheitern verurteilt, weil die Informationen zu einem einzigen http-Request über viele, manchmal über hunderte Zeilen verteilt sind.

Um das Maß voll zu machen, werden gleichzeitig und von verschiedenen Threads bearbeitete Requests von Varnish durcheinander geloggt und die Logfilezeilen müssen anhand einer darin enthaltenen Thread-Nummer zunächst einem bestimmten Vorgang zugeordnet werden.

Im Betrieb führte das dazu, dass jede einzelne Fragestellung im Zusammenhang mit einem der Internet-Angebote die Programmierung eines speziellen Skriptes in Perl oder ähnlichem nach sich zog, das aber dann jeweils nur die eine spezielle Frage beantworten konnte, für die es gemacht wurde.

Da obendrein die Untersuchung an einem http-Cache, etwa während eines Angriffs von außen oder bei anderen Diagnosen, in erster Linie ein exploratives Tun ist, müssen die Skripte schrittweise immer wieder verändert werden. So ein Vorgehen kostet zu viel Zeit.

Es gab für die Administratoren nur zwei Möglichkeiten, mit diesem Problem umzugehen:

1. Das Logfile zu ignorieren und zu versuchen, andere Diagnosemittel ausfindig zu machen.
2. Eine komplexe Abfragesprache mit dem ganzen Kanon an Eigenschaften wie Vergleichsoperationen, boolescher Logik, Quantoren etc. auf dem Niveau üblicher Datenbankabfragesprachen zu entwickeln. Dabei aber zu geringen Kosten und mit sehr hoher Ablaufgeschwindigkeit des Codes.

Die zweite, aufwendigere Alternative wurde beschritten und hat sich ausgezahlt, denn COMMON LISP barg die Möglichkeit, diese Aufgabe ein für alle Mal sehr elegant zu lösen. Geschehen ist das neben der täglichen Arbeit innerhalb weniger Wochen.

18.3 Performance-Überlegungen

Die Anforderungen an die Performance sind aufgrund der schieren Datenmenge außerordentlich hoch. Einzelne Varnish-Instanzen erzeugen bei Lastspitzen bis zu 20.000

Log-Zeilen pro Sekunde. Will man diese in „Echtzeit" parsen, dann benötigt man einen sehr effizienten Parser.[2]

Nun steht LISP im Ruf, langsam zu sein. Hintergrund dessen ist die Tatsache, dass die ersten LISP-Systeme als Interpreter realisiert wurden (vgl. Abschn. 17.2). Die durch Interpreter erzielte Ablaufgeschwindigkeit liegt regelmäßig um den Faktor 30–50 hinter der durch Compiler erzielten zurück.

Moderne COMMON-LISP-*Systeme sind durchweg als Compilersysteme implementiert und deswegen sehr schnell.* Mehr noch: An diesem Programmbeispiel werden wir sehen, dass COMMON LISP durch die Homoikonizität so schnell sein kann, dass sogar eine vergleichbare Implementierung in C kläglich auf der Strecke bleiben müsste.

Der hier eingesetzte COMMON-LISP-Compiler bekommt zudem regelmäßig Höchstwerte bei der Ablaufgeschwindigkeit des Codes attestiert. Mit Python oder Perl muss er sich erst gar nicht messen lassen, sondern er kann mit C, C++, Ada und Fortran mithalten.[3] Zumindest liegt er bei den meisten Benchmark-Tests nicht weit ab.[4] Trotzdem wäre die Deutsche-Welle-Lösung in einer C- oder C++ Implementierung um wenigstens eine Größenordnung langsamer gewesen und hätte die 5–10-fache Menge an Code umfasst, als die Implementierung in COMMON LISP, um die es hier geht.

Wie kann das sein?

Performance ist immer eine Frage der Umsetzung. Entgegen der Überzeugung mancher lässt sie sich nicht zu einer Software hinzufügen wie ein neues Feature.[5]

Wenn man nun eine *domänenspezifische Sprache*[6] in einer konventionellen Programmiersprache implementiert, wird man zunächst einen Lexer und einen Parser bauen, die die Sprache syntaktisch verstehen. Als erzeugten „Code" kann man sich eine an

---

[2]Im normalen Betrieb werden deswegen auch keine Log-Informationen erzeugt. Bei Varnish muss man ein zusätzliches Programm namens =varnishlog= starten, das sich mit dem Cache verbindet und dessen Verarbeitungen loggt. Das ist eine sinnvolle Lösung, denn für die dabei anfallende Datendeponie gibt es im Normalbetrieb wenig sinnvolle Verwendung.

[3]Das ist nur scheinbar ein Widerspruch zum vorhergehenden Absatz, denn die höhere Geschwindigkeit bezieht sich auf eine bestimmte Klasse von Programmen.

[4]Trotzdem ist COMMON LISP fraglos eine wesentlich „höhere" Hochsprache als Java, C++, Perl oder Python.

[5]Der Autor hat die schlimmsten juristischen Ausseinandersetzungen bei Softwareprojekten im Zusammenhang mit Performance-Problemen gesehen. Dabei waren diese immer so tief mit dem Ansatz verwurzelt, dass sie sich nicht mehr in einem späteren Projektabschnitt adressieren ließen. Fähige Projektleiter halten das Thema Performance daher immer im Auge, ohne allerdings das Projekt dadurch in Mitleidenschaft zu ziehen. Das geschähe etwa dann, wenn man durch zu große Angst vor Performance-Problemen Strukturen schafft, die die Komplexität deutlich steigern.

[6]Oft auch *DSL* für *domain specific language* genannt. Das ist eine Sprache, die im Gegensatz zu einer *General Purpose Language* wie Lisp nur einem bestimmten Anwendungsbereich zugeordnet ist. Ein populäres Beispiel ist die Datenbank-Abfragesprache SQL. Komplexe Software-Interfaces werden häufig als DSL implementiert.

der syntaktischen Struktur orientierte Objektstruktur auf dem Heap vorstellen, die aus Objekten mit „Execute"-Methoden besteht. Alternativ wäre ein Bytecode denkbar, wie ihn Perl oder Python benutzen. So könnte eine relativ orthogonale Implementierung in C++ oder Java aussehen.

Eine Implementierung in COMMON LISP kann da vollkommen anders aussehen: Es entfällt die Entwicklung eines dedizierten Parsers ebenso wie die eines dedizierten Scanners. Eine beschreibende Struktur als Übersetzungs-Ergebnis muss zwar ebenfalls geschaffen werden, aber diese Beschreibung erfolgt direkt in COMMON LISP selbst. Erzeugt wird diese am leichtesten durch Makros. Schließlich, und das ist entscheidend, wird diese in Lisp codierte Beschreibung an den COMMON LISP Compiler „höchstpersönlich" übergeben, der die Übersetzung *in Maschinencode* dann selbst übernimmt.

Da marschiert COMMON LISP gewissermaßen in Sieben-Meilen-Stiefeln von vorne nach hinten durch die ganze Infrastruktur eines klassischen Compilers hindurch!

Das Ergebnis dieses Softwaredesigns ist, dass für die vom Benutzer entwickelte, domänenspezifische Sprache am Ende ein Native-Code-Compiler zur Verfügung steht. So erklärt sich die absolut überragende Performance: 200,0000 Logfile-Zeilen pro Sekunde zu untersuchen ist kein Problem. Wer das in C erreichen möchte, kommt nicht an der Entwicklung eines Native-Code-Compiler-Backends vorbei. Das ist aber auch für erfahrene Entwickler ein größeres Unterfangen.

18.4 Aufbau der Varnish-Logfiles

Hier ist ein Beispiel für das Loggen einer Anfrage-Verarbeitung für das DW-Angebot „Deutschkurse":

```
101 SessionOpen   c 172.16.247.199 58934 0.0.0.0:80
101 ReqStart      c 172.16.247.199 58934 974713165
101 RxRequest     c GET
101 RxURL         c /KursPlattform/WebObjects/KursPlattform.wo
101 RxProtocol    c HTTP/1.1
101 RxHeader      c Host: deutschkurse.dw.com
101 RxHeader      c User-Agent: Mozilla/5.0 (Windows NT 5.1; r
101 RxHeader      c Accept: text/html,application/xhtml+xml,ap
101 RxHeader      c Accept-Language: pl,en-US;q=0.7,en;q=0.3
101 RxHeader      c Accept-Encoding: gzip, deflate
101 RxHeader      c Referer: http://deutschkurse.dw.com/KursPl
101 RxHeader      c Pragma: no-cache
101 RxHeader      c Cache-Control: no-cache
101 RxHeader      c X-Forwarded-For: 194.50.159.206
101 RxHeader      c Connection: close
101 VCL_call      c recv pass
101 VCL_call      c hash
101 Hash          c /KursPlattform/WebObjects/KursPlattform.wo
101 Hash          c deutschkurse.dw.com
```

```
101 VCL_return    c hash
101 VCL_call      c pass pass
101 Backend       c 104 deutschkurse_dw_com deutschkurse_dw_co
101 TTL           c 974713165 RFC 21600 -1 -1 1444732175 0 144
101 VCL_call      c fetch
101 TTL           c 974713165 VCL 120 -1 -1 1444732175 -0
101 VCL_return    c hit_for_pass
101 ObjProtocol   c HTTP/1.1
101 ObjResponse   c OK
101 ObjHeader     c Date: Tue, 13 Oct 2015 10:29:34 GMT
101 ObjHeader     c Cache-Control: max-age=21600
101 ObjHeader     c Set-Cookie: JSESSIONID=159963816A0F55F19BF
101 ObjHeader     c expires: -1
101 ObjHeader     c pragma: no-cache
101 ObjHeader     c x-webobjects-loadaverage: 4417
101 ObjHeader     c set-cookie: wosid=Vk2rNccGFJlbBXKoJZe60g;
101 ObjHeader     c set-cookie: woinst=-1; version="1"; path=/
101 ObjHeader     c x-webobjects-servlet: YES
101 ObjHeader     c Content-Type: text/html;charset=UTF-8
101 ObjHeader     c Content-Length: 336
101 VCL_call      c deliver deliver
101 TxProtocol    c HTTP/1.1
101 TxStatus      c 200
101 TxResponse    c OK
101 TxHeader      c Set-Cookie: JSESSIONID=159963816A0F55F19BF
101 TxHeader      c expires: -1
101 TxHeader      c pragma: no-cache
101 TxHeader      c x-webobjects-loadaverage: 4417
101 TxHeader      c set-cookie: wosid=Vk2rNccGFJlbBXKoJZe60g;
101 TxHeader      c set-cookie: woinst=-1; version="1"; path=/
101 TxHeader      c x-webobjects-servlet: YES
101 TxHeader      c Content-Type: text/html;charset=UTF-8
101 TxHeader      c Content-Length: 336
101 TxHeader      c Accept-Ranges: bytes
101 TxHeader      c Date: Tue, 13 Oct 2015 10:29:34 GMT
101 TxHeader      c X-Varnish: 974713165
101 TxHeader      c Age: 0
101 TxHeader      c Via: 1.1 varnish
101 TxHeader      c Connection: close
101 Length        c 336
101 ReqEnd        c 974713165 1444732174.566540718 1444732174.
101 SessionClose  c Connection: close
101 StatSess      c 172.16.247.199 58934 0 1 1 0 1 1 575 336
```

Die Zeilen bilden zusammen einen Datensatz, der eine einzige Request-Verarbeitung durch Thread Nummer 101 beschreibt. Es handelt sich um einen Client-Request (Spalte 3: c), also die Verarbeitung eines hereinkommenden Requests von einem Webbrowser oder Proxy. Notiert werden IP-Adresse, Request-Methode (hier *GET*), eingehende http-Headsr (*RxHeader*), Verarbeitungs-Schritte im Cache (*VCL_Call*) und schließlich die

Antworten an den Browser mit den Tags *TxStatus, TxResponse, TxHeader* etc. Schließlich erfolgen statistische Angaben im Tag *ReqEnd*, der auch das Ende der eigentlichen Verarbeitung markiert.

Sofern ein Client-Request nicht aus dem Cache bedient werden kann, löst er einen Backend-Request aus, der den zuständigen Applikationsserver auffordert, eine HTML-Seite oder ein HTML-Fragment zu erzeugen. In diesem Beispiel ist das durch den Thread 104 geschehen. Der Backendrequest ist am b in der dritten Spalte erkennbar:

```
104 BackendOpen  b deutschkurse_dw_com_01 172.16.247.148 4969
104 BackendXID   b 974713165
104 Interrupted  b BackendXID
104 BackendXID   b 974713165
104 TxRequest    b GET
104 TxURL        b /KursPlattform/WebObjects/KursPlattform.wo
104 TxProtocol   b HTTP/1.1
104 TxHeader     b Host: deutschkurse.dw.com
104 TxHeader     b User-Agent: Mozilla/5.0 (Windows NT 5.1; r
104 TxHeader     b Accept: text/html,application/xhtml+xml,ap
104 TxHeader     b Accept-Language: pl,en-US;q=0.7,en;q=0.3
104 TxHeader     b Accept-Encoding: gzip, deflate
104 TxHeader     b Referer: http://deutschkurse.dw.com/KursPl
104 TxHeader     b Pragma: no-cache
104 TxHeader     b Cache-Control: no-cache
104 TxHeader     b X-Forwarded-For: 194.50.159.206
104 TxHeader     b X-Varnish: 974713165
104 RxProtocol   b HTTP/1.1
104 RxStatus     b 200
104 RxResponse   b OK
104 RxHeader     b Date: Tue, 13 Oct 2015 10:29:34 GMT
104 RxHeader     b Cache-Control: max-age=21600
104 RxHeader     b Set-Cookie: JSESSIONID=159963816A0F55F19BF
104 RxHeader     b expires: -1
104 RxHeader     b pragma: no-cache
104 RxHeader     b x-webobjects-loadaverage: 4417
104 RxHeader     b set-cookie: wosid=Vk2rNccGFJlbBXKoJZe60g;
104 RxHeader     b set-cookie: woinst=-1; version="1"; path=/
104 RxHeader     b x-webobjects-servlet: YES
104 RxHeader     b Content-Type: text/html;charset=UTF-8
104 RxHeader     b Content-Length: 336
104 RxHeader     b Connection: close
104 Fetch_Body   b 4(length) cls 0 mklen 1
104 Length       b 336
104 BackendClose b deutschkurse_dw_com_01
```

Nun sollte auch klar werden, wie so eine riesige Datenmenge zustande kommt. Das Loggen ist ausgesprochen ausführlich und weist sehr viele Informationen über den Ablauf der Request-Verarbeitung aus. Allein mit Unix-Bordmitteln lassen sich relevante Daten nicht aus diesem Strom extrahieren. Aus diesem Grund entstand die Idee, eine eigene Abfragesprache zu entwickeln, die auf den Namen VarnishQ getauft wurde.

18.5   Anforderungen an eine geeignete Abfragesprache

Ziel des Designs einer Abfragesprache war vor allem, auswählen zu können, welche Requests interessant sind. Das können die Requests sein, die lange gedauert haben oder die von einem bestimmten Applikation-Server bearbeitet wurden oder zu einem bestimmten Internet-Angebot gehören, bestimmte Angaben im Header haben oder bestimmte Return-Codes lieferten. Insbesondere muss man solche Eigenschaften auch verknüpfen können. Naheliegenderweise gibt es dafür ein Makro namens `where`, da `where` in SQL dieselbe Aufgabe übernimmt.

Zweites Ziel war es, aus den zum Teil großen Datensätzen diejenigen Datenelemente auswählen zu können, die den Administrator interessieren. Dazu ist in SQL das Schlüsselwort `select` vorgesehen. So auch in VarnishQ.

Drittes Ziel war es schließlich, unterschiedlichste Datenquellen verwenden zu können. Insbesondere die aktuelle Verarbeitung durch einen Cache oder ein irgendwo herumliegendes Logfile.

Auch eine Weiterverarbeitung von ausgefilterten Daten sollte möglich sein.

Im Einzelnen sah der Katalog so aus:

- Für die Request-Auswahl (`where`)
  - Auf jedes dieser Elemente muss qualifiziert Bezug genommen werden können, um Bedingungen zu formulieren.
  - Die Bedingungen müssen negiert und mit `and` und `or` verknüpft werden können.
  - Es werden Requläre Ausdrücke benötigt um Eigenschaften von Strings zu untersuchen.
  - Da einzelne Tags mehrfach vorkommen können, benötigt man einen Existenzquantor, um Bedingungen der Art „Es gibt eine Zeile Z mit Tag T , sodass für Z eine Bedingung $P(x)$ Bestand hat" fomuliert werden können.
  - Es muss möglich sein, numerische Bestandteile der Logzeilen zu isolieren, um diese dann numerisch zu vergleichen oder weiter zu verarbeiten.
- Für die Zeilen-Auswahl (`select`)
  - Felder müssen nach Namen des Tags oder irgendeiner Bedingung für den Datenbereich (4. Spalte) ausgewählt werden können.
- Für die Weiterverarbeitung
  - Ausgabe der Auswahl auf die Konsole
  - Schreiben in Datei
  - Weiterverarbeitung als Lisp-Liste für solche Fälle, in denen zusätzlicher Anwendungscode in Lisp benötigt wird.
  - Erstellung einer Statistischen Auswertung

- Für den Datenfluss
  - Es muss der Live-Traffic untersucht werden können (Fall 1)
  - Gleichfalls der Inhalt einer Datei (Fall 2)
  - Einmal mit `where` oder `select` formulierte Requests müssen wiederum als Datenquellen für andere Requests so verwendbar sein, dass sie von den Fällen 1 und 2 nicht unterschieden werden können. Dadurch lassen sich `where` und `select` in beliebiger Weise verketten.
- Performance
  - Die Interaktiven Queries müssen mit einer Verabeitung von etwa 100.0000 Zeilen pro Sekunde ablaufen.

Soweit der Wunschzettel für eine Abfragesprache. Er entstand als Ergebnis dessen, was im Zuge des Online-Betriebs an Anforderungen vorgekommen war. Er hätte durchaus getaugt, den einen oder anderen C-Programmierer in die Flucht zu schlagen oder für 1-2 Jahre in der Versenkung verschwinden zu lassen. Dazu gab es aber weder Zeit noch Personal.

Es entstand zuerst ein Prototyp in Perl, der ohne Makros allein mit Closures nach Art der `f-while`-Funktion in Abschn. 16.4 arbeitete: Eine Funktion übernimmt je eine Closure für jedes Unterkonstrukt und liefert ihrerseits eine Closure, die das Gesamtkonstrukt darstellt. Das Ganze funktionierte sehr ordentlich, erzeugte aber bei laufender Abfrage zu viel CPU-Last (bis 40 %) auf dem betreffenden Cache, um auf einem Produktionssystem sinnvoll verwendet werden zu können.

Lisp-Makros sind nun einmal der Königsweg zu einer domänenspezifischen Sprache. Darum entstand das endgültige VarnishQ in COMMON LISP.

18.6   Die Lösung

Da ich nicht erwarte, dass viele Leser dieses Buches mit dem http-Beschleuniger Varnish zu schaffen haben, werde ich die knapp 700 Zeilen Quelltext dieser Lösung nicht im Einzelnen diskutieren. Ich möchte aber gerne diese spannende Softwarelösung vorstellen, weil sie die Lösung zu einem dringenden Problem geliefert hat, dem ohne COMMON LISP nicht leicht beizukommen ist.[7]

Daher möchte ich diese Lösung, wie sie regelmäßig bei der Sicherstellung des Internet-Betriebs der Online-Systeme der Deutschen Welle zum Einsatz kommt, wenigstens beschreiben, denn sie ist ein sehr überzeugendes Beispiel dessen, was COMMON LISP – in der schnellen Implementierung *SBCL* – dem versierten Praktiker an Möglichkeiten bietet.

---

[7]VarnishQ steht aber im Internet unter https://github.com/iqool/varnishq zum Download, zum Studium und zur freien Benutzung zur Verfügung.

18.6.1 Laden von VarnishQ

Das Laden des Systems erfolgt mit `ql:quickload`. Anschließend kann man mit `in-package` dieses Paket zum aktuellen Paket machen:

```
| CL-USER> (ql:quickload :varnishq)

  To load "varnishq":
    Load 1 ASDF system:
      varnishq
  ; Loading "varnishq"


  (:VARNISHQ)

  ;CL-USER> (in-package :varnishq)
  #<PACKAGE "VARNISHQ">
  VARNISHQ>
```

An dem nun auf `VARNISHQ` lautenden Prompt ist der Wechsel in dieses Paket erkennbar. An diesem Prompt kann nun die Abfragesprache VarnishQ verwendet werden.

Charakteristische Elemente und Konzepte dieser Sprache sind Gegenstand der nun folgenden Abschnitte.

18.6.2 Datenquellen werden durch Closures dargestellt

Für die Darstellung und Betrieb der Abfragesprache sind zwei Konzepte wesentlich, die in diesem Buch schon umfassend diskutiert wurden: *Closures* und *Makros*.

Closures werden verwendet, um VarnishQ-Datenquellen zu darzustellen. Datenquellen können zum einen primäre Datenquellen wie Dateien sein. Zum anderen stellen selbst erstellte Anfragen auf solche Datenquellen ihrerseits Datenquellen dar.

```
| VARNISHQ> (file "2016-03-24.log")

  #<CLOSURE (LAMBDA () :IN VARNISH-REQUEST-AGGREGATOR) {D8668A5}>
```

öffnet eine Datei und erzeugt eine Closure über dem offenen File-Handle, die bei jedem Aufruf einen Datensatz aus der Datei liefert. Dies wird mit `funcall` veranlasst:

```
| VARNISHQ> (funcall (file "2016-03-24.log"))

  ((104 SESSIONOPEN C "172.16.247.199 37834 0.0.0.0:80")
   (104 REQSTART C "172.16.247.199 37834 2023745997")
  ...
```

```
(104 LENGTH C "227")
(104 REQEND C "2023745997 1458831866.335545540
              1458831866.335617781 0.000029325
              0.000045538 0.000026703"))
```

Das Ergebnis ist der erste Request des genannten Files als (hier nicht vollständig dargestellte) Lisp-Liste. Mehrere Requests/Datensätze kann man sich mit

```
VARNISHQ> (take 20 (file "2016-03-24.log"))
```

holen. Das (hier nicht dargestellte) Ergebnis ist eine Liste aus 20 Requests. Um das ganze File auszugeben gibt es die Anweisung dump. Deren Ausgabe ist hier aus dem gleichen Grund nicht dargestellt.

```
VARNISHQ> (dump (file "2016-03-24.log"))
```

Alternativ zu (file ...) gibt es den Funktionsaufruf (live). Er startet einen varnishlog-Prozess (vgl. 18.3), nimmt diesen in Klausur[8] und liefert diese als Datenquelle zurück. Zusammen mit dump kann der Live-Traffic, der durch den Cache läuft, folgendermaßen beobachtet werden:

```
VARNISHQ> (dump (live))
```

An einem tatsächlich im „Live" stehenden System wird man allerdings wegen der Menge der dadurch gelieferten Informationen nicht mitlesen können.

18.6.3 Makros nehmen Ausdrücke entgegen und setzen diese in den Code ein

Eine andere, selbstgebaute Datenquelle wird besipielsweise durch den Aufruf des Makros where erzeugt. where übernimmt eine Bedingung als S-Expression und eine Datenquelle (hier eine Datei) und liefert seinerseits eine Datenquelle zurück:

```
VARNISHQ> (where (= rxstatus 200)
               (file "2016-03-24.log"))
```

Zusammen mit take kann man sich die ersten 20 Requests der Datei 2015-10-23.log anschauen, die vom Application-Server mit 200 (Ok) beantwortet wurden:

```
VARNISHQ> (take 20 (where (= rxstatus 200)
                     (file "2016-03-24.log")))
```

---

[8]Meiner Meinung nach eine mögliche Übersetzung von *closure* ins Deutsche, da beides das (räumlich) Abgeschlossene bezeichnet.

Oder man lässt mit dump gleich alles durchlaufen. In folgenden Beispiel eine Abände-
rung obigen Requests, derart, dass nur die Requests geliefert werden, die zu einem Fehler
http-500 geführt haben und das Angebot thebobs.com betreffen:

```
1  VARNISHQ> (dump
2              (where (and (>= rxstatus 500)
3                     (matches "www\\.thebobs\\.com"
4                          (rxheader "host")))
5              (live)))
```

Mit dieser Abfrage bekommt man also alle Server-Fehler zu sehen, die das Angebot
www.thebobs.com betreffen.

Wie funktioniert nun diese Abfrage? Der Code, in den diese umgeschrieben wird, läast
sich durch Expansion der Makroanwendung ermitteln

```
1  VARNISHQ> (macroexpand
2              '(where (and (>= rxstatus 500)
3                     (matches "thebobs.com"
4                       (rxheader "host")))
5                  (live)))
```

```
1  (LET ((#:G984 (LIVE)))
2    (LAMBDA ()
3      (DO ((REQUEST (FUNCALL #:G984) (FUNCALL #:G984)))
4         ((EQ 'EOF REQUEST) 'EOF)
5        (COLLECT (RXSTATUS)
6         (IF (AND (>= RXSTATUS 500)
7               (MATCHES "thebobs.com" (RXHEADER "host")))
8           (RETURN REQUEST))))))
```

- Zeile 1: Das Auswertungsergebnis der Quelle (live) des Aufrufs wird mit let an
  die Variable #:G1009 gebunden.
- Zeile 2: lambda() sorgt dafür, dass wir wieder eine Datenquelle, also eine nullstellige
  Funktion bekommen.
- Zeile 2: Eine do-Schleife bindet die Variable request an die Ergebnisse der Aufrufe
  der an die Variablen #:G984 gebundenen Funktion, nämlich (live).
- Zeile 4: Die Schleife endet, falls dabei eof geliefert wird.
- Zeile 5: Das Makro collect gehört zu Varnishq und sorgt für die Bindung der
  Variablen rxstatus an den *Status*-Wert des Requests, der in der Variablen request
  steht.
- Zeile 6–7: Nun wird die Bedingung geprüft, die der Nutzer als *where*-Bedingung
  übergeben hatte.
- Zeile 8: Falls diese erfüllt ist, wird der aktuelle Request zurückgegeben. Ansonsten
  wird durch die do-Schleife der nächste Request aus der Datenquelle geholt.

18.6.4 VarnishQ ermöglicht statistische Untersuchungen

Der Makro-Mechanismus, der Teilausdrücke, wie hier (and (> ..) (..))=, in den Code einsetzt, kann auch für Arten von Untersuchungen genutzt werden. Folgendes Beispiel untersucht die Verteilung von 3000 http-Requests aus einem Logfile, die an den http-Beschleuniger gerichtet wurden ((type-is 'c)) und die einen Host-Header enthalten ((rxheader „host")) auf die verschiedenen Hostnamen, also den Wert des Ausdrucks (rxheader „host"). Dabei sollen nur die 25 Host-Namen mit den meisten Anfragen angezeigt werden:

```
1 VARNISHQ> (chart 3000 25
2                (rxheader "host")
3                (where (and (type-is 'c)
4                            (rxheader "host"))
5                       (file "2016-03-24.log")))
```

Dabei ist der verwendete Ausdruck (rxheader „host") ist insofern beliebig, als man jede Eigenschaft zur Chart-Bildung heranziehen kann. Im Folgenden werden durch den Ausdruck (null hit) die *Cache-Misses*[9] die mit t und die *Cache-Hits*[10] mit nil gegeneinander gestellt:

```
1 VARNISHQ> (chart 1000 10
2                (if hit 'hit 'miss)
3                (where
4                 (and (type-is 'c)
5                      (matches "rss.dw.com"
6                              (rxheader "host")))
7                 (file "2016-03-24.log")))

  358 80.089485 HIT
  89  19.910515 MISS
```

18.6.5 Quantoren erleichtern den Umgang mit Mengen

Als letztes beispielhaftes Sprachelement stelle ich den Existenzquantor any vor. Er wird bei Mehrfachtags wie dem Varnish-Tag RXHEADER benötigt, mit dem alle beim http-Beschleuniger ankommenden http-Header markiert sind. Mit any kann zum Beispiel fest-

---

[9]http-Requests, die nicht aus dem Cache bedient werden können und deswegen von einem der zuständigen Applikation-Server beantwortet werden müssen.

[10]http-Requests, die aus dem Cache bedient werden können. Sie ergänzen sich mit den Cache-Misses zu 100 %.

gestellt werden, ob irgendeiner der vielen http-Header eines Requests einen bestimmten
String enthält:

```
1  VARNISHQ> (take 1
2                  (where (any
3                         (contains rxheader "max-age"))
4                         (file "2016-03-24.log")))
```

```
1  (((113 BACKENDXID B "2023746022")
2   (113 INTERRUPTED B "BackendXID")
3   (113 BACKENDXID B "2023746022")
4   (113 TXREQUEST B "GET")
5   (113 TXURL B "/js/jwplayer/jwplayer.js")
6   (113 TXPROTOCOL B "HTTP/1.1")
7   (113 TXHEADER B "Host: vdt.dw.com")
8   (113 TXHEADER B "Accept: */*")
9   (113 TXHEADER B "User-Agent: Mozilla/5.0
10   (iPhone; CPU iPhone OS 9_2 like Mac OS X) AppleWebKit/601.1.46
11   (KHTML, like Gecko) Mobile/13C75
12   [FBAN/FBIOS;FBAV/38.0.0.6.79;FBBV/14316658;FBDV/iPhone7,2;
13   FBMD/iPhone;FBSN/iPhone OS;FBSV/9.2;FBSS/2;
14   FBCR/vodafoneUK;FBID/phone;FBLC/e")
15   (113 TXHEADER B "Accept-Language: en-gb")
16   (113 TXHEADER B
17    "Referer: http://vdt.dw.com/index.php?v=bg&w=630&d=1&vl=0")
18   (113 TXHEADER B "X-Forwarded-For: 86.14.128.64")
19   (113 TXHEADER B "X-Varnish: 2023746022")
20   (113 TXHEADER B "Accept-Encoding: gzip")
21   (113 RXPROTOCOL B "HTTP/1.1")
22   (113 RXSTATUS B "200")
23   (113 RXRESPONSE B "OK")
24   (113 RXHEADER B "Server: nginx")
25   (113 RXHEADER B "Date: Thu, 24 Mar 2016 15:04:26 GMT")
26   (113 RXHEADER B "Content-Type: application/javascript")
27   (113 RXHEADER B "Content-Length: 154630")
28   (113 RXHEADER B "Last-Modified: Tue,
29               15 Mar 2016 09:05:04 GMT")
30   (113 RXHEADER B "Connection: keep-alive")
31   (113 RXHEADER B "ETag: \"56e7d040-25c06\"")
32   (113 RXHEADER B "Expires: Thu, 31 Dec 2037 23:55:55 GMT")
33   (113 RXHEADER B "Cache-Control: max-age=315360000")
34   (113 RXHEADER B "Accept-Ranges: bytes")
35   (113 FETCH_BODY B "4(length) cls 0 mklen 1")
36   (113 LENGTH B "154630")
37   (113 BACKENDREUSE B "vdt_dw_com_01")))
```

Der gefundene Request ist ein Backend-Request und der String „max-age" befindet sich in Zeile 33, mit der Angabe 315360000, was

```
1 VARNISHQ> (/ 315360000 24 60 60 365.2425)
```

```
9.9933605
```

etwa 10 Jahren entspricht.

Die Makroexpansion von any offenbart übrigens, dass Varnishq dieses auf das COMMON-LISP-EIGENE some zurückführt:

```
1 VARNISHQ> (macroexpand-1 '(any (contains rxheader
2 "max-age")))
```

```
(SOME (LAMBDA (Z) (CONTAINS Z "max-age")) RXHEADER)
```

18.7 Ergebnisse

* Durch geschickte Wahl von Konzepten der funktionalen Programmierung und der Metaprogrammierung entsteht eine leistungsfähige Abfragesprache für eine Spezialanwendung.
* Diese Abfragesprache wird durch den Lisp-Compiler in nativen Prozessorcode übersetzt, ohne das der Entwickler sich mit dessen komplizierter Erzeugung selbst bechäftigen muss.
* Die Performance der Abfragesprache ist außerordentlich hoch.
* Die Herstellung einer domänenspezifischen Sprache ist in COMMON LISP einfacher als in jeder anderen Computersprache.

Objektorientierte Programmierung in COMMON LISP: Das Metaobjekt-Protokoll

19

Zusammenfassung

Dem Metaobjekt-Protokoll liegt die Idee zugrunde, eine zur Anwendungsentwicklung geeignete Objekt-Infrastruktur mit den Mitteln dieser Objekt-Infrastruktur selbst darzustellen. Es ordnet somit die Begriffe Klasse, Methode, generische Funktion *und andere selbst in einer Klassenhierarchie an. Dies hat zur Konsequenz, dass das Klassensystem ähnlich dem metazirkulären Interpreter (Abschn. 17.2) auf der Meta-Ebene rückbezüglich, also metazirkulär wird. Das* COMMON LISP *Object System (CLOS) ist die erste und wichtigste Implementierung des Metaobjekt-Protokolls. Auch wenn es das erste ANSI-standardisierte Objektsystem überhaupt ist, hat es viele aktuelle Begriffe wie* Apektorientierte Programmierung, Mehrfach-Erbung *et cetera vorweggenommen und stellt mit Konzepten wie dem* mehrdimensionalen Methoden-Dispatch *Mechanismen zur Verfügung, die in konventionellen Sprachen noch nicht einmal ansatzweise verfügbar sind. Dieses Kapitel geht davon aus, dass der Leser ein konventionelles OOP-System kennt und arbeitet die besonderen Möglichkeiten der Programmierung mit CLOS und dem Metaobjekt-Protokoll (MOP) anhand von Beispielen heraus und enthält eine Darstellung des Ineinandergreifens der CLOS-Metaobjekte.*

Die objektorientierte Programmierung hat in den 60er Jahren mit der Programmiersprache *Simula* ihren Anfang genommen. Hintergrund dessen war der Wunsch, die Simulation physikalischer Prozesse intuitiver programmieren zu können.

Populär wurde die objektorientierte Programmierung in den achtziger Jahren mit Smalltalk, Object-Pascal und C++. Leider hat sie die in sie gesetzten Erwartungen nie vollständig eingelöst. Insbesondere der Terminus „Wiederverwendbarkeit" machte im Zusammenhang mit OOP die Runde. Tatsächlich wurde die Wiederverwendbarkeit von Software durch OOP nur unwesentlich erhöht. Die OOP steckt auch voller Widersprüche.

© Springer Fachmedien Wiesbaden 2016
P.M. Krusenotto, *Funktionale Programmierung und Metaprogrammierung*,
DOI 10.1007/978-3-658-13744-1_19

Allein, die Begriffe *ganze Zahl*, *rationale Zahl* und *reelle Zahl* sinnvoll in einer Klassen-hierarchie anzuordnen, führt direkt zu erheblichen intelektuellen Schwierigkeiten: Jede *ganze Zahl* ist eine *reelle Zahl*. Also muss *ganze Zahl* von *reelle Zahl* abgeleitet werden. Ihre Repräsentation ist aber, da sie alle Eigenschaften von *reelle Zahl* erbt, komplexer, obwohl sie konzeptionell eigentlich einfacher ist. An diesem noch einfachen Problem scheitern schon die meisten OOP-Systeme.

Für das COMMON LISP Object System sind drei Dinge wesentlich, durch die es in kon-ventionellen Objektsystemen (wie in Python oder Java) nicht oder nur eingeschränkt gibt. Sie bilden den Kern der folgenden Darstellung. Eine didaktisch gute Gesamtdarstellung von CLOS einschließlich einer Einführung in die OOP findet sich bei (Keene 1988).

1. **Multimethoden**
   Multimethoden führen den Methoden-Dispatch nicht allein über einen einzelnen (meist impliziten) „this"-Parameter durch, sondern über alle Parameter des Methodenaufrufs.

2. **Mehrfach-Erbung**
   Jede Klasse kann ausnahmslos von mehreren verschieden Klassen erben.[1]

3. **Das Metaobjekt-Protokoll**
   Das MOP stellt die gesamte Objektlogik vollständig durch sich selbst dar. Dies ist vergleichbar mit der Art und Weise, wie der metazirkuläre Interpreter sich selbst beschreibt (Abschn. 17.2).

19.1 Ein Multimethoden-Beispiel

Das folgende Beispiel[2] verwendet Multimethoden, um die Bildung der Schnittmenge mit drei intern unterschiedlich dargestellten Mengen interoperabel zu implementieren. Es sollen die folgenden drei Implementierungen für Mengen unterstützt werden:

1. **Darstellung durch Intension**
   Hierbei ist die Elementzugehörigkeit durch ein Prädikat gegeben:

$$M := \{x|P(x)\}$$

---

[1]Meistens wird diese falsch als „Mehrfach-**Ver**erbung" bezeichnet. Mehrfach-Vererbung ist aber in jeder OOP-Sprache implementiert, da jede Klasse ihre Eigenschaften an beliebig viele andere Klassen vererben kann.

[2]Dieses Beispiel habe ich schon vor Jahren in die deutschsprachige Wikipedia eingestellt und veröffentliche es hier mit kleineren textlichen Anpassungen. Ich halte es für ein gutes Beispiel, das mit wenig Code den Nutzen von Multimethoden darstellt.

Alle Elemente x, für die $P(x)$ wahr ist, gehören zu M. Die Menge kann unendlich groß sein. Die Darstellung von P erfolgt durch einen anonymen λ-Ausdruck.

2. **Darstellung durch Extension**

   Bei dieser Darstellung werden alle Elemente der Menge aufgezählt:

$$M := \{2, 39, HUT, STOCK, REGENSCHIRM\}$$

3. **Darstellung als Intervall**

   Ein zusammenhängendes Intervall aus der Menge $\mathbb{Z}$ bildet die Menge M:

$$M = \{10, \ldots, 20\} \subset \mathbb{Z}$$

19.1.1 Klassendefinitionen

Für diese drei Darstellungen werden die Klassen

* `set-by-intension`,
* `set-by-extension` und
* `integer-range-set`

definiert. Die beiden letzteren sind von der abstrakten[3] Klasse `enumeratable-set` abgleitet, die ihrerseits wie `set-by-intension` von der abstrakten Hauptklasse `any-set` abgeleitet ist. Die Beziehung der Klassen enstpricht Abb. 19.1.

Die Umsetzung dieser Klassenhierarchie in COMMON LISP erfolgt in fünf einzelnen Definitionen.

Abb. 19.1 Klassenhierarchie der Mengentypen. Abstrakte Klassen sind *kursiv*

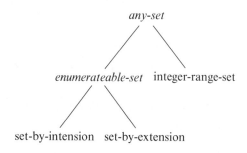

---

[3] Abstrakt heißt eine Klasse, wenn es nicht vorgesehen ist, von dieser Instanzen zu erstellen.

- Abstrakte Klasse any-set

  ```
  1 (defclass any-set ()
  2   ())
  ```

  ```
  #<STANDARD-CLASS ANY-SET>
  ```

- Klasse set-by-intension
  Diese enthält nur das einstellige Prädikat predicate als Funktion mit Wertebereich
  $\{w,f\}$, das entscheidet, ob das ihm übergebene Argument zu M gehört:

  ```
  1 (defclass set-by-intension (any-set)
  2   ((predicate
  3     :accessor predicate :initarg :predicate)))
  ```

  ```
  #<STANDARD-CLASS SET-BY-INTENSION>
  ```

- Abstrakte Klasse enumerateable-set
  Ihr Zweck ist es, eine gemeinsame Elternklasse für die Klassen set-by-extension
  und integer-range-set als Bezugspunkt für Methodendefinitionen zur Verfügung zu haben.

  ```
  1 (defclass enumerateable-set (any-set)
  2   ())
  ```

  ```
  #<STANDARD-CLASS ENUMERATEABLE-SET>
  ```

- Klasse set-by-extension
  Sie enthält nur den Slot ext, der eine Liste der Elemente enthält:

  ```
  1 (defclass set-by-extension (enumerateable-set)
  2   ((ext :accessor ext :initarg :ext)))
  ```

  ```
  #<STANDARD-CLASS SET-BY-EXTENSION>
  ```

- Klasse `integer-range-set`
  Diese Form speichert von dem geschlossenen Ganzzahlenbereich den kleinsten Wert
  `from` und der größten Wert `to`.

  ⚡

  ```
  1 (defclass integer-range-set (enumerateable-set)
  2   ((from :accessor from :initarg :from)
  3    (to   :accessor to   :initarg :to)))
  ```

  ```
  #<STANDARD-CLASS INTEGER-RANGE-SET>
  ```

- Die leere Menge `empty-set`
  Die leere Menge `empty-set` wird als konstante Instanz der Klasse `set-by-exten-sion` ohne Elemente konstruiert. Die Instanziierung erfolgt in COMMON LISP durch die Funktion `make-instance` unter Angabe der Klasse und des Initialisierungsar-gumentes, das in obiger Klassendefinition `:ext` heißt. Für dieses Argument wird hier die leere Liste `nil` übergeben.

  ⚡

  ```
  1 (defvar empty-set
  2   (make-instance 'set-by-extension :ext nil))
  ```

  ```
  EMPTY-SET
  ```

19.1.2 Generische Funktionen

Nun erfolgt die Definition der generischen Funktion `enumeration` für die Klasse `enumerateable-set` sowie der generischen Funktion `intersection2` für genau zwei Argumente vom Typ `any-set`, die deren zweier Mengen Schnittmenge bestimmmt.

Generische Funktionen legen die Signatur fest, definieren also nur den Typ der Para-meter. Den Parameternamen definieren sie nicht und sie haben keinen Funktionskörper.

Die Definition einer generischen Funktion kündigt die Existenz von (konkreten) Methoden für die genannten oder von diesen abgeleiteten Klassen an. Wird eine generische Funktion ausgeführt, so besteht ihre einzige Aufgabe darin, eine zu den Typen der über-gebenen Parametern passende Methode auszusuchen.

⚡

```
1 (defgeneric enumeration (enumerateable-set))
```

```
#<STANDARD-GENERIC-FUNCTION ENUMERATION (2)>
```

```
1 (defgeneric intersection2 (any-set any-set))
```

```
#<STANDARD-GENERIC-FUNCTION INTERSECTION2 (7)>
```

19.1.3 Methoden

- Methoden der generischen Funktion enumeration
  Diese beiden Methoden sind noch keine Multimethoden. In Java würden sie
  einfach mit Enumeration enumeration(); als Methoden einer Klasse
  SetByExtension deklariert werden. enumeration liefert eine Aufzählung der
  Elemente einer indirekten Instanz von enumerateable-set, also von direkten
  Instanzen von set-by-extension und integer-range-set.

```
1 (defmethod enumeration ((s set-by-extension))
2   (ext s))
```

```
#<STANDARD-METHOD ENUMERATION (SET-BY-EXTENSION) {D9F9ED9}>
```

```
1 (defmethod enumeration ((s integer-range-set))
2    (iota (1+ (- (to s) (from s)))
3          :start (from s)))
```

```
#<STANDARD-METHOD ENUMERATION (INTEGER-RANGE-SET) {DA933C1}>
```

- Konkrete Methoden der generischen Funktion intersection2
  Die fünf Methoden der generischen Funktion intersection2 sind sämtlich Multimethoden.

```
1 (defmethod intersection2 ((a set-by-intension)
2                           (b enumerateable-set))
3   (make-instance 'set-by-extension
4       :ext (remove-if-not (predicate a)
5                           (enumeration b))))
```

```
#<STANDARD-METHOD INTERSECTION2 (SET-BY-INTENSION
                    ENUMERATEABLE-SET) {DAE2D39}>
```

⚡

```
1  (defmethod intersection2 ((a set-by-intension)
2                            (b set-by-intension))
3    ;; In diesem Fall wird aus den beiden Prädikaten
4    ;; von a und b ein neues Prädikat durch
5    ;; UND-Verknüpfung zusammengesetzt und
6    ;; die Ergebnis-Instanz der Klasse
7    ;; SET-BY-INTENSION damit initialisiert:
8    (make-instance 'set-by-intension
9          :predicate (lambda (x)
10                      (and (funcall (predicate a) x)
11                           (funcall (predicate b) x)))))
```

```
#<STANDARD-METHOD INTERSECTION2 (SET-BY-INTENSION
                                 SET-BY-INTENSION) {DB34CF9}>
```

⚡

```
1  (defmethod intersection2 ((a enumerateable-set)
2                            (b set-by-intension))
3    (intersection2 b a))
```

```
#<STANDARD-METHOD INTERSECTION2 (ENUMERATEABLE-SET
                                 SET-BY-INTENSION) {DB79A21}>
```

⚡

```
1  (defmethod intersection2 ((a enumerateable-set)
2                            (b enumerateable-set))
3    (make-instance
4     'set-by-extension
5     :ext (intersection (enumeration a) (enumeration b))))
```

```
#<STANDARD-METHOD INTERSECTION2 (ENUMERATEABLE-SET
                                 ENUMERATEABLE-SET) {DBD4A61}>
```

• Methode der generischen Funktion `intersection2` für Aufrufe mit zwei Parametern der Klasse `integer-range-set`

Obwohl dieser Fall schon durch die dritte Methode oben abgedeckt ist, bietet es sich hier an, eine spezifischere Methode vorzusehen um wieder ein Ergebnis der Klasse `integer-range-set` zu erhalten, da deren Darstellung kompakter ist.

↯

```
1  (defmethod intersection2 ((a integer-range-set)
2                            (b integer-range-set))
3    ;; Es wird das Maximum N der unteren und
4    ;; das Minimum M der Obergrenzen gebildet.
5    ;; Falls nun N>M gilt, ist die Schnittmenge
6    ;; leer, sonst eine Instanz der Klasse
7    ;; INTEGER-RANGE-SET mit den Grenzen N und M
8    (let ((n (max (from a) (from b)))
9          (m (min (to a) (to b))))
10     (if (> n m)
11       empty-set
12       (make-instance 'integer-range-set
13                      :from n :to m))))
```

```
#<STANDARD-METHOD INTERSECTION2 (INTEGER-RANGE-SET
                                 INTEGER-RANGE-SET) {DC62A61}>
```

- Zusätzliche Methoden für die generische Funktion `intersection2` für den Umgang mit der leeren Menge *

Der `eql`-Spezialisierer

Common Lisp kann Methoden einer generischen Funktion nicht nur auf Klassen spezialisieren, sondern auch auf eine einzelne Instanz. Dazu wird als Typ des Parameters nicht eine Klasse angegeben sondern der Ausdruck `(eql <instanz>)`. Wenn die zugehörige generische Funktion nun mit genau dieser Instanz aufgerufen wird, dann ist diese Methode „spezifischer" als eine, die an der gleichen Position mit einer passenden Klasse definiert wurde und wird statt dieser aufgerufen.

Mit den folgenden beiden Methoden wird durch Verwendung eines `eql`-Specializers erreicht, dass die Schnittmenge aus der leeren Menge und einer beliebigen Menge ohne weitere Untersuchung die leere Menge selbst ist:

↯

```
1  (defmethod intersection2 ((a (eql empty-set))
2                            (b any-set))
3    empty-set)
```

```
#<STANDARD-METHOD INTERSECTION2 ((EQL NIL) ANY-SET) {DC9D461}>
```

𝆑

```
1 (defmethod intersection2 ((a any-set) (b (eql empty-set)))
2   empty-set)
```

```
#<STANDARD-METHOD INTERSECTION2 (ANY-SET (EQL NIL)) {DCD6371}>
```

- *print-object*–Methoden
  Mit obigen Definitionen ist die Funktionalität vollständig umgesetzt. Um den Dialog mit COMMON LISP zu vereinfachen, erfolgt nun noch die Definition von geeigneten Methoden, für die durch das System vordefinierte generische Funktion `print-object`, die das Lisp-System zur Darstellung der Mengen bei der Ausgabe heranzieht. 𝆑

```
1 (defmethod print-object ((s set-by-extension)
2                              stream)
3   (prin1 (ext s) stream))
```

```
#<STANDARD-METHOD PRINT-OBJECT (SET-BY-EXTENSION T) {DD17E31}>
```

𝆑

```
1 (defmethod print-object ((s set-by-intension)
2                              stream)
3   (format stream
4           "~A"
5           (function-lambda-expression
6            (predicate s))))
```

```
#<STANDARD-METHOD PRINT-OBJECT (SET-BY-INTENSION T) {DD9E329}>
```

𝆑

```
1 (defmethod print-object ((s integer-range-set) stream)
2   (format stream "(~A .. ~A)"  (from s) (to s)))
```

```
#<STANDARD-METHOD PRINT-OBJECT (INTEGER-RANGE-SET T) {DE2AC49}>
```

19.1.4 Anwendungsbeispiel

Die Menge aller Primzahlen kann durch das Prädikat `prime` dargestellt werden.

```
1 (defun prime (n)
2     (labels ((prm (j)
3                 (or (> j (isqrt n))
4                     (and (> (mod n j) 0)
5                          (prm (1+ j))))))
6       (and (> n 1) (prm 2))))
```

    PRIME

Mit dieser Definition als Prädikat ist es jetzt möglich, die Menge aller Primzahlen
set-of-primes als Instanz von set-by-intension zu konstruieren:

```
1 (set 'set-of-primes (make-instance 'set-by-intension
2                                     :predicate #'prime))
```

    NIL

Als zweite Menge fungiert die Menge first-100 der ganzen Zahlen von 1 bis 100:

```
1 (set 'first-100 (make-instance
2                    'integer-range-set :from 1 :to 100))
```

    (1 .. 100)

Die Schnittmenge beider Mengen, also die Primzahlen von 1 bis 100, kann dann jetzt
durch den Aufruf der generischen Funktion intersection2 berechnet werden:

```
1 (intersection2 set-of-primes first-100)
```

    (2 3 5 7 11 13 17 19 23 29 31 37 41 43 47 53 59 61
     67 71 73 79 83 89 97)

19.1.5 Zusammenfassung der Unterschiedes zwischen konventioneller OOP und Multimethoden

• Am Methodenaufruf ist keine einzelne aufrufende Instanz syntaktisch erkennbar, da
  alle Parameter gleich behandelt werden. Es gibt kein implizites this oder ähnliches.

- Methoden werden in COMMON LISP nie direkt aufgerufen sondern ausschließlich auf dem Umweg über die generische Funktion gleichen Namens.
- Die generische Funktion führt den Dispatch auf „eingehängten" Methoden durch. Dazu ermittelt sie zunächst eine nach Spezifität sortierte Liste der „anwendbaren Methoden" und ruft die Methode mit der höchsten Spezifität auf. Anwendbar sind dabei alle Methoden, deren formale Parameter entweder den Klassen der aktuellen Parameter entsprechen oder direkt oder indirekt deren Elternklasse sind.
- Wird die Deklaration der generischen Funktion weggelassen, so erledigt COMMON LISP das selbst, sobald die erste Methodendefinition erfolgt.
- Die Vererbungsmechanismen innerhalb der Klassenhierarchie bezüglich der Slots („Membervariablen") arbeiten wie bei eindimensionaler OOP.
- In diesem Beispiel wird das COMMON LISP Object System (CLOS) nur so weit vorgestellt, wie dies zum Verständnis von Multimethoden erforderlich ist. Der Funktionsumfang von CLOS geht erheblich weiter.
- Multimethoden können die eindimensionale OOP vollständig darstellen, aber nicht umgekehrt.

19.2 Das Metaobjekt-Protokoll

COMMON LISP ein angemessenes Objektsystem zur Seite zu stellen, war keine leichte Aufgabe. Was dabei herausgekommen ist, versuche ich anhand folgender Frage zu erläutern:

Was tut eigentlich ein Java- oder C++- Compiler, wenn er eine Klassendefinition verarbeitet?

Richtig: Er legt ein *Objekt* an, das die Struktur und die Möglichkeiten dieser Klasse repräsentiert. Dieses Objekt gehört aus der Perspektive des zu kompilierenden Programms gewissermaßen einer ihm unzugänglichen Metaklasse in einer Überwelt an, die Objekte der Art „Java-Klasse" beschreibt.

Spätestens jetzt sollte es klingeln.

Innerhalb des Compilers ist die Klassendefinition ist ihrerseits eine Instanz einer Metaklasse namens „Java-Klassen-Klasse" und darum ein sogenanntes *Metaobjekt*. Es kennt zum Beispiel Methoden, die zur Instanzbildung benutzt werden und Speicher anfordern oder den vom Benutzer vorgelegten Konstruktor aktivieren. Es kennt auch Methoden, die einen Benutzermethoden-Aufruf durchführen.

Das COMMON LISP Object System adressiert über das *Metaobjekt-Protokoll* nun genau diese Frage. In CLOS ist eine Klassendefinition eine Instanz der Klasse `standard-class`. Dadurch ist es dem Anwender ohne weiteres möglich, eine eigene Ableitung `myclass` von `standard-class` zu bilden und für diese alle Mechanismen einschließlich der Methodenauswahl umzudefinieren.

Die Abb. 19.2, 19.3 und 19.4 zeigen das COMMON LISP Object System als Klassendiagramm. Abstrakt gesehen handelt es sich um eine vollkommen traditionelle Hierarchie

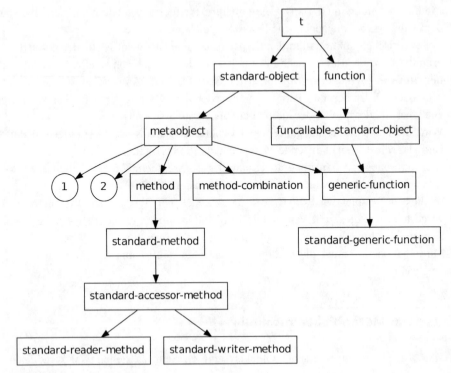

Abb. 19.2 CLOS Klassendiagramm I

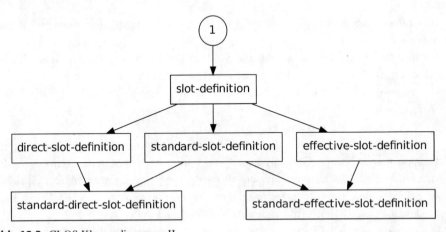

Abb. 19.3 CLOS Klassendiagramm II

aus Klassen. Technisch besteht es aus einem Netzwerk aus Metaobjekten, die (mit wenigen Ausnahmen) Instanzen der Klasse standard-class sind.

Da diese Klasse standard-class durch dieses Klassensystem aber überhaupt erst definiert wird, enthält diese Kontruktion ein Henne-Ei-Problem, ähnlich wie es bei Compilern auftritt, die in der Sprache geschrieben sind, aus der heraus sie selbst

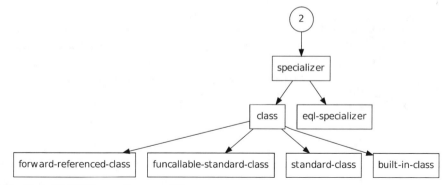

Abb. 19.4 CLOS Klassendiagramm III

übersetzen. Die Implemmentierung erfolgt daher auch genau wie bei diesen durch ein Verfahren, das mit dem allegorischen Begriff *Bootstrapping* bezeichnet wird.

Bootstrapping
Bootstrapping ist als Begriff fast überall in der Informatik zuhause. Beispielsweise bezeichnet man das Starten eines Computers mit dem Angelizismus „booten". Der Bootstrap ist eigentlich die Schlaufe über der Ferse eines Stiefels, die dazu dient, diesen an den Fuß zu ziehen. Bootstrapping bezeichnet die (aberwitzige) Idee, sich selbst an den Stiefelschlaufen hoch zu ziehen. Es ist die allegorische Vorstellung von einer Aufgabe, die deswegen unlösbar ist, weil ihre Ausführung erst die Voraussetzung zu ihrer Ausführung schafft. Compiler zum Beispiel werden meist in genau der Sprache abgefasst, aus der sie auch übersetzen. Der erste Compiler einer neuen Programmiersprache muss deshalb von Hand kompiliert werden.

Ähnlich ist das beim Starten eines Computers: Das Betriebssystem muss vom Massenspeicher in den Hauptspeicher geladen werden, wofür man aber ein Betriebssystem bräuchte. Die Lösung ist daher ein Boot-Loader, der im Sektor 0 der Platte steht und den das BIOS[4] in den Speicher lädt. Dieser Boot-Loader lädt dann das Betriebsystem. Im Einzelnen kann der Boot-Vorgang ein sehr komplexer Prozess sein. Mainframe-Computer oder sogenannte Minis[5] hatten früher eine mit Bootstrap bezeichnete Taste, die genau diesen Prozess auslöste.

Beim Metaobjekt-Protokoll schließlich muss zunächst eine Struktur geschaffen werden, die überhaupt erst einmal die Definition einer Klasse ermöglicht. Sobald

(Fortsetzung)

---

[4]Basic Input Output System.

[5]Der Begriff *Mini* bezeichnet einen Computer, der kein Mainframe oder Großrechner aber auch kein Microcomputer ist.

> diese existiert, kann mit dieser die *Klasse der Klassen* geschaffen werden mittels derer das ganze Objektsystem am „Bootstrap" hochgezogen werden kann. Bootstrapping ist also die Lösung des Henne-Ei-Problems dadurch, dass man ein einziges Mal eine Henne oder ein Ei herstellt, ohne dafür ein Ei beziehungsweise eine Henne zu verwenden.

Definiert der Benutzer selbst eine neue Klasse, so wird eine Instanz der Klasse `standard-class` gebildet, die mit den Nutzer-Angaben zu dieser Klasse (wie Slots, Superklassen et cetera) gefüllt wird. Das hierfür instanziierte Metaobjekt, das selbst eine Instanz der Klasse `standard-class` ist, kann über alle Eigenschaften der Klasse Auskunft geben.

Auf der Konsole nachvollziehen kann man das, indem die generische Funktion `make-instance` mit dem Metaobjekt `standard-class` aufgerufen wird.[6] Das Ergebnis ist das neue Metaobjekt:

```
(make-instance 'standard-class :name 'selbstbau-metaklasse)

#<STANDARD-CLASS SELBSTBAU-METAKLASSE {C170A31}>
```

Denn wie man am Klassendiagramm Abb. 19.2 und Abb. 19.4 erkennen kann, ist `standard-class` durch die Kette `metaobject` → `specializer` → `class` → `standard-class` von `metaobject` abgeleitet.

`describe` kann mehr Einzelheiten über `selbstbau-metaobjekt` offenbaren. Zum Beispiel, dass diese von `standard-object` abgeleitet ist und keinerlei Slots hat:

```
(describe
 (make-instance 'standard-class
          :name 'selbstbau-metaobjekt))
```

Dem Nutzer des Metaobjekt-Protokolls eröffnet diese Besonderheit eine Reihe von Möglichkeiten, die andere Objektsysteme nicht bieten können. Insbesondere kann er Ableitungen der CLOS-Metaobjekte bilden und so CLOS nach eigenen Bedürfnissen ergänzen oder umbauen. Soll etwas jede Instanzbildung von Objekten geloggt werden, so würde man eine `logging-standard-class` von `standard-class` ableiten und

---

[6]Dies entspräche in konventioneller OOP dem Aufruf der (Klassen-)Methode `make-instance` einer Klasse `standard-class`.

eine auf diese spezialisierte Methode `make-intance` schreiben, die den Vorgang der Instanzbildung geeignet loggt. In Abschn. 19.1 erfolgt ein praktisches Beispiel dazu.

Innerhalb eines solchen *offenen* Objektsystems können somit beliebige *Cross Cutting Concerns*[7] Es ist also das erreichbar, was in jüngerer Zeit als *aspektorientierte Programmierung* bekannt geworden ist.

Es ist mit Sicherheit kein Zufall, dass Gregor Kiczales,[8] Architekt das COMMON LISP Object Systems und Autor der wichtigsten Veröffentlichung hierüber (Kiczales et al. 1991) gleichzeitig Erfinder der aspektorientierten Programmierung ist.

Das Klassendiagramm weist die an CLOS beteiligten 26 Objekte aus. Die Objekte `t`, `standard-object`, `function` und `funcallable-standard-class` sind Klassen. Die restlichen Objekte sind Metaobjete – und damit auf jeden Fall auch Repräsentationen von Klassen. Das ist daran zu erkennen ist, dass sie Nachkommen der Klasse `metaobject` sind.

Metaobjekte von CLOS

1. CLOS hat 22 Metobjekte.
2. Jedes Metaobjekt ist die Implementierung einer Klasse.

Im Folgenden ist jeweils mit `meine-klasse` die Klasse als Konzept und mit *MEINE-KLASSE* das diese Klasse implementierende Metaobjekt (Klassen-Metaobjekt) gemeint. Die Klassen-Metaobjekte *FUNCALLABLE-STANDARD-CLASS*, *STANDARD-CLASS* und *BUILT-IN-CLASS* implementieren die Klassen, deren Instanzen die Metaobjekte sind. Dabei sind *T* und *FUNCTION* Instanzen der von `built-in-class` und *GENERIC-FUNCTION* und *STANDARD-GENERIC-FUNCTION* Instanzen von `funcallable-standard-class`. Alle anderen Metaobjekte sind Instanzen von `standard-class`.

Die Klassen `standard-generic-function`, `standard-method` und `standard-class` sowie die `slot`-Klassen in Abb. 19.3 sind die Standard-Metaobjekt-Klassen für die Anwendungsentwicklung. Um Instanzen von diesen zu bilden, stellt CLOS die Makros `defgeneric`, `defmethod` und `defclass` zur Verfügung. Für die objektorientierte Programmierung im konventionellen Sinne reichen diese Makros aus.

---

[7]Querschnittliche Eigenschaften. Das sind solche Verfahren innerhalb einer Software, die in auf allen Schichten angewendet werden sollen, wie Methodenauswahl, Logging oder Parameterübergaben.

[8]US-Amerikanischer Informatiker *1961.

19.3   Erzeugung eigener Klassen-Metaobjekte

Der unter 19.1.1 beschriebene Weg ist der „normale Weg", Klassen zu erzeugen. Es besteht aber nicht nur die Möglichkeit, neue Klassen zu bilden, sondern auch eine neue „Art von Klassen" anzulegen. Diese werden manchmal Metaklasse genannt. Die Bezeichnung ist deswegen etwas unglücklich, weil sie ein neues Konzept suggeriert, obwohl es sich dabei nur um die Anlage eines neuen Metaobjektes handelt. Besser ist daher die Bezeichnung Klassen-Metaobjekt (Der Name :metaclass kommt aber auch in CLOS selbst vor, wie weiter unten zu sehen ist).

Zunächst ein Beispiel einer simplen Klasse, die als Metaklasse standard-class hat.

```
1 (defclass point ()
2   ((x :initarg :x   :accessor point-x)
3    (y :initarg :y   :accessor point-y)))
```

```
#<STANDARD-CLASS POINT>
```

Angenommen, der Anwender möchte in einem Softwareprojekt erreichen, dass seine Klassen immer die durch sie insgesamt erzeugten Instanzen mitzählen. Dazu kann eine von der Klasse standard-class abgeleitete und spezialisierte Klasse counting-class, also eine neue Metaklasse erzeugt werden, das von standard-class abgeleitet ist. Sie wird später an Stelle von standard-class bei einer Klassenvereinbarung verwendet werden.

```
1 (defclass counting-class (standard-class)
2   ((counter :initform 0
3            :accessor total-instantiations)))
```

```
#<STANDARD-CLASS COUNTING-CLASS>
```

> **Superklassen und Metaklassen**
> Es ist an dieser Stelle wichtig zu verstehen, dass es sich bei der Metaklassen einer Klasse nicht um andere Form von Superklasse handelt. Sie ist also kein Objekt-Bauplan sondern ein Klassen-Bauplan. Der Ableitungsmechanismus ist unabhängig vom Metaklassen-Mechanismus existent.
>
> Die Vererbung, also die Beziehung „Superklasse – Klasse" verwendet man üblicherweise zur Modellbildung innerhalb der Anwendungsprogrammierung.

(Fortsetzung)

Der Sinn der Metaklasse liegt aber nicht in der Modellbildung innerhalb der Anwendung, sondern ist querschnittlich und bezieht sich damit auf die Betriebsart der Anwendung. Das in diesem Beispiel implementierte Zählen der Instanziierungen einer Klasse (man könnte diese über den selben Mechanismus aber auch Loggen oder Ähnliches) benötigt man eventuell für Debugging-Sitzungen oder, um den Betrieb des Anwendungssystems in einem anderen Sinne zu ändern, ohne das Klassensystem der Anwendung selbst anzufassen.

Das könnte zum Beispiel dazu dienen, Anwendungen allein durch Ändern der Metaklasse des Klassensystems unterschiedlich zu betreiben:

- Debug-Betrieb – Testbetrieb – Produktionsbetrieb
- Laufen im abgesicherten Betrieb – Laufen im Normalbetrieb
- Laufen auf einem Server – Laufen in einer elastischen Cloud
- Et cetera

Damit der Zähler bei jeder Instanzbildung inkrementiert wird, wird der vordefinierten generischen Funktion make-instance eine neue Methode zugefügt:

```
1 (defmethod make-instance :after
2    ((class counting-class) &key)
3    (incf (total-instantiations class)))
```

```
#<STANDARD-METHOD MAKE-INSTANCE :AFTER(COUNTING-CLASS)
  {C6E0DF1}>
```

```
#<STANDARD-METHOD MAKE-INSTANCE :AFTER
  (COUNTING-CLASS) {C3BAC99}>
```

:after bewirkt, dass die neue, auf counting-class stärker spezialisierte Methode make-instance die weniger spezielle auf standard-class spezialisierte Methode make-instance nicht ersetzt, sondern zu dieser derart hinzu-kombiniert wird, dass diese nach jener ausgeführt wird. Dabei handelt es sich um eine von mehreren vordefinierten *Methodenkombinationen*. Im Klassendiagramm von CLOS findet sich hierzu die Klasse method-combination, über die dieses Verhalten implementiert wird.[9] CLOS kennt außerdem die Methodenkombinationen :before und :around.

---

[9]Und wie Sie sicher schon erraten haben, kann der Anwender auch selbst neue Methodenkombinationen hinzu-erfinden. Das Abstraktionsniveau auf dem er sich dabei bewegt, ist allerdings außerordentlich hoch und das Thema ist eher etwas für Spezialisten.

Nun kann das neue Klassen-Metaobjekt `counting-class` benutzt werden, um zum Beispiel eine Klasse `counted-point` zu definieren. Dazu erfolgt bei `defclass` der Zusatz `:metaclass counting-class`. Der Einfachheit halber wird von der oben definierten Klasse `point` abgeleitet, sodass keine zusätzlichen Slot-Definitionen in der Klasse mehr erforderlich sind.

Bevor uns SBCL allerdings gestattet, das diese Klasse implementierende Metaobjekt - die Metaklasse eben - selbst zu stellen, müssen wir explizit nochmal sagen, dass wir diese Freiheit auch wollen. Das ist eine Sicherheits-Eigenschaft. Es geschieht durch die Dreingabe einer Methode zur generischen Funktion `sb-mop:validate-superclass` die auf den Typ des Metaobjektes unserer Klasse, `counting-class`, sowie den Typ der Superklasse, `standard-class` spezialisiert ist und die wir so schreiben, dass sie kategorisch mit `t`, also *wahr* antwortet. CLOS prüft die Validität einer solchen Ableitung durch Aufruf der generischen Funktion `sb-mop:validate-superclass` mit den beiden beteiligten Metaklassen. Dadurch, dass ab jetzt `t` geliefert wird, weiß CLOS, dass wir genau diese Ableitung von `standard-class` gestatten wollen:

```
1 (defmethod sb-mop:validate-superclass
2     ((class counting-class) (super standard-class))
3   t)

#<STANDARD-METHOD SB-MOP:VALIDATE-SUPERCLASS (COUNTING-CLASS
                             STANDARD-CLASS) {C72AC31}>
```

Nun ist der Weg frei, um die Klasse `counted-point` als zählende Klassen zu definieren:

```
1 (defclass counted-point (point)
2   ()
3   (:metaclass counting-class))

#<COUNTING-CLASS COUNTED-POINT>
```

Wie wir hier sehen, ist eine Klasse `countend-point` entstanden, deren Metaklasse nicht das ansonsten übliche `standard-class`, sondern unser selbstgebautes `counting-class` ist.

Zur Illustration hier eine weitere Klassendefinition unter Verwendung der neu geschaffenen Metaklasse:

```
1 (defclass counted-circle()
2   ((center :initarg :center :accessor circle-center)
3    (radius :initarg :radius :accessor circe-radius))
4   (:metaclass counting-class))
```

```
#<COUNTING-CLASS COUNTED-CIRCLE>
```

Wie bei Klassen deren Klasse standard-class ist, schon gehabt, werden auch Instanzen von Klassen der Klasse counted-class mit make-instance erzeugt:

```
1  (make-instance 'counted-point :x 1 :y 1)

   #<COUNTED-POINT {C845221}>
```

```
1  (make-instance 'counted-point :x 6 :y 4)

   #<COUNTED-POINT {C862749}>
```

```
1  (make-instance
2   'counted-circle
3   :center (make-instance 'counted-point :x 3 :y 10)
4   :radius 9)

   #<COUNTED-CIRCLE {C89C9A1}>
```

Bei jeder Instanziierung hat sich nun der Slot counter im counted-point um 1 erhöht. Er kann folgendermaßen abgefragt werden:

```
1  (format t "~%~A Points"
2          (total-instantiations
3            (find-class 'counted-point)))

   NIL
```

```
1  (format t "~%~A Circles"
2          (total-instantiations
3            (find-class 'counted-circle)))

   NIL
```

Was hier gezeigt wurde, ist die Abwandlung des Klassensystems von COMMON LISP mit Mitteln genau dieses Klassensystems selbst. Derartige Abänderungen der Eigenschaften sind sinngemäß aber nicht nur an den Klassen, sondern genauso an den Gebilden *Methode*, *Methodenkombination*, *Slot-Definition*, *generische Funktion* und so weiter möglich.

19.3.1 Klasse und Metaobjekt

Da CLOS uns die Wahl lässt, ob wir von einer Klasse oder einem Metaobjekt sprechen wollen, wählen wir den Begriff Metaobjekt, weil er einfacher in der Handhabung ist. Der Begriff Metaobjekt bringt auf den Punkt, dass es sich um eine *im Computerspeicher realisierte Struktur* handelt, die als Bauplan für Objekte verwendet wird und anschaulich die Repräsentation einer Klasse ist.

Auf eine gewisse Art und Weise zitiert CLOS die oft mit etwas nebelhaften Begriffen erläuterte Objektorientierung also auf den Boden der Tatsachen zurück. Im selben Zug aber treibt es durch das in-sich-selbst-enthalten-sein des Metaobjekt-Protokolls die OOP in schwindelerregende Höhen.

Es gilt dann:

1. Zu jedem Objekt gibt es ein Metaobjekt. Dieses ist sein Bauplan und implementiert seine Klasse.
2. Jedes Metaobjekt ist ein Objekt.
3. Die nicht-Metaobjekte sind Benutzer-Objekte. Sie sind selbst keine Baupläne, sondern Strukturen des Anwendungsprogramms und werden für dessen Nutzdaten verwendet.
4. Jedes Metaobjekt gehört einer Klasse an, die seine Metaklasse genannt wird. Technisch ist diese aber auch nur ein Metaobjekt und damit ein Objekt. (siehe 2.)

Literatur

Keene, S. E. (1988). *Object Oriented Programming in Common Lisp*. Addison Wesley.
Kiczales, G., des Rivier'es, J., and Bobrow, D. G. (1991). *The Art of the Metaobject Protocol*. MIT Press. Elementare Darstellung des Metaobjekt-Protokolls.

Nachwort

20

COMMON LISP ist eine umfangreiche Programmiersprache, die auf eine lange Tradition zurückblickt, die fast 60 Jahre zurück reicht. Viele Eigenschaften wurden in diesem Buch nicht angesprochen. Und vermutlich ist das auch gar nicht nötig, denn die Anforderungen an Lehrbücher haben sich in den letzten Jahren geändert. Viele Detailfragen kann heute eine Suchmaschine schneller beantworten als ein Lehrbuch. Das gilt insbesondere für solche Konzepte, die in allen Programmiersprachen ähnlich realisiert sind.

Eine Diskussion des Paketsystems ist genauso wenig erfolgt wie eine eingehende Diskussion der Datentypen. Viele eingebaute Funktionen und Makros kamen ebenfalls nicht zur Sprache.

Auch die interessanten *Reader-Makros* kamen nicht zur Sprache. Für die Aufgabe dieses Buches, die interaktive, funktionale Programmierung und ihre Methoden anhand von COMMON LISP vorzustellen und zu diskutieren, ist das auch nicht nötig.

Etwas Anderes ist wichtiger: Sie kennen jetzt die Möglichkeiten und Denkweisen der funktionalen Programmierung, ihre Verarbeitungsmuster und auch ihre theoretische Fundierung in der *Algebra der Funktionen*, die auch Kategorientheorie heißt. Sie kennen ebenfalls das interaktive Arbeiten mit Lisp und wissen, was Metaprogrammierung ist und welche Möglichkeiten sie bietet. Damit sind Sie über die überlegenen Möglichkeiten von COMMON LISP im Bilde und können Lücken bedarfsweise selbst schließen. Literatur zum Thema COMMON LISP gibt in großer Auswahl. In Reichweite befinden sich jetzt auch reine Referenzmaterialien, wie (Steele 1990) oder (Pitman 1996), die die nicht zur Sprache gekommenen Konzepte detailliert darstellen. Ein jüngst erschienenes Buch (Weitz 2016) enthält eine große Anzahl direkter Rezepte, wie man in Common Lisp verschiedene Aufgaben bewältigen kann.

Als ich Mitte der 80er-Jahre erstmals mit LISP im Dialekt muLisp auf einem *Apple II* konfrontiert wurde, war ich von der Eleganz der Sprache gewaltig beeindruckt. Die mir bis dahin bekannten Computersprachen hatten abgesehen von *Forth* eine komplexe

© Springer Fachmedien Wiesbaden 2016
P.M. Krusenotto, *Funktionale Programmierung und Metaprogrammierung*,
DOI 10.1007/978-3-658-13744-1_20

Syntax und eine große Anzahl an Sprachmitteln, um Daten verschiedenener Beschaffenheit adäquat darzustellen. Dass alle diese ausgefuchsten Konzepte mit einem einzigen
Paar [*car*, *cdr*] aus Zeigern gleichsam erschlagen werden konnte, war mir während meiner
ganzen Zeit als Softwareentwickler immer präsent und hat meinen Sinnn für das Einfache
und damit meine Ablehnung des Komplexen immer erhalten. Dadurch ist mir vieles erspart
geblieben, was das Leben mit Computern sehr unangenehm werden lassen kann.

Komplexe Lösungen sind immer schlecht. Sie töten den Spaß an der Sache und sind
auch selten wirklich langlebig. LISP ist mit seinen 60 Jahren heute selbst der beste Beweis
dafür, dass einfache, gut überlegte Lösungen die Zeit und den Wandel überdauern.

Literatur

Pitman, K. (1996). Common lisp hyperspec. http://www.lispworks.com/documentation/HyperSpec/
    Front/index.htm. Zugriff: 6.Mai 2016.
Steele, Jr., G. L. (1990). *Common LISP: The Language (2nd Ed.)*. Digital Press, Newton, MA, USA.
Weitz, E. (2016). *Common Lisp Receipes*. Apress.

Anhang A
Reguläre Ausdrücke

Wenn man in der Mathematik von Mengen spricht, dann meistens indirekt anhand von Kriterien, die die Elemente dieser Menge erfüllen. Man sagt dann, das Kriterium (Prädikat) *entscheide* diese Menge. Das kann ein beliebig kompliziertes Kriterium sein, wie etwa die Menge aller Zahlentupel, die ein bestimmtes Gleichungssystem lösen.

Was *Stephen Cole Kleene*[1] sagen wollte, als er von *regulären Mengen* sprach, war, dass Mengen im Gegensatz dazu durch einfache Regeln gegeben sein können, die diese entscheiden.

Dieses Wort „regulär" ist dann auf die Regeln selbst übergegangen. Deswegen heissen diese heute *reguläre Ausdrücke*.

Seit dem „Siegeszug" der *regulären Ausdrücke* mit der Programmiersprache *Perl 5* wird in nahzu allen praktischen Disziplinen der Computerei intensiv mit regulären Ausdrücken gearbeitet. Reguläre Ausdrücke gestatten sehr leicht, Prüfungen der Art zu implementieren, ob eine Zeichenkette auf ein bestimmtes Baumuster passt.[2]

Die Anwendungsmöglichkeiten regulärer Ausdrücke (kurz: RE für *regular expression*) sind so vielfältig, dass jedem Programmierer dringend empfohlen werden kann, sich intensiv mit diesen zu befassen. Die Menge an eingespartem Programmier- und Testaufwand ist in der Praxis enorm.

Auch hat die Menge an Daten, die als Text vorliegt und verarbeitet werden muss, in der Vergangenheit überproportional zugenommen. Allen Unkenrufen zum Trotz steigt durch den Einsatz von RE auch die Klarheit, da sie regelmäßig große Mengen an Code überflüssig werden lassen.

---

[1] US-amerikanischer Mathematiker,†1994.

[2] Auch, ob in einem String ein Teilstring vorkommt, der einem bestimmten Baumuster folgt. Diese Fragestellung lässt sich aber darauf abbilden: Falls ein RE *x* in einem String enthalten ist, dann folgt dieser dem Baumuster „.* *x* .*".

© Springer Fachmedien Wiesbaden 2016
P.M. Krusenotto, *Funktionale Programmierung und Metaprogrammierung*,
DOI 10.1007/978-3-658-13744-1

Ursprünglich sind reguläre Ausdrücke ein Konzept der theoretischen Informatik. Dort stellen sie den Typ 3 innerhalb der Grammatik-Typen der sogenannten *Chomsky-Hierarchie*[3] und stellen damit innerhalb dieser den schwächsten Grammatik-Typ.

Ein regulärer Ausdruck steht für eine gegebenenfalls unendlich große Menge verschiedener Strings. Diese Mengen werden als *reguläre Mengen* bezeichnet. Man sagt auch, der betreffende reguläre Ausdruck *entscheidet* die reguläre Menge, für die er steht.

Auch wenn reguläre Ausdrücke in Perl 5 Teil der Sprache sind, stehen Sie in nahezu allen anderen Programmiersprachen erst nach dem Import eines geeigneten Paketes zur Verfügung. In COMMON LISP sehr empfehlenswert ist das Paket CL-PPCRE[4] von Edmund Weitz, das am einfachsten über Quicklisp installiert werden kann. Es kompiliert reguläre Ausdrücke in COMMON-LISP-Code, der dann durch den Compiler in Maschinencode übersetzt wird. Dadurch erreicht das Paket eine besonders hohe Ablaufgeschwindigkeit, die über der der meisten RE-Implementierungen liegt.

A.1   CL-PPCRE laden und importieren

CL-PPCRE kann wie folgt über quicklisp geladen werden:

```
⅟
⌐ CL-USER> (ql:quickload :cl-ppcre)

  To load "cl-ppcre":
    Load 1 ASDF system:
      cl-ppcre
  ; Loading "cl-ppcre"


  (:CL-PPCRE)
```

Den eigentlichen Import besorgt man dann mit use-package:

```
⅟
⌐ CL-USER> (use-package :cl-ppcre)

  T
```

---

[3] Avram Noam Chomsky, *1928, US-amerikanischer Sprachwissenschaftler und linker Intelektueller.

[4] Portable Perl-compatible Regular Expressions for COMMON LISP.

A.2   Die Theorie

Reguläre Ausdrücke erschließt man sich am besten von ihrer theoretischen Grundlegung her, denn dann versteht man, zwischen Wichtigem und Beiwerk zu unterscheiden. Die Implementierung in der „Perl-kompatiblen" Form enthält nämlich so viele Details, dass man schnell das Wesentliche aus dem Blick verliert. Wesentlich sind folgende fünf Punkte:

1. **Grundalphabet**

   Jeder Buchstabe des verwendeten Zeichensatzes und die leere Zeichenkette ϵ sind RE. Also sind a, B, 2 und @ et cetera reguläre Ausdrücke.

2. **Verkettung**

   Sind x und y RE, dann ist es auch die Verkettung xy.

   Damit sind aa, a:, Ny also RE und durch Mehrfach-Anwendung der Regel ist schließlich jede Zeichenkette ein RE.

3. **Alternative**

   Sind x und y RE, dann ist es auch die Alternative $[xy]$.

   Dieser RE passt dann sowohl auf den RE x wie auf RE y.

4. **Kleensche Hülle**

   Ist x RE dann auch x^*. Die Kleensche Hülle passt auf $0, 1, 2, 3\ldots$ und schließlich auch unendlich viele Wiederholungen von Zeichenketten die auf den RE x passen.

5. **Klammerung**

   Zum Gruppieren darf man runde Klammern verwenden.

   So kann man den RE $(qux)^*$ bilden, der auf die leere Zeichenkette und auf qux, quxqux, quxquxqux usw. passt.

Das ist schon alles. Die vielen weiteren Konzepte der Perl-kompatiblen RE sind nur „syntaktischer Zucker", um Schreibarbeit sparen zu können. So gibt es zum Beispiel die Notation x^+ als Abkürzung für xx^* und $x^?$ für $[x\epsilon]$. Der Punkt „." wird verwendet, wenn [*alle Zeichen des Zeichensatzes*] gemeint ist. Ich verweise dazu auf das Internet und die umfangreiche verfügbare Literatur.

A.3   Anwendungsbeispiele

Nun aber Beispiele für die Verwendung von CL-PPCRE mit COMMON LISP.

- `scan`

  Die Funktion `scan` übernimmt einen RE, und einen String und findet einen auf diesen RE passenden Teil-String darin.

≴

```
1  CL-USER> (scan "[dD].(f+)" "Sie Düffeldoffel da!")
2           4
3           8
4           #(5 6)
5           #(6 8)
```

In obigem Beispiel[5] bedeutet der RE, dass nach Kombinationen aus großem oder
kleinem d, dargestellt durch [dD], gefolgt von einem beliebigen Zeichen, dargestellt
durch ., gefolgt von einem oder mehreren f, dargestellt durch f+ gesucht wird.

Als Ergebnis liefert scan vier Werte:

1. Die Position, an der der Teil-String beginnt
2. Die Position des ersten Zeichens nach dem Teil-String
3. Ein Array, das die Startpositionen von Registergruppen enthält.
4. Ein Array, das die Endpositionen von Registergruppen enthält.

Im Beispiel werden die Startposition des Teilstrings düffel, 4 und die Position
direkt hinter Düffel, 8 geliefert. Das Array #(5 6) enthält die Startpositionen der
auf die geklammerten Ausdrücke . und (f+) passenden Teil-Strings, nämlich ü und
ff. Das Array #(6 8) enthält die Postionen, die unmittelbar auf diese Teilstrings
folgen.

- **scan-to-strings**
  Ist man mehr an den Strings selbst als an den Positonen interessiert, kann man mit
  scan-to-stings arbeiten:

  ≴

  ```
  CL-USER> (scan-to-strings "[dD].(f+)" "Sie Düffeldoffel
  da!")
  "Düff"
  #("ü" "ff")
  ```

- **all-matches**
  Um alle passenden Teilstrings zu finden, gibt es folgende Aufrufe:

  ≴

  ```
  1  CL-USER> (all-matches "[dD].(f+)" "Sie Düffeldoffel da!")
  ```

---

[5] Ausruf des Politikers Herbert Wehner †1990 in einer Bundestagsdebatte 1980.

```
(4 8 10 14)
```

- **all-matches-as-strings**

  ƒ

  ```
  1 CL-USER> (all-matches-as-strings "[dD].(f+)" "Sie
  2 Düffeldoffel da!")
  ```

  ```
  ("Düff" "doff")
  ```

- **do-matches-as-strings**
  Um eine Schleife über sämtliche Treffer eines RE zu bilden, kann man
  do-matches-as-strings verwenden. Mit dem RE .b\\s?er kommt man
  dem dichterischen Geheimnis eines etwas schlichten Volksliedes auf die Spur. Die
  Parameter, die an do-matches-as-strings gehen, sind eine Liste aus Variablenname, RE
  und Text und einem Schleifenrumpf, der hier nur aus (print b) besteht.

  ƒ

  ```
  1 CL-USER> (do-matches-as-strings
  2             (w "\\S[bd]\\s?er"
  3               "Heut' kommt der Hans zu mir,
  4                Freut sich die Lies'!
  5                Ob er aber über Oberammergau
  6                oder aber über Unterammergau
  7                oder aber überhaupt nicht kommt,
  8                ist nicht gewiss!")
  9           (print w))
  ```

Der reguläre Ausdruck \\S[bd]\\s?er erklärt sich so: \s steht für ein Leer-
zeichen oder Tabulator, das ? macht dieses optional. Die Verdoppelung des \ ist
nötig, da COMMON LISP in String-Literalen den Backslash als Fluchtsymbol verwendet
(siehe. 4.2). [bd] steht für die Alternative „b" oder „d", damit sowohl „oder" als auch
„aber" passen. Schließlich steht die Zeichenfolge \\S für ein „nicht-Whitespace": \S
bezeichnet nämlich das Komplement von \s.

Der Regex findet dann verschiedene auf „ber" oder „der" endende Teilstrings, wie
die Ausgabe der obigen Programmschleife zeigt:

```
"Ob er"
"aber"
```

```
"über"
"Ober"
"oder"
"aber"
"über"
"oder"
"aber"
"über"
```

A.4   Primzahltest mit einem regulären Ausdruck

Zum Schluss ein Beispiel, das mehr der Unterhaltung dient, als der ernsthaften Anwendung. Es gibt bei Perl-kompatiblen regulären Ausdrücken verschiedene nützliche Variablen, durch die die Regulären Ausdrücke massiv erweitert werden, und damit gar keine regulären Ausdrücke mehr sind. Gerade deswegen sind sie aber sehr nützlich. Innerhalb eines regulären Ausdrucks können mit \\1, \\2, \\3 usw. die Registergruppen angesprochen werden.

Möchte man zum Beispiel solche Strings identifizieren, die aus beliebig vielen n a's, gefolgt einem b und schließlich n a's besteht, kann das so erfolgen:

```
1 CL-USER> (scan "(a*)b\\1" "aaabaaaa")
2 0
```

Das Ergebnis 0 zeigt an, dass der String gefunden wurde und an der Position 0 beginnt.

Der Schönheitsfehler besteht hier noch darin, dass der String hinter dem dritten a, das auf das mittlere b folgt noch weiter geht. Um so einen unvollständigen Match zu verhindern sind bei RE die beiden besonderen Zeichen ^ und $ vorgesehen: ^ steht für den Anfang und $ für das Ende des Strings:

```
1 CL-USER> (scan "^(a*)b\\1$" "aaabaaaa")
2 NIL
```

Die Antwort sagt nun, dass der String aaabaaaa nicht passt. Wohl hingegen passt aaaabaaaa:

```
1 CL-USER> (scan "^(a*)b\\1$" "aaaabaaaa")
2 0
```

Das lässt sich nun vorzüglich für folgenden RE missbrauchen, der feststellen kann, ob der übergebene String aus einer Anzahl von x besteht, die keine Primzahl ist. Hier am Beispiel 15:

```
1 CL-USER> (scan "^(xx+)\\1+$" "xxxxxxxxxxxxxxx")
2 0
```

17 ist hingegen eine Primzahl, wie die Antwort NIL ausweist.

```
1 CL-USER> (scan "^(xx+)\\1+$" "xxxxxxxxxxxxxxxxx")
2 NIL
```

Was ein bisschen wie Zauberei anmutet, lässt sich ganz einfach erklären: (xx+) steht für eine Folge aus $n >= 2$ x. Dann steht \\1+ für $m \cdot n$ x mit $m > 1 = 1$. Also steht (xx+)\\1 für $n \cdot m$ x mit $n >= 2$ und $m >= 2$, was genau dann funktioniert, wenn die Zahl der x einen Teiler hat, der größer als 1 und kleiner als diese Zahl ist. Das entspricht genau der Definition einer teilbaren Zahl.

Anhang B
Listings

B.1   Code aus Kap. 5: „Physik"

```
1  (defun *u (a b)
2    (cons (* (car a) (car b))
3          (mapcar #'+ (cdr a) (cdr b))))
4
5  (defun /u (a b)
6    (cons (/ (car a) (car b))
7          (mapcar #'- (cdr a) (cdr b))))
8
9  (defun +u (a b)
10   (if (equal (cdr a) (cdr b))
11       (cons (+ (car a) (car b)) (cdr a))
12       (error "Inkompatible Argumente bei Addition")))
13
14 (defun -u (a b)
15   (if (equal (cdr a) (cdr b))
16       (cons (- (car a) (car b)) (cdr a))
17       (error
18        "Inkompatible Argumente bei Subtraktion")))
19
20 ;;                                    M K S A
21 ;;                                    -----------
22 (defun 1*    (x)   (list x           0 0 0 0))
23 (defun m     (x)   (list x           1 0 0 0))
24 (defun kg    (x)   (list x           0 1 0 0))
25 (defun s     (x)   (list x           0 0 1 0))
```

© Springer Fachmedien Wiesbaden 2016
P.M. Krusenotto, *Funktionale Programmierung und Metaprogrammierung*,
DOI 10.1007/978-3-658-13744-1

```lisp
26 (defun a         (x)     (list x              0  0  0   1))
27 (defun m/s       (x)     (list x              1  0 -1   0))
28 (defun n         (x)     (list x              1  1 -2   0))
29 (defun v         (x)     (list x              2  1 -3  -1))
30
31 (defun j         (x)     (*u  (n x)  (m 1)))
32 (defun ohm       (x)     (/u  (v x)  (a 1)))
33
34 (defun km        (x)     (list (* 1000 x)   1  0  0   0))
35 (defun inch      (x)     (list (* x 0.0254) 1  0  0   0))
36 (defun minute    (x)     (list (* x 60)     0  0  1   0))
37 (defun h         (x)   ' (list (* x 60 60)  0  0  1   0))
38
39 (defparameter *units*
40   (list
41     (cons 'm    (cdr (m    1)))
42     (cons 'kg   (cdr (kg   1)))
43     (cons 's    (cdr (s    1)))
44     (cons 'a    (cdr (a    1)))
45     (cons 'j    (cdr (j    1)))
46     (cons 'm/s  (cdr (m/s 1)))
47     (cons 'v    (cdr (v    1)))
48     (cons 'ohm  (cdr (ohm 1)))
49     (cons 'Nm   (cdr (*u (n 1)  (m 1))))
50   ))
51
52 (defun find-unit (x)
53   (car (find (cdr x) *units*
54              :key #'cdr
55              :test #'equal)))
56
57 (defun u (x)
58   (let ((unit (find-unit x)))
59     (if unit (list unit (car x)) (cons 'list x))))
```

B.2   Code aus Kap. 7: „Schlagwortdatenbank"

```lisp
1 (defvar *tag-db* nil)
2
3 (defun tag-insert (tags value)
4   (set '*tag-db* (adjoin (list tags value) *tag-db*
5                          :test #'equal)))
6
```

```lisp
7  (defun tag-save ()
8    (with-open-file (tagdb (merge-pathnames
9                                  (user-homedir-pathname)
10                                 (pathname "tagdb.dat"))
11                          :direction :output
12                          :if-exists :supersede)
13     (print *tag-db* tagdb)
14     t))
15
16 (defun tag-load ()
17   (with-open-file (tagdb (merge-pathnames
18                                 (user-homedir-pathname)
19                                 (pathname "tagdb.dat")))
20     (set '*tag-db* (read tagdb))))
21
22 (defun ti (tags value)
23   (tag-insert tags value)
24   (tag-save))
25
26 (defun tq (&rest tags)
27   (tag-query tags))
28
29 (defparameter *tag-equivalences* '
30   ((tel telefon nummer)
31    (adr adresse)
32    (pw passwd password passwort)))
33
34 (defun tags-equal (a b)
35   (or (equal a b)
36       (mapcan (lambda (e)
37                (and (member a e) (member b e)))
38              *tag-equivalences*)))
39
40 (defun tag-query (tags)
41   (mapcan
42    (lambda (item)
43     (if (not (set-difference tags (car item)
44                              :test #'tags-equal))
45         (list
46
47          (list
```

```
48            (set-difference (car item) tags
49                            :test #'tags-equal)
50          (cadr item)))))
51    *tag-db*))
```

B.3   Code aus Kap. 10 : „Vier Gewinnt"

```
1  (defconstant +circle+    1)
2  (defconstant +cross+     5)
3
4  (defvar *grid*)
5
6  (defun new ()
7    (setf *grid* (make-array 42)))
8
9  (defun print-grid (&optional (grid *grid*))
10    (dotimes (y 6)
11      (dotimes (x 7)
12        (format t "  ~A"
13                (case (aref grid (+ x (* 7 y)))
14                  (#.+circle+ "O")
15                  (#.+cross+  "X")
16                  (0          "-"))))
17      (terpri))
18    (format t "  1 2 3 4 5 6 7~%"))
19
20  (defun ground (grid p)
21    (if (>= p 0)
22        (if (= (aref grid p) 0)
23            p
24          (ground grid (- p 7))))))
25
26  (defparameter *positions* 0)
27
28  (defun drop(grid stone column)
29    (incf *positions*)
30    (let* ((cgrid (copy-seq grid))
31           (g (ground cgrid (+ (* 7 5) column))))
32      (when g
33        (setf (aref cgrid g) stone)
34        cgrid)))
```

```
35 (defparameter *depth*    7)
36
37 (defun x(col)
38   (assert (<= 1 col 7))
39   (setf *grid* (drop *grid* +cross+ (1- col)))
40   (print-grid *grid*)
41   t)
42
43 (defun o(col)
44   (assert (<= 1 col 7))
45   (setf *grid* (drop *grid* +circle+ (1- col)))
46   (print-grid *grid*)
47   t)
48
49 (defparameter *scores*
50   (vector  0   1  9 99 1000000
51           -1  0  0  0 0
52           -9  0  0  0 0
53          -99  0  0  0 0
54      -1000000))
55
56 (defparameter *phase*
57   ;; horizontal (dir east)
58   '(((0   1   2   3
59        7   8   9 10
60       14 15 16 17
61       21 22 23 24
62       28 29 30 31
63       35 36 37 38)
64      (0 1 2 3))
65    ;;vertical (dir south)
66    ((0   1   2   3   4   5   6
67       7   8   9  10 11 12 13
68      14 15 16 17 18 19 20)
69     (0 7 14 21))
70    ;;diagonal 1: SO
71    ((0   1   2   3
72       7   8   9  10
73      14 15 16 17)
74     (0 8 16 24))
75    ;;diagonal 2: SW
```

```
76      (( 3   4   5   6
77         10 11 12 13
78         17 18 19 20)
79        (0 6 12 18))))

80
81  (defun wins (grid color)
82    (dolist (phase *phase*)
83      (dolist (start (car phase))
84        (if (= (* 4 color)
85               (reduce #'+ (cadr phase)
86                        :key
87                        (lambda (offset)
88                          (aref grid (+ start offset)))))
89          (return-from wins t)))))

90
91  (defun heuristic (grid color depth)
92    (let ((sum 0))
93      (dolist (phase *phase*
94               (if (= 1 color) sum (- sum)))
95        (dolist (start (car phase))
96          (let ((z (reduce
97                     #'+ (cadr phase)
98                     :key
99                     (lambda (offset)
100                       (aref grid (+ start offset))))))
101            (if (= z (* 4 color))
102                (return-from heuristic
103                  (- (+ 1000000 depth)))
104              (if (= z (* 4 (- 6 color)))
105                  (return-from heuristic
106                    (+ 1000000 depth))))
107            (incf sum (aref *scores* z)))))))

108
109 (defun moves (p)
110   (mapcan (lambda (x)
111            (if (= 0 (aref p x))
112                (list x)))
113          '(3 4 2 5 1 6 0)))

114
115 (defun best/worst (p COLOR alpha beta height)
116   (labels ((maxp (m BEST-COLUMN alpha)
```

```
117                    (if (or (>= alpha beta) (null m))
118                        (VALUES alpha BEST-COLUMN)
119                        (let ((s (- (best/worst
120                                      (drop p COLOR (car m))
121                                      (- 6 COLOR)
122                                      (- beta)
123                                      (- alpha)
124                                      (1- height)))))
125                          (if (> s alpha)
126                              (maxp (cdr m) (CAR M) s)
127                              (maxp (cdr m) BEST-COLUMN
128                                    alpha))))))
129        (if (wins p (- 6 color))
130            (- (+ 1000000 height))
131            (if (= height 0)
132                (heuristic p COLOR HEIGHT)
133                (maxp (moves p) 0 alpha)))))
134
135  (defun c (&optional (color +circle+))
136     (setf *positions* 0)
137     (multiple-value-bind (value move)
138         (best/worst *grid* color most-negative-fixnum
139                     most-positive-fixnum *depth*)
140       (format t
141               "examinated ~A positions. move ~A with score
142               ~A~%~%."
143               *positions* (1+ move) value)
144       (setf *grid* (drop *grid* color move))
145       (print-grid *grid*)
146       (values value move)))
```

Anhang C
Technischer Anhang

C.1 Nicht-destruktive und destruktive Funktionspaare

Für viele Funktionen gibt es destruktive Varianten, die schneller arbeiten, aber die übergebenen Parameter verändern. Die Zeitersparnis entsteht dadurch, dass eine komplette Struktur nicht vollständig kopiert werden muss, um eine geänderte Variante zu erhalten, sondern indem die Struktur direkt selbst manipuliert wird. Heute ist diese Zeitersparnis meistens entbehrlich und es ist jedem zu empfehlen, wann immer möglich, die entsprechende *nicht-destruktive* Funktionen zu verwenden. Die Rechenzeitersparnis destruktiver Funktionen ist in der Praxis meistens nur minimal.[6] *Die Zeitvergeudung durch die Suche nach Fehlern hingegen, die durch destruktive Funktionen verursacht wurden, kann enorm sein.*

Für die Verwendung der destruktiven Funktionen aus den Gruppen *Search*, *Set* und *String* gibt es selten Veranlassung.

Für die Verwendung der Funktionen der Gruppen *Cons* und *List* kann im Einzelfall folgendes sprechen:

- `push` und `pop` eignen sich zur Verwaltung von Stacks.
- Das funktionale `reverse` leidet darunter, dass immer jede Cons-Zelle kopiert werden muss. `nreverse` dreht einfach alle Pointer um und ist darum viel schneller.[7]

---

[6] Das Quicksort-Beispiel aus Abschn. 8.4 lässt sich zum Beispiel nur um 10 % beschleunigen, wenn man konsequent die destruktiven Funktionen `delete-if` und `nconc` statt der dort verwendeten Funktionen `remove-if` und `append` verwendet, wo dies möglich ist.

[7] Wenn ein Anwendungsprogramm erhebliche Zeit mit dem Umdrehen von Listen verbringt, ist aber auch ein Designfehler der Software in Betracht zu ziehen.

© Springer Fachmedien Wiesbaden 2016
P.M. Krusenotto, *Funktionale Programmierung und Metaprogrammierung*,
DOI 10.1007/978-3-658-13744-1

Tab. C.1 Nicht-destruktive
und destruktive Funktionen

Gruppe	nicht-destruktiv	destruktiv
Cons	cons	push
	car / cdr	pop
List	append	nconc
	butlast	nbutlast
	remove-duplicates	delete-duplicates
	revappend	nreconc
	reverse	nreverse
	stable-sort	sort
	sublis	nsublis
Search	remove	delete
	remove-if	delete-if
	remove-if-not	delete-if-not
	subst	nsubst
	subst-if	nsubst-if
	subst-if-not	nsubst-if-not
	substitute-if-not	nsubstitute-if-not
	substitute	nsubstitute
	substitute-if	nsubstitute-if
Set	adjoin	pushnew
	intersection	nintersection
	set-difference	nset-difference
	set-exclusive-or	nset-exclusive-or
	union	nunion
String	string-capitalize	nstring-capitalize
	string-downcase	nstring-downcase
	string-upcase	nstring-upcase

- sort sortiert gewissermaßen *in situ*, was häufig auch intuitiv gewünscht ist. Falls das Sortieren aber als Funktion verwendet wird, sollte man lieber stable-sort benutzen.

Die anderen destruktiven Varianten lassen sich unter Umständen bei der lokalen Optimierung von Programmen verwenden. Für das Prototyping einer Software sollten sie aber definitiv außen vor bleiben. Tab. C.1 stellt destruktive und nicht-destruktive Funktionen gegenüber.

C.2   Bindungen erzeugen

Es gibt in COMMON LISP viele Operationen, die Bindungen erzeugen. Tab. C.2 gibt Aufschluss darüber.

Tab. C.2 Operatoren, die Bindungen erzeugen

Entität	Top-Level	Lokal
Variablen	`defvar defparameter`	`let let* lambda`
	`defconstant setf`	`multiple-value-bind`
		`destructuring-bind`
Funktionen	`defun`	`labels, flet`
Makros	`defmacro`	`macrolet`
Symbol-Makros	`define-symbol-macro`	`symbol-macrolet`
		`handler-bind`
		`restart-bind`

C.3   Erforderliche Funktionen aus dem Paket Alexandria

Die hier aufgeführten Funktionen sind für die funktionale Programmierung äusserst nützlich und werden in den Beispielen verwendet. Leider sind sie im Sprachstandard ANSI COMMON LISP nicht enthalten. Sie sind Paket `alexandria` entnommen.

```
1  (defun compose (function &rest more-functions)
2
3    "Returns a function composed of FUNCTION  and
4     MORE-FUNCTIONS that applies its arguments to
5     to each in turn, starting from the rightmost
6     of MORE-FUNCTIONS, and then calling the next
7     one with the primary value of the last."
8
9    (declare (optimize (speed 3) (safety 1) (debug 1)))
10   (reduce (lambda (f g)
11             (let ((f (ensure-function f))
12                   (g (ensure-function g)))
13               (lambda (&rest arguments)
14                 (declare (dynamic-extent arguments))
15                 (funcall f (apply g arguments)))))
16           more-functions
17           :initial-value function))
18 (defun curry (function &rest arguments)
19   "Returns a function that applies ARGUMENTS and
20    the arguments
21 it is called with to FUNCTION."
22   (declare (optimize (speed 3) (safety 1) (debug 1)))
23   (let ((fn (ensure-function function)))
24     (lambda (&rest more)
25       (declare (dynamic-extent more))
26       ;; Using M-V-C we don't need to append the arguments.
27       (multiple-value-call fn (values-list arguments)
28                               (values-list more)))))
29
```

```
30  (defun rcurry (function &rest arguments)
31    "Returns a function that applies the arguments
32     it is called with and ARGUMENTS to FUNCTION."
33    (declare (optimize (speed 3) (safety 1) (debug 1)))
34    (let ((fn (ensure-function function)))
35      (lambda (&rest more)
36        (declare (dynamic-extent more))
37        (multiple-value-call fn (values-list more)
38                             (values-list arguments)))))
```

C.4   `format`-**Direktiven**

	Bedeutung	Beispiel
~%	Neue Zeile	
~&	„Frische" Zeile	
~a	ästhetisch	Hey
~s	Standard	„Hey"
~{	Sub-Liste beginnen	
~}	Sub-Liste beenden	
~b	Binäre Ausgabe	0101
~d	Dezimale Ausgabe	939
~o	Oktale Ausgabe	1245
~x	Hexadezimale Ausgabe	2FF
~r	lesbar (kardinal)	four
~:r	lesbar (ordinal)	fourth
~t	tabulieren	

Eine „frische" bedeutet einen Zeilenumbruch, falls der Cursor nicht am Anfang einer Zeile steht.

```
(format t "~A" 123)
```

```
123
NIL
```

✦

```
ı (format t "~S" 123)
```

```
    123
    NIL
```

Jedes Element einer Liste in eine „frische" Zeile drucken:

✦

```
ı (format t "~{~%~A~}" '(2 3 5 7 11 13))
```

```
    2
    3
    5
    7
    11
    13
    NIL
```

Eine Matrix ausgeben

✦

```
ı (format t "~{~%~{~A ~}~}" '((7 8 9) (4 5 6) (1 2 3) (+ 0 *)))
```

```
    7 8 9
    4 5 6
    1 2 3
    + 0 *
    NIL
```

✦

```
ı (format t "~B" 123)
```

```
    1111011
    NIL
```

✦

```
ı (format t "~D" 123)
```

```
   123
   NIL
```

⸘

```
ı (format t "~O" 123)
```

```
   173
   NIL
```

⸘

```
ı (format t "~X" 123)
```

```
   7B
   NIL
```

⸘

```
ı (format t "~R" 123)
```

```
   one hundred twenty-three
   NIL
```

⸘

```
ı (format t "~:R" 123)
```

```
   one hundred twenty-third
   NIL
```

C.5   Mathematische Konventionen

C.5.1   Datentypen

Das mathematische Äquivalent des Begriffs *Datentyp* ist Menge. Auch wenn Lisp nicht statisch typisiert ist, sind Datentypen sehr wohl existent. Bei statischer Typisierung ist der Datentyp eine Eigenschaft der Variablen. Bei dynamischer Typisierung ist der Typ eine Eigenschaft des Datenobjektes selbst.

   Tab. C.3 benennt mathematische Typsymbole, Bezeichnung und Definitionen sowie das jeweilige COMMON-LISP-Prädikat, dass für genau die Elemente dieses Datentyps *wahr*, also einen Wert ungleich nil liefert.

   Da die identischen Mengen $\mathbb{U}$ (Universum) und $\mathbb{B}$ (Boolean) die Gesamtheit aller Lisp-Datenobjekte umfassen, lautet hier das Prädikat (constantly t).

Tab. C.3 Datentypen, ihre
Definitionen und Prädikate

Menge	Bezeichnung	Definition	CL-Prädikat
$\mathbb{O}$	$\{[]\}$		`null`
$\mathbb{S}$	Symbole		`symbolp`
$\mathbb{N}$	Zahlen		`numberp`
$\mathbb{A}$	Atome	$\mathbb{S} \cup \mathbb{N} \cup \mathbb{O}$	`atom`
$\mathbb{C}$	Cons-Zellen		`consp`
$\mathbb{L}$	Listen	$\mathbb{C} \cup \mathbb{O}$	`listp`
$\mathbb{F}$	Funktionen		`functionp`
$\mathbb{U}$	Universum	$\mathbb{A} \cup \mathbb{L}$	`(constantly t)`
$\mathbb{B}$	Boolean	$\mathbb{U}$	`(constantly t)`
$\mathbb{T}$	$\{T\}$	$\mathbb{U} \setminus \mathbb{O}$	`identity`

C.5.2   Funktionen

Eine Lisp-Funktion f, die n Parameter übernimmt und m Werte liefert, wird in der allgemeinsten Form als $f : \mathbb{U}^n \to \mathbb{U}^m$ oder $f : \mathbb{U} \times \ldots \times \mathbb{U} \to \mathbb{U} \times \ldots \times \mathbb{U}$ dargestellt.
   Beispiele:

$$car : \mathbb{C} \to \mathbb{U} \tag{C.1}$$

$$car : c \mapsto a \iff c = cons(a, d) \tag{C.2}$$

$$cdr : \mathbb{C} \to \mathbb{U} \tag{C.3}$$

$$cdr : c \mapsto d \iff c = cons(a, d) \tag{C.4}$$

$$append : \mathbb{L} \times \mathbb{L} \to \mathbb{L} \tag{C.5}$$

$$append : (l, m) \mapsto \begin{cases} m & l = [] \\ cons(car(l), append(cdr(l), m)) & \text{sonst} \end{cases} \tag{C.6}$$

$$mapcar : \mathbb{F} \times \mathbb{L} \to \mathbb{L} \tag{C.7}$$

$$mapcar : (f, l) \mapsto \begin{cases} [] & l = [] \\ cons(f(car(l)), mapcar(f, cdr(l))) & \text{sonst} \end{cases} \tag{C.8}$$

Es ist wichtig, zwischen den beiden Pfeilen $\rightarrow$ und $\mapsto$ zu unterscheiden. $f : \mathbb{N} \rightarrow \mathbb{N}$ zeigt an, von welcher Menge in welche Menge die Funktion f abbildet, während $f : 4 \mapsto 16$ besagt, dass f das Element 4 auf das Element 16 abbildet.

Anhang D
Aufsätze

LISP ist besser zu verstehen, wenn man sich über einige nicht-technische Zusammenhänge Klarheit verschafft. Grund hierfür ist, dass LISP nicht einfach nur eine alternative syntaktische Darstellung für Algorithmen darstellt, wie dies bei Java, Pascal und C++ der Fall ist, sondern dass LISP eine erweiterte Herangehensweise an die Darstellung von Algorithmen überhaupt ist. Darum habe ich mir die Freiheit genommen, dieses Buch um zwei Aufsätze zu ergänzen, die diese Aspekte beleuchten sollen.

D.1   LISP, Grammatik und Homoikonizität

John McCarthy hat einen seit Jahrtausenden bestehenden Dualismus der Technik zumindest aus der Computerei verbannt, nämlich den zwischen Werkzeug und Werkstück.

Werkzeuge sind da, um Werkstücke zu schaffen. Leider ignoriert diese Wahrnehmung die Tatsache, dass das Werkzeug selbst ein Werkstück ist, dass auch einmal jemand geschaffen hat. Ein Programmierer benutzt eine höhere Programmiersprache, um ein Programm zu schreiben. Damit das klappt, muss es ein anderes Programm, einen sogenannten Compiler geben, der die benutzte Programmiersprache in die Maschinensprache des Computers übersetzt. Dies bedeutet, dass unter Beibehaltung der Semantik das Programm in eine andere Sprache mit anderer Syntax transformiert wird. Der Compiler ist ein kompliziertes Programm, das meist von anderen Programmierern gemacht wurde (die etwas länger gelernt haben).

Nun ist die Einsicht, dass ein Werkzeug gleichzeitig auch Werkstück ist, nicht besonders außergewöhnlich, sondern sie liegt auf der Hand und der Erste, der diesem Umstand in Bezug auf Computer Rechnung getragen hat, war John von Neumann (Abb. 10.1),

© Springer Fachmedien Wiesbaden 2016

P.M. Krusenotto, *Funktionale Programmierung und Metaprogrammierung*,
DOI 10.1007/978-3-658-13744-1

der im EDVAC[8] in den späten 40er Jahren das Programm von der Stecktafel in den
Speicher des Computers verlegt hat, sodass es aus dem diesem heraus ausgeführt wird.
Damit hat er den Dualismus Daten/Programm zunächst rein technisch aufgelöst und die
dramatische Entwicklung vorbereitet, die uns alle mit PCs, Internet, Handys et cetera
ereilt hat. Denn das wäre nie möglich gewesen, wenn Programme nicht auch Programme
generieren könnten, die aus dieser Perspektive zunächst einmal Daten sind.

Aber: In der Form, in der das heute praktiziert wird, geht das über den *langen Weg*, der
innerhalb von Programmen beginnt, die Ausgaben produzieren, die wiederum Eingaben
für andere Programme sind, dann durch deren komplizierte Front-Ends (Parser) laufen
müssen, bis sie endlich verarbeitet werden können. Das Ganze ist durch ein theoretisches
Konzept bedingt, das Grammatik heißt und überall in der Informatik zuhause ist.[9]

Das ist der entscheidende Gesichtspunkt: Das Generieren, Umbauen und Analysieren
eines Programms unter Berücksichtigung einer solchen Grammatik ist viel zu aufwendig,
als dass ein Programmierer besonders motiviert wäre, sein Werkzeug, die Programmiersprache, durch das Programm, das er schreibt, *ihre eigene Grammatik nachvollziehen zu
lassen*. Aber genau das müsste er tun, wenn er sein Programm an seiner eigenen Erstellung
mitarbeiten lassen wollte.

Was er statt dessen tut, ist das, was Handwerker machen: Er legt sein Werkzeug,
meinetwegen den „Hammer" zurück in den Werkzeugkasten und holt etwa die „Säge"
heraus, denn er kann den Hammer nicht in eine Säge verwandeln, obwohl das im Prinzip
durch Umschmieden möglich wäre. Im Werkzeugkasten des Programmierers befinden sich
deswegen neben seiner Programmiersprache, aus LISP-Sicht ausgesprochen fragwürdige
Werkzeuge wie Template-Engines, Skript- und Shellsprachen, Konverter und vieles mehr.

Große Teile deren Codes befassen sich wiederum damit, Ausgaben der einen Softwa-
rekomponente als Eingabe für andere Softwarekomponenten aufzubereiten.

Das ist der *lange Weg*. Er ist aus wirtschaftlicher Sicht ausgesprochen bejammernswert
und tatsächlich hat die angewandte Informatik hier ein *höchst effektives Milliardengrab*
geschaffen. In diesem verschwindet täglich unbezifferbare Arbeitszeit, die an die Erstellung und das Debuggen von semantisch vollkommen inhaltslosem Programmcode
verschleudert wird, der eigentlich nur die Transformation der gleichen Bedeutung von
einer in eine andere Repräsentation vornimmt.

Um es noch klarer zu sagen: *Der meiste in der Praxis verwendete Programmcode tut
rein gar nichts.* Jeder erfahrene Programmierer wird das bestätigen.

Besonders tragisch ist das, das dies nur dem überflüssigen Wunsch geschuldet ist, dass
Quelltexte von Computerprogrammen nett anzusehen sein sollen, wie dies bei Python,

---

[8]Electronic Discrete Variable Automatic Computer.

[9]Meist als sogenannte *kontextfreie Grammatiken*. Die Grammatiken von Programmiersprachen sind
dabei angelehnt an die Grammatiken natürlicher Sprachen, damit die Programme von Menschen
leichter verstanden werden können.

Java usw ja auch der Fall ist. Die Grammatik dieser Sprachen schafft eine Mauer um diese Sprachen herum.

Es gibt aber eine Abkürzung zum *langen Weg* des Rückbezugs. Er besteht darin, dass man die Grammatik so zusammenstreicht, dass man Sätze in der Sprache problemlos als verschachtelte Wortlisten behandeln kann. Dabei geht allerdings die schöne Grammatik der Sprache über die Wupper und verkümmert zu einigen wenigen Regeln, wie den Grammatik-Regeln von LISP.[10,11]

Was wir aber gewonnen haben, ist die Homoikonizität: Den Umstand, dass Programme in genau der abstrakten Datenstruktur vorliegen, die sie selbst auch verarbeiten. Bei LISP sind das Listen.

Genau das ist LISP bzw. sind LISP-Makros: Der Programmierer kann die Sprache auf links drehen und so lange umbauen, bis sie endlich dazu geeignet ist, das auszudrücken, was er *wirklich* sagen will, denn damit erspart er sich, immer wieder ein anderes Werkzeug auszusuchen und schlimmstenfalls eines neu zu schreiben.

So kann die Situation, dass sich kein geeignetes Werkzeug für etwas Bestimmtes findet, nicht eintreten. Stattdessen kann man die Sprache einfach um die Konstruktionen erweitern, die nötig sind.

D.2   Selbstbezüglichkeit als Grundelement des Computerbaus

D.2.1   Röhren und Transistoren

Der Bau mechanischer Rechenmaschinen im letzten Jahrhundert und davor war deswegen ein so schwieriges Unterfangen, weil es keinen einfachen „mechanischen Schalter zum Schalten von Mechanik gibt. Damit ist eine Konstruktion gemeint, die aufgrund einer mechanischen Größe wie Kraft, Bewegung oder Position eine andere, davon unabhängige Bewegung oder Kraftweiterleitung ermöglicht. Die Lösung von Gottfried Wilhelm Leibniz[12] war schließlich die *Staffelwalze*, die aufgrund zehn verschiedener Positionen eines Zahnrades dieses bei voller Rotation einer Walze um zehn verschiedene Winkelgrade weiterdrehte. Das Ineinandergreifenlassen der Komponenten machte eine Unzahl von Federn, Hebeln und Kupplungen erforderlich und die Maschinen waren lange Zeit unbezahlbar und unzuverlässig.

---

[10]Sie kann dann beim besten Willen nicht mehr als kontextfreie Grammatik begriffen werden sondern ist kontextsensitiv geworden und rutscht dadurch in der Chomsky-Hierarchie der Grammatiken eine Etage nach oben.

[11]Diese lauten: Eine *S-Expression* ist entweder nil, ein Datenobjekt, oder das Ergebnis von *cons*(A, B), wobei A und B ihrerseits *S-Expressions* sind.

[12]deutscher Philosoph, Mathematiker †1646.

Der elektrische Strom bot nach Entwicklung der Röhre genau die geforderten Möglichkeiten: Mit einer Spannung konnte gesteuert werden, ob ein anderer, unabhängiger Strom fließt oder nicht. Damit war es möglich, digitale *und-*, *oder-* und *nicht*-Gatter zu bauen und damit auch digitale Addierwerke, Tore, Flip-Flops und die anderen Komponenten einer CPU. Auch die in diesem Buch schon angesprochene IBM 704 hatte noch eine Röhren-CPU. Dies ist ein Beispiel für Selbstbezüglichkeit: *Nicht eine mechanische Bewegung steuert einen Strom, wie bei einem Lichtschalter, sondern ein Strom steuert einen anderen Strom.*

Diese Selbstbezüglichkeit, dass eine Entität eine andere Entität derselben Natur *steuert* zieht sich weiter durch die Entwicklung des Computers, wie wir ihn heute kennen, wobei die jeweils nächste Selbstbezüglichkeit auf einer höheren Ebene angesiedelt ist.

D.2.2   Programmsprünge

Es gab eine weitere Hürde, die überwunden werden musste und deren Überwindung der erste Computerbauer der Welt, Konrad Zuse[13] zunächst nicht in Betracht zog. Die Rede ist vom *bedingten Programmsprung*. Bei diesem wird aufgrund einer Eigenschaft entschieden, ob die Programmausführung an der nächsten Programmstelle oder vollkommen woanders weiterlaufen soll. Damit nimmt die Maschine aufgrund von Rechenergebnissen Einfluss auf die Zukunft des Programmablaufs. Da die Rechenergebnisse selbst aber Ergebnisse des Programmablaufs sind, bezieht sich der Programmablauf auf sich selbst zurück. Dieser Selbstbezug ist allerdings für einen Programmierer so selbstverständlich, dass er ihn überhaupt nicht mehr als solchen wahrnimmt.

D.2.3   von-Neumann-CPU

Wir verlassen jetzt die Ebene der Signal- und auch der Ablaufsteuerung und bewegen uns auf die Rechnerarchitekturen zu. John von Neumanns Rechnerarchitektur sieht vor, dass Programme in demselben Speicher abgelegt werden, in dem auch die Daten aufbewahrt werden. Die Bedeutung dessen ist nicht so leicht zu verstehen, da moderne Computerbetriebssysteme versuchen, so streng wie möglich zu unterscheiden zwischen Bits, die etwas *bedeuten* und Bits, die etwas *tun*. Tatsächlich beruht die Flexibilität dieser Systeme aber vor allem darauf, das zwischen Programmen schnell gewechselt werden kann, indem andere Programme vom Massenspeicher geladen und zur Ausführung gebracht werden, ohne dass irgendwo eine Verdrahtung geändert werden muss, wie es bei der ersten Ausführung des ENIAC noch der Fall war.

---

[13]Deutscher Bauingenieur†1995.

D.2.4   LISP-Makros

Das LISP-Makro ist nun diejenige Konstruktion, die John von Neumann voll beim Wort nimmt: Programme und Daten sind aus derselben Materie, nämlich Bits gemacht. Wie es mir beliebt, schalte ich zwischen der einen Interpretation auf die andere um und man kann nicht mehr unterscheiden, ob ein Bit etwas *bedeutet* oder etwas *tut*.

Es bedeutet etwas und deswegen tut es etwas und deswegen bedeutet es wiederum etwas. Eine Mauer dazwischen gibt es nicht mehr.

Diesen Zusammenhang gibt es auch andernorts, zum Beispiel in der Biologie: Eine DNA bedeutet etwas und daraus sich ergebend tut ein Lebewesen etwas (insbesondere sich paaren), wodurch es wiederum etwas bedeutet (nämlich seine DNA). Die ganze Evolution hätte nicht statt finden können ohne die Doppelrolle aller Lebewesen als *Träger von Handlung* und *Träger von Bedeutung*.

Handlung (Programme) und Bedeutung (Daten) dürfen also nicht getrennt werden. In der Informatik gibt es dafür den Begriff Metaprogrammierung. Lisp kennt dafür die Lisp-Makros.

Lösungen zu den Übungen

Übungen zu Kap. 3

3.1

```
1 (cons 'alles (cons 'nur (cons 'mit (cons 'cons nil))))
```

3.2

```
1 (mapcar #'signum '(1 2 -2 1 0))
```

3.3

```
1 (defun vecsum (a b)
2   (mapcar #'+ a b))
```

3.4 D, denn bei Ausführung von (set b 'd) enthält b den Wert c.

3.5 Die vorhergehende Berechnung (print nil) liefert das Ergebnis nil, womit der Wert des gesamten Ausdrucks bereits auf nil festgelegt ist. Die Berechnung bricht darum ab.

Übungen zu Kap. 4

4.1 ⚡

```
1 (defun area-of-triangle (a b c)
2   (let ((s (/ (+ a b c) 2)))
3     (sqrt (* s (- s a) (- s b) (- s c)))))
```

© Springer Fachmedien Wiesbaden 2016
P.M. Krusenotto, *Funktionale Programmierung und Metaprogrammierung*,
DOI 10.1007/978-3-658-13744-1

Übungen zu Kap. 5

5.1 Dazu müssten die Exponenten der Einheiten mit dem Exponenten *n* multipliziert werden, also an mapcar eine Funktion übergeben werden, die genau das tut. Etwa so:

```
(defun exptu (z n)
  (list (expt (car z) n)
        (mapcar #'funktion-die-mit-n-multipliziert
                (cdr z))))
```

Diese Funktion wäre aber für jedes *n* eine andere. Dies ist ein ganz elementares Problem der funktionalen Programmierung und wie dieses behandelt wird, ist Gegenstand des folgenden Kap. 6.

5.2

```
(defparameter g-earth
  (/u (m/s 9.81) (s 1)))
```

```
(defun v-stone (x)
  (*u g-earth x))
```

```
(u (v-stone (s 10)))

  (M/S 98.100006)
```

```
(defun s-stone (x)
  (*u (*u (1* 1/2)  g-earth)  (*u x x)))
```

```
(u (s-stone (s 10)))

  (M 490.50003)
```

Übungen zu Kap. 6

6.1

```
1  (defun negative-l (x)
2    (if (< x 0) (list x)))
```

6.2

```
1  ((lambda (r) (* pi r r)) 4)
```

6.3

```
1  (defun andf (f g)
2    (lambda (k)
3      (and (funcall f k) (funcall g k))))
```

6.4

```
1  (mapcan (those (andf (greater-than 5) #'oddp))
2          '(1 2 3 4 5 6 7 8 9 10 11 12))
```

```
(6 7 8 9 10 11 12)
```

6.5

```
1  (defun *p (&rest factors)
2    (reduce #'*u factors))
```

```
1  (defun s/stone (x)
2    (*p (1* 1/2) g-earth x x))
```

```
1  (u (s/stone (s 10)))
```

```
(M 490.50003)
```

Übungen zu Kap. 8

8.1

```lisp
(defun expt2 (n)
  (if (= n 0)
      1
      (* (expt2 (1- n)) 2)))
```

8.2

```lisp
(defun nexpt2 (n)
  (if (= n 0)
      1
      (if (> n 0)
          (* (nexpt2 (1- n)) 2)
          (/ (nexpt2 (1+ n)) 2))))
```

8.3

```lisp
(defun power (x n)
  (if (= 0 n)
      1
      (if (evenp n)
          (power (* x x) (/ n 2))
          (* x (power (* x x) (/ (1- n) 2))))))
```

8.4

```lisp
(defun tpower (x n)
  (labels ((pow (n acc)
             (if (= 0 n)
                 acc
                 (if (evenp n)
                     (pow (/ n 2) (* acc acc))
                     (pow (/ (1- n) 2) (* acc acc x))))))
    (pow n 1)))
```

8.4

ƒ

```
1  (defun pairer (x)
2    (labels ((p (y)
3              (unless (null y)
4                (cons (list x (car y))
5                      (p (cdr y))))))
6      #'p))
```

Übungen zu Kap. 9

9.1 Da die Ergebnisse der Berechnungen (values 1 2) und (values 3 4) nicht explizit als Mehrfachwerte entgegengenommen werden, werden nur die Werte 1 und 3 weitergereicht.

9.2 ƒ

```
1  (multiple-value-call #'values (values 1 2) (values 3 4))

   1
   2
   3
   4
```

Übungen zu Kap. 10

10.1 $O \mapsto 1, X \mapsto 6$

10.2 $O \mapsto 1, X \mapsto 5, I \mapsto 21$

Übungen zu Kap. 14

14.1

ƒ

```
1  (defun member/banana (x)
2    (banana nil
3            (lambda (a d)
4              (if (= a x) t d))))
```

MEMBER/BANANA

ƒ

```
1 (funcall (member/banana 11) '(2 3 4 5 11 6 7))
```

   T

ƒ

```
1 (funcall (member/banana 12) '(2 3 4 5 11 6 7))
```

   NIL

14.2

```
1 (defun mapcar/banana (f l)
2   (funcall
3    (banana nil (lambda (a d)
4                  (cons (funcall f a) d)))
5    l))
```

   MAPCAR/BANANA

14.3 ƒ

```
1 (funcall (lens
2           (lambda (x) (> (length x) 13))
3           (lambda (x) (values x (pascal  x))))
4 '(1))
```

```
((1) (1 1) (1 2 1) (1 3 3 1) (1 4 6 4 1)
 (1 5 10 10 5 1) (1 6 15 20 15 6 1)
 (1 7 21 35 35 21 7 1) (1 8 28 56 70 56 28 8 1)
 (1 9 36 84 126 126 84 36 9 1)
 (1 10 45 120 210 252 210 120 45 10 1)
 (1 11 55 165 330 462 462 330 165 55 11 1)
 (1 12 66 220 495 792 924 792 495 220 66 12 1))
```

14.4 ⚡

```
1 (defun atomic-banana* (fold)
2   (labels ((the-cata (tree)
3              (if (atom tree)
4                  tree
5                  (apply fold
6                         (car tree)
7                         (mapcar #'the-cata (cdr tree)))))))
8     #'the-cata))

ATOMIC-BANANA*
```

⚡

```
1 (funcall
2  (atomic-banana*
3   (lambda (op &rest opnds)
4     (if opnds (apply (symbol-function op) opnds) op)))
5  '(+ 88 (expt 2 4) (* 4 5)))

124
```

Übungen zu Kap. 16

16.1 ⚡

```
1 (defmacro repeat1 (body condition)
2   '(labels ((r ()
3              (progn
4                ,body
5                (if (not ,condition)
6                    (r)))))
7     (r)))

REPEAT1
```

16.2

ş

```
1  (defmacro repeat (&rest exprs)
2    `(labels ((r ()
3               (progn ,@(butlast exprs)
4                 (if (not ,(car (last exprs)))
5                   (r))))))
6      (r)))
```

   REPEAT

16.3

ş

```
1  (defmacro define-banana (name zero fold)
2    `(setf (fdefinition ',name)
3       (banana ,zero ,fold)))
```

   DEFINE-BANANA

16.4

ş

```
1  (defmacro defm(name morph &rest par)
2    `(setf (fdefinition ',name)
3       (funcall ,morph ,@par)))
```

   DEFM

Übungen zu Kap. 17

17.1   Jede Funktion, die verwendet wird, muss der metazirkuläre Interpreter auch gleichzeitig selbst kennen, wenn die Fähigkeit, sich selbst darzustellen, der Beweis seiner Vollständigkeit sein soll. Versucht man also, dessen Code durch Nutzung von mapcar zu verkleinern, muss er mapcar auch erlernen, damit er „sich selbst wieder versteht".

   Erst wenn man den metazirkulären Interpreter um geeignete Infrastruktur wie eine Symboltabelle für Funktionen, das Makro defun, etc. erweitert, kann man diesen voll programmieren und damit interaktiv erweitern.

17.2

⚡

```
1 (defun evlis (m a)
2   (mapcar (lambda (x) (eval% x a)) m))
```

Sachverzeichnis

© Springer Fachmedien Wiesbaden 2016
P.M. Krusenotto, *Funktionale Programmierung und Metaprogrammierung*,
DOI 10.1007/978-3-658-13744-1

Printed in the United States
By Bookmasters